U0635902

抗日战争档案汇编

抗战时期江苏和南京地区人口伤亡及财产损失档案汇编 2 · 综合卷

江苏省档案馆 编

中華書局

本册目录

三、农林工商业战时损失调查（续）

（四）蚕丝业损失

三、农林工商业战时损失调查（续）

（四）蚕丝业损失

江苏省扬州原蚕种制造场财产损失报告表（一九四六年五月二十二日）

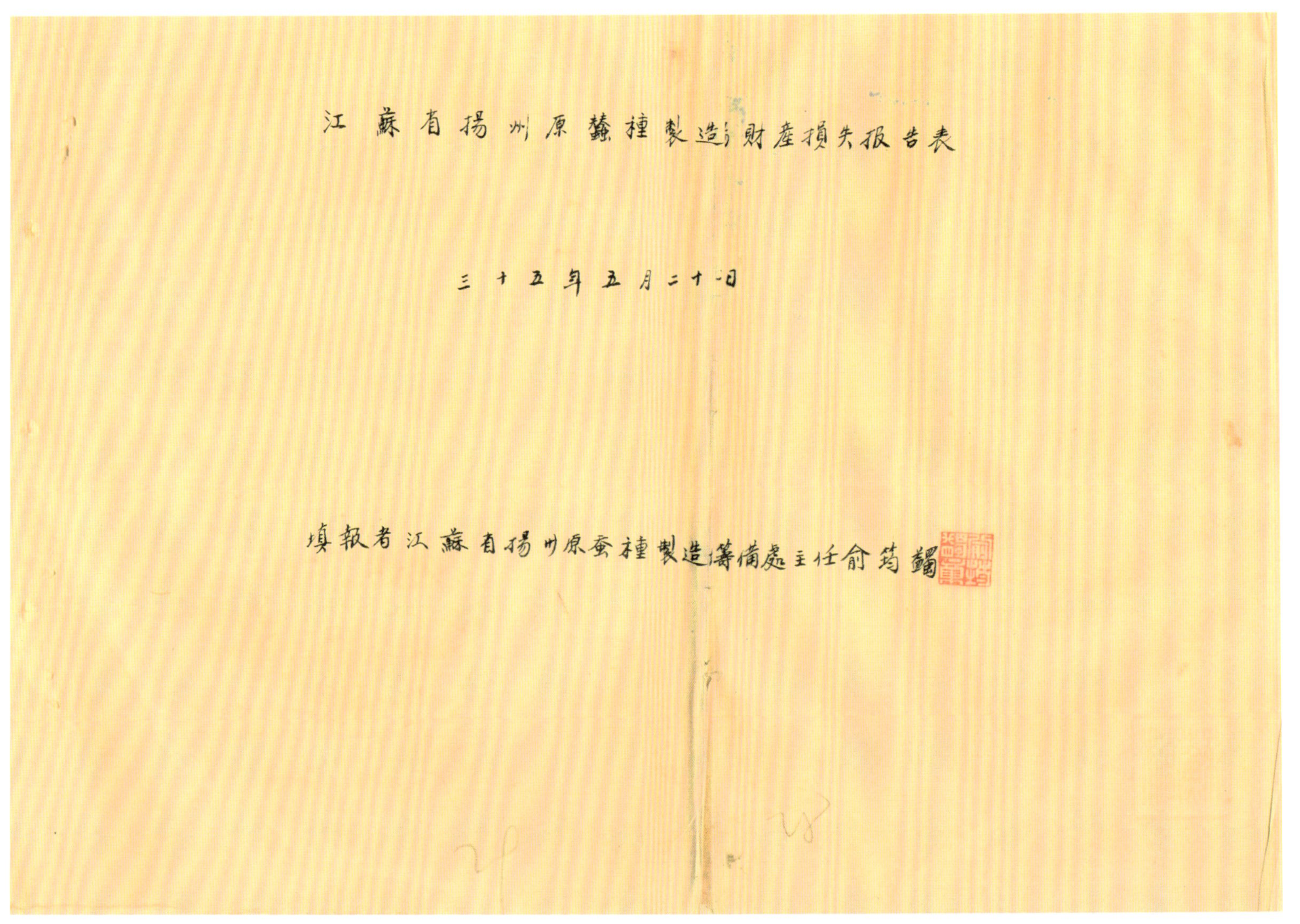

江蘇省揚州原蠶種製造場財產損失報告表

三十五年五月二十二日

填報者江蘇省揚州原蠶種製造場籌備處主任俞筠[illegible]

財產損失報告表

填送日期 民國35年5月22

損失年月日	事件	地點	損失項目	購置年月	單位	數量	價值（國幣）購置時價值 元	價值（國幣）損失時價值 元	證件
二十六年十二月至二十七年二月	日軍進攻	揚州[illegible]本場	九抽辦公桌		張	20	200	180	
〃	〃	〃	五抽辦公桌			20	140	126	
〃	〃	〃	大餐桌			2	30	27	
〃	〃	〃	棕床			30	180	160	
〃	〃	〃	鐵床			30	210	189	
〃	〃	〃	板椅			20	60	54	
〃	〃	〃	籐圈椅			20	60	54	
〃	〃	〃	沙發			8	160	140	
〃	〃	〃	方桌			10	80	70	
〃	〃	〃	課桌			30	150	130	
〃	〃	〃	面盆架		個	20	20	18	
〃	〃	〃	箱架			20	20	18	
〃	〃	〃	銅茶壺			4	40	36	
〃	〃	〃	飯碗		〃	60	6	5	
〃	〃	〃	茶杯		〃	20	2	2	
〃	〃	〃	菜盤		〃	40	16	14	
〃	〃	〃	廚鍋		〃	8	32	28	
〃	〃	〃	碗櫥		〃	5	10	9	
〃	〃	〃	浴盆		〃	4	20	18	
〃	〃	〃	硯台		方	20	10	9	

31

P.2.

財產損失報告表

填送日期 民國35年5月22日

損失年月日	事件	地點	損失項目	購置年月	單位	數量	價值（國幣）		證件
							購置時價值	損失時價值	
26年12月—27年清明	日軍進攻	揚州五台山本場	大掛鐘		只	4	120	110	
〃	〃	〃	藤卧椅		張	20	80	70	
〃	〃	〃	腦鏟		把	3	12	12	
〃	〃	〃	鋼勺		個	5	5	4	
〃	〃	〃	煤爐		〃	10	50	40	
〃	〃	〃	菜碗		〃	20	10	9	
〃	〃	〃	脚踏車		輛	2	80	72	
〃	〃	〃	磁盆		個	15	9	8	
〃	〃	〃	毛巾		條	10	3	2	
〃	〃	〃	地毯		〃	6	18	16	
〃	〃	〃	剪桑剪		個	1	10	10	
〃	〃	〃	蠶箔		〃	13000	7800	7200	
〃	〃	〃	稚蠶網		張	8000	800	720	
〃	〃	〃	壯蠶網		〃	10000	1000	900	
〃	〃	〃	蠶筷		双	4000	40	30	
〃	〃	〃	蠶架		座	800	1600	1600	
〃	〃	〃	蠶竹		根	5000	500	450	
〃	〃	〃	乾濕計		個	130	130	130	
〃	〃	〃	大缸		〃	100	40	30	
〃	〃	〃	大剪		〃	100	30	30	

P.3.

財產損失報告表

填送日期　民國35年5月22日

損失年月日	事件	地點	損失項目	購置年月	單位	數量	價值（國幣）		證件
							購置時價值	損失時價值	
26年12月—27年7月	日軍進攻	揚州[illegible]本場	大缸蓋		個	100	40	36	
"	"	"	進糠器		"	20	20	18	
"	"	"	給桑架		"	100	100	90	
"	"	"	給桑篇		"	200	60	54	
"	"	"	給桑籃		"	100	30	27	
"	"	"	燭籃		"	100	10	9	
"	"	"	噴水壺		把	50	25	22	
"	"	"	水壺		"	50	25	22	
"	"	"	牛皮帋		張	10000	500	450	
"	"	"	白報帋		"	4000	80	70	
"	"	"	鵝毛		根	5000	50	45	
"	"	"	大筷		双	100	10	9	
"	"	"	蔴繩		根	800	80	70	
"	"	"	稻穰		担	200	300	270	
"	"	"	噴霧器		個	10	50	45	
"	"	"	天平		架	4	80	72	
"	"	"	寺田簇架		個	50	100	90	
"	"	"	摺簇		"	30000	3000	2700	
"	"	"	製種板		片	1000	400	360	
"	"	"	製種架		個	25	375	340	

35　34

P44

財產損失報告表

填送日期　民國35年5月22日

損失年月日	事件	地點	損失項目	購置年月	單位	數量	價值（國幣）購置時價值	價值（國幣）損失時價值	證件
26年12月—27年7月	日軍進攻	揚州五福山本場	磁圓盤		盤	26000	7200	6500	
〃	〃	〃	〃	種連		張	30000	900	800	
〃	〃	〃	鬧鐘		個	10	20	20	
〃	〃	〃	蛾匣		個	30000	900	800	
〃	〃	〃	穿種条		根	1500	15	15	
〃	〃	〃	種夾		個	1500	15	14	
〃	〃	〃	顯微鏡		架	12	1800	1800	
〃	〃	〃	檢種板		片	50	25	25	
〃	〃	〃	檢種台		張	8	64	64	
〃	〃	〃	乳鉢		套	50	100	100	
〃	〃	〃	乳棒		個	1500	75	75	
〃	〃	〃	載玻片		盒	20	40	36	
〃	〃	〃	蓋玻片		〃	20	20	18	
〃	〃	〃	沖洗台		張	2	8	7	
〃	〃	〃	洗滌器		個	4	4	3	
〃	〃	〃	洗手盆		〃	4	1.6	1.5	
〃	〃	〃	藥液缸		〃	4	2	2	
〃	〃	〃	廣口瓶 5000c.c.		〃	6	6	5.4	
〃	〃	〃	洗滌皿		〃	4	1.6	1.5	
〃	〃	〃	桑鋏		把	80	32	29	

T.5.

財產損失報告表

填送日期　民國35年5月22日

損失年月日	事件	地點	損失項目	購置年月	單位	數量	價值（國幣）購置時價值	價值（國幣）損失時價值	證件
二十六年十二月至二十七年七月	日軍進攻	揚州五台山本場	桑鋤		把	80	24	21	
″	″	″	桑剪		″	40	20	18	
″	″	″	桑鋸		″	40	40	32	
″	″	″	接桑刀		″	15	15	15	
″	″	″	撥芽刀		″	10	6	5	
″	″	″	糞桶		只	40	40	36	
″	″	″	扁担		根	50	25	20	
″	″	″	刮刀		把	40	4	3	
″	″	″	小桑鍬		″	50	15	12	
″	″	″	皮尺		盤	3	18	16	
″	″	″	篩子（[illegible]用）		個	10	10	9	
″	″	″	湖桑		株	50000	75000	75000	
″	″	″	耕牛		頭	1	50	50	
″	″	″	鉄犁		張	1	5	5	
″	″	″	切桑刀		把	40	40	36	
″	″	″	調桑台		張	4	16	14	
″	″	″	貯桑缸		個	10	30	27	
″	″	″	採桑簍		″	80	64	58	
″	″	″	盤秤		根	30	30	30	
″	″	″	市秤		″	2	10	10	

34　38

P.6

財產損失報告表

填送日期　民國35年5月22日

損失年月日	事件	地點	損失項目	購置年月	單位	數量	價值（國幣）購置時價值	價值（國幣）損失時價值	證件
二十六年十二月至	日軍進攻	揚州五台山本場	桑篩		個	40	16	14	
二十七年七月	〃	〃	採桑籃		〃	40	40	36	
〃	〃	〃	溼布		塊	10	4	3.6	
〃	〃	〃	燒杯		套	10	20	18	
〃	〃	〃	酒精燈		個	10	8	7	
〃	〃	〃	解剖器		盒	20	40	36	
〃	〃	〃	蚕兜模型		個	2	6	6	
〃	〃	〃	桑葉切片机		〃	1	10	10	
〃	〃	〃	蒸發皿		〃	10	5	4	
〃	〃	〃	100CC廣口瓶		〃	50	15	15	
〃	〃	〃	克拉脫		磅	100	50	50	
〃	〃	〃	福尔馬林		〃	100	50	50	
〃	〃	〃	昇汞		〃	2	10	10	
〃	〃	〃	火酒		〃	100	100	100	
〃	〃	〃	苛性鉀		〃	50	50	50	
〃	〃	〃	塩酸		〃	30	60	60	
〃	〃	〃	漏斗		個	10	5	5	
〃	〃	〃	量杯		〃	5	10	10	
〃	〃	〃	電風扇		〃	15	225	225	
〃	〃	〃	水銀氣压計		〃	1	500	500	

41　40

P.7.

財產損失報告表

填送日期 民國35年5月22日

損失年月日	事件	地點	損失項目	購置年月	單位	數量	價值(國幣) 購置時價值	價值(國幣) 損失時價值	證件
二十六年十二月至	日軍進攻	揚州五台山本場	風速計		架	1	100元	100元	
二十七年七月	〃	〃	風向計		〃	1	15	15	
〃 〃	〃	〃	日照計		個	1	30	30	
〃 〃	〃	〃	自記溫度		〃	1	50	50	
〃 〃	〃	〃	自記濕度		〃	1	50	50	
〃 〃	〃	〃	最高最低寒暑表		〃	1	5	5	
〃 〃	〃	〃	蒸發皿		〃	1	10	10	
〃 〃	〃	〃	雨量計		〃	1	5	5	
〃 〃	〃	〃	地溫計		〃	1	20	20	
〃 〃	〃	〃	晴雨表		〃	2	1	1	
〃 〃	〃	〃	測雲器		〃	1	30	30	
〃 〃	〃	〃	百葉箱		〃	1	10	10	
〃 〃	〃	〃	龍柏		株	10	100	100	
〃 〃	〃	〃	法國梧桐		〃	155	930	930	
〃 〃	〃	〃	黃楊		〃	4	20	20	
〃 〃	〃	〃	冬青		丈	160	320	320	
〃 〃	〃	〃	玉蘭		株	8	80	80	
〃 〃	〃	〃	中外蠶業書籍		箱	24	2000	2000	
〃 〃	〃	〃	工房		間	3	300	300	
〃 〃	〃	〃	宿舍		〃	7	700	700	

43 42

財產損失報告表

填送日期　民國35年5月22日

損失年月日	事件	地點	損失項目	購置年月	單位	數量	價值（國幣）		證件
							購置時價值	損失時價值	
廿六年十二月至	日軍進攻	杭州[illegible]本場	蠶室門窗		扇	1000	10000元	10000元	
廿七年七月	〃	〃	附屬室門窗		〃	1200	12000	12000	
〃　〃	〃	〃	薰氣消毒灶		座	1	750	750	
〃　〃	〃	〃	地板		丈	130	2500	2500	
〃　〃	〃	〃	全部電灯電線		盞	280	1680	1680	
〃　〃	〃	〃	鉛絲圩		丈	3000	3000	3000	
〃　〃	〃	〃	鉛絲圩樁		根	3500	2100	2100	
〃　〃	〃	〃	電話机		架	2	120	120	
〃　〃	〃	〃	大小木牌		片	300	100	100	
〃　〃	〃	〃	棉被		条	105	420	420	
〃　〃	〃	〃	線毯被單		〃	100	200	200	
〃　〃	〃	〃	蚊帳		頂	55	165	165	
〃　〃	〃	〃	皮柳箱		隻	26	5200	5200	
〃　〃	〃	〃	大保險箱		〃	2	100	100	
〃　〃	〃	〃	公文櫥		〃	6	120	120	
〃　〃	〃	〃	磅秤		〃	1	30	30	
〃　〃	〃	〃	蛾口繭		斤	1200	1200	1200	
〃　〃	〃	〃	原蚕種		張	21000	42000	42000	
	〃	〃							
合計	〃	〃					国193513.40	国188509.30	

江宁县政府、江苏省建设厅关于填报蚕业机关情况的往来公文（一九四六年五月二十三日至六月十七日）

江宁县政府致江苏省建设厅的呈（一九四六年五月二十三日）

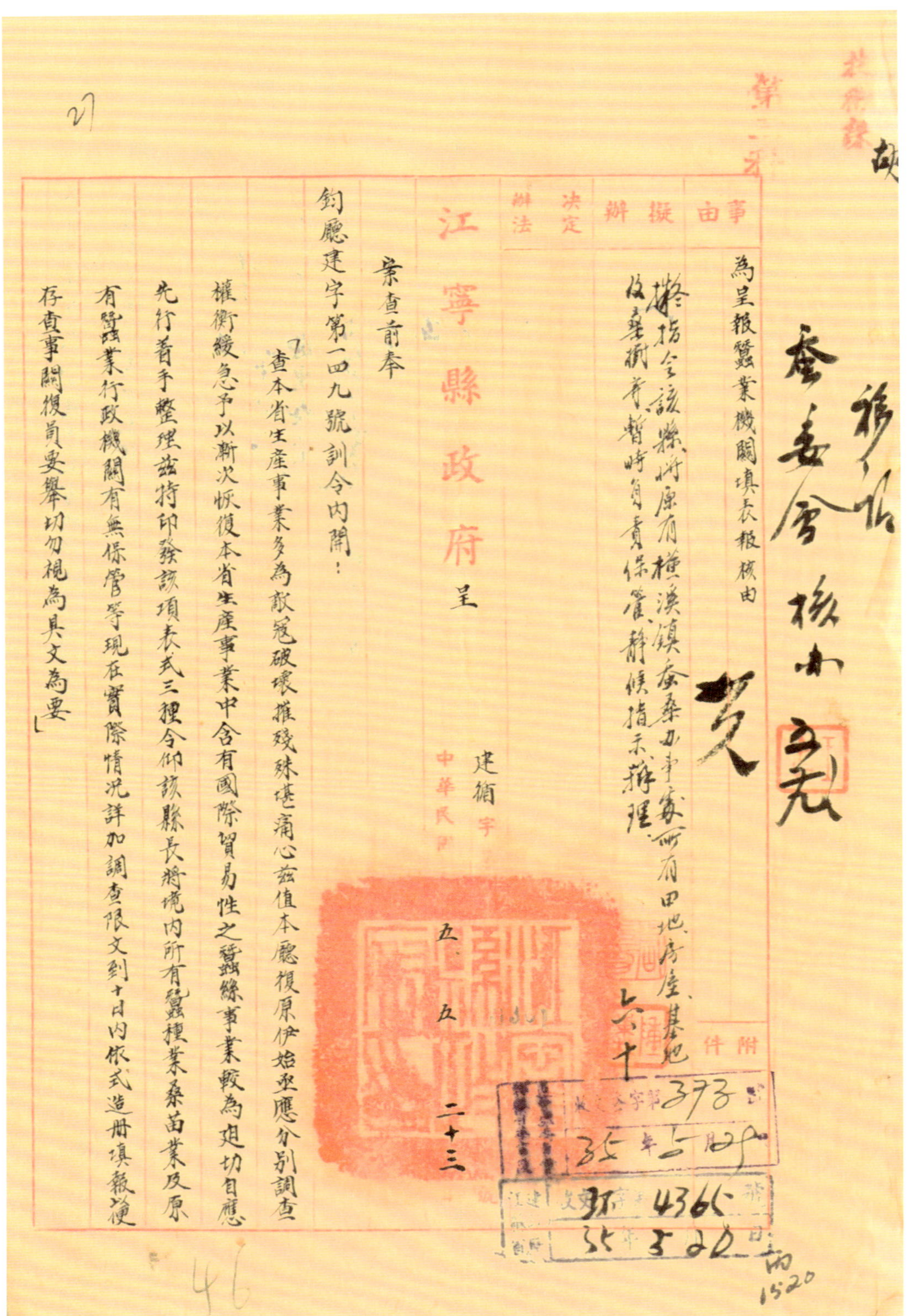

事由：為呈報蠶業機關填表報核由

擬辦：擬指令該縣將原有橫溪鎮蚕桑办事處所有田地房屋基地及桑樹等暫時負責保管，靜候指示辦理。

江寧縣政府 呈 建衙字

中華民國 五 五 二十三

案查前奉

鈞廳建字第一四九號訓令內開：

「查本省生產事業多為敵寇破壞摧殘，殊堪痛心。茲值本廳恢復原伊始，亟應分別調查，權衡緩急，予以漸次恢復。本省生產事業中含有國際貿易性之蠶絲事業，較為廹切，自應先行着手整理。茲特印發該項表式三種，令仰該縣長將境內所有蠶種業、桑苗業及原有蠶業行政機關有無保管等現在實際情況，詳加調查，限文到十日內依式造冊填報，俾存查。事關復員要舉，切勿視為具文為要」

附件

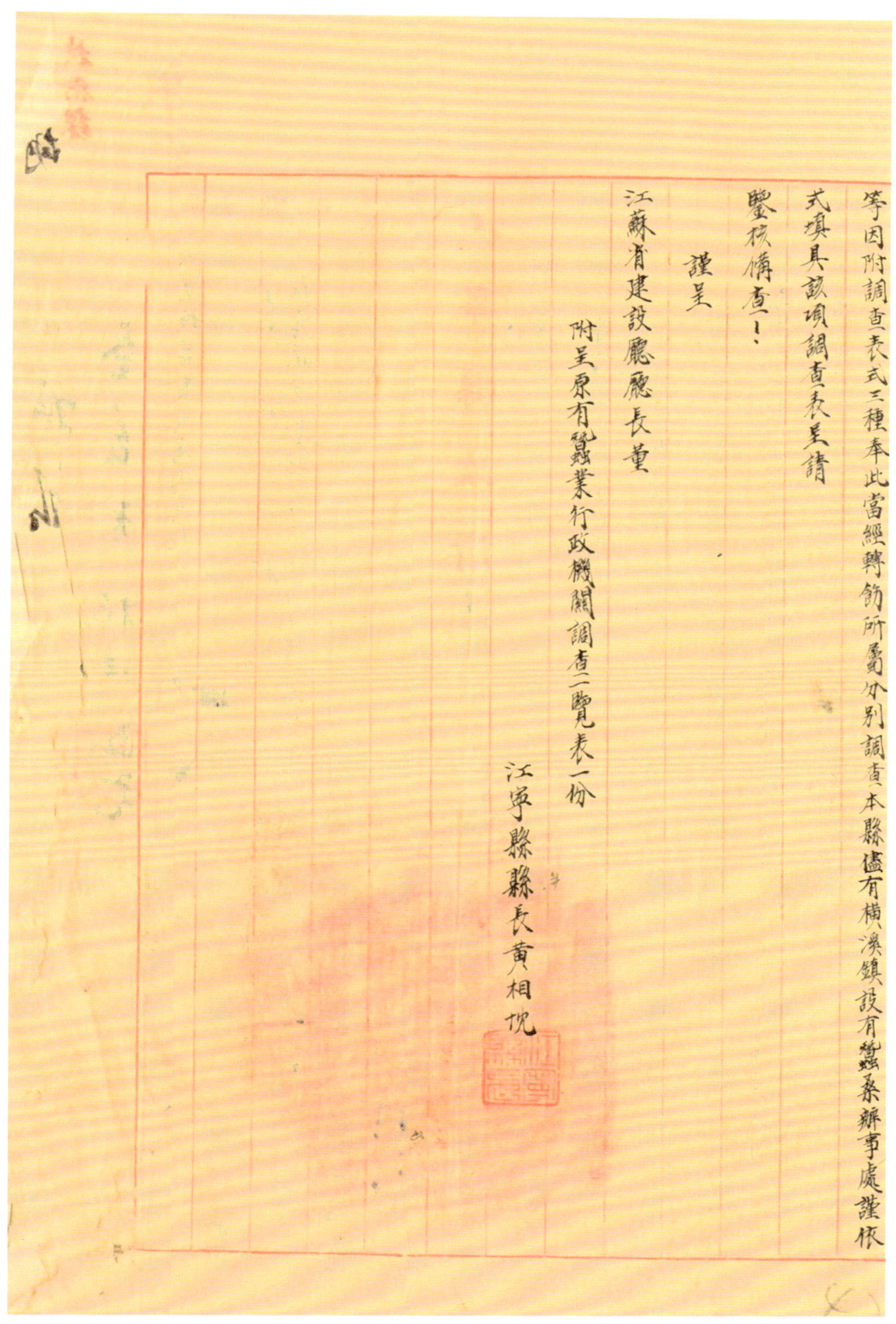

等因附調查表式三種奉此當經轉飭所屬分别調查本縣僅有橫溪鎮設有蠶桑辦事處謹依

式填具該項調查表呈請

鑒核備查！

謹呈

江蘇省建設廳廳長董

附呈原有蠶業行政機關調查一覽表一份

江寧縣縣長黄相忱

附：江宁县原有蚕业行政机关调查一览表（一九四六年）

28

江寧縣原有蠶業行政機關調查一覽表

原有機關名稱	原有負責人姓名	原有場地面積	現存桑樹苗數量（桑樹株數）	現存桑樹苗數量（桑苗株數）	現存設備情形	有無負責保管人	地址	備註
横溪鎮蠶桑辦事處	劉三詩	四〇畝 桑地一〇〇畝 出塊 房基地一〇畝	約五百株	無	破壞房屋兩間別無他物	無	横溪鎮第六保西塘角	該桑尉年久失其培養均皆荒蕪

民國三十五年　月　日

（第三式）

江苏省建设厅致江宁县政府的指令（一九四六年六月十七日）

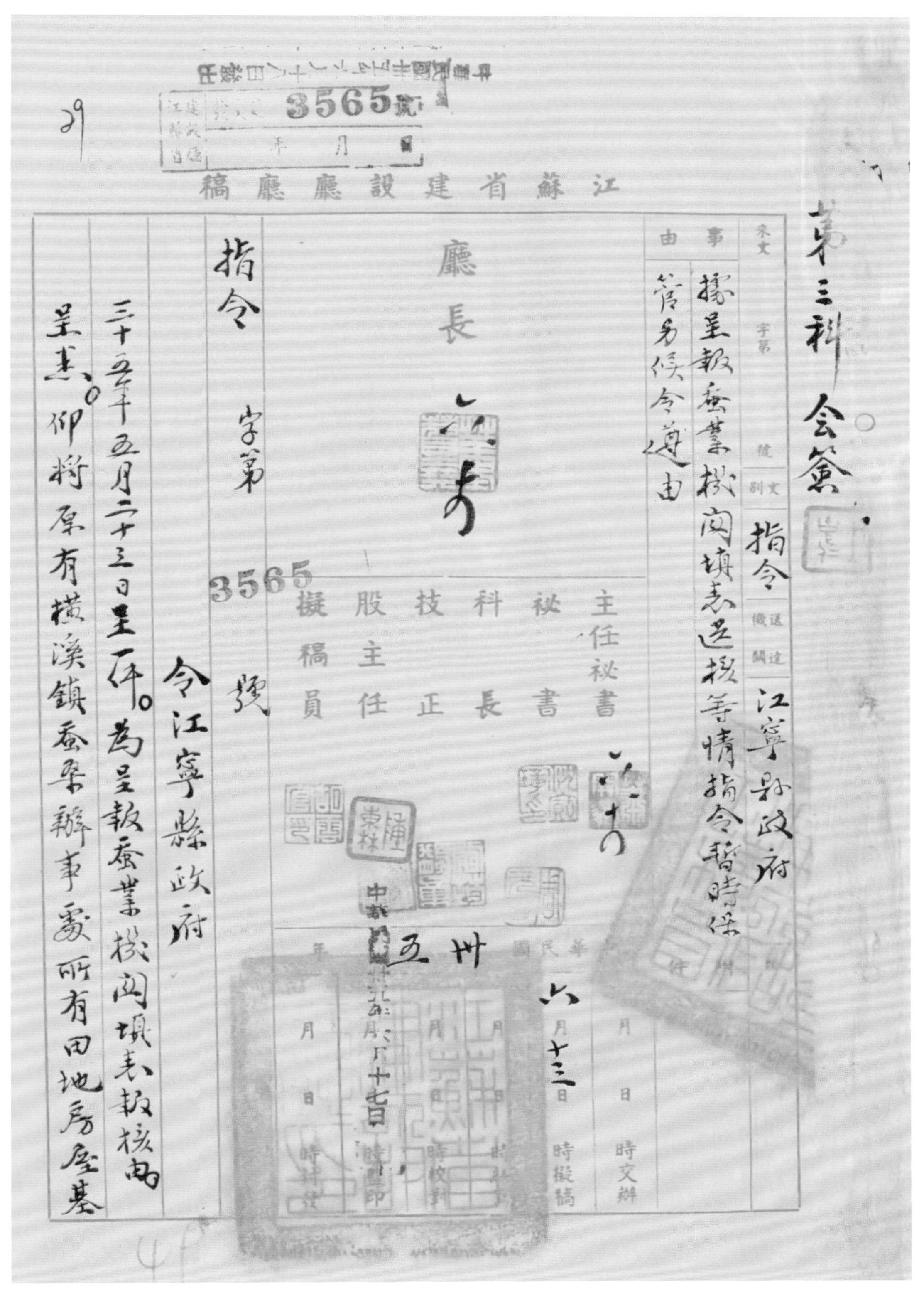
江蘇省建設廳廳稿

3565號

事由：據呈報蠶業模範填表送核等情指令暫時保管另候令遵由

第三科 会簽

文別：指令

送達機關：江寧縣政府

廳長

指令 字第3565號

令江寧縣政府

三十五年五月二十三日呈一件。為呈報蠶業模範填表報核由。

呈悉。仰將原有橫溪鎮蠶桑辦事處所有田地房屋基

主任秘書　秘書長　科長　技正　股主任　擬稿員

中華民國卅五年六月十三日擬稿　六月十七日

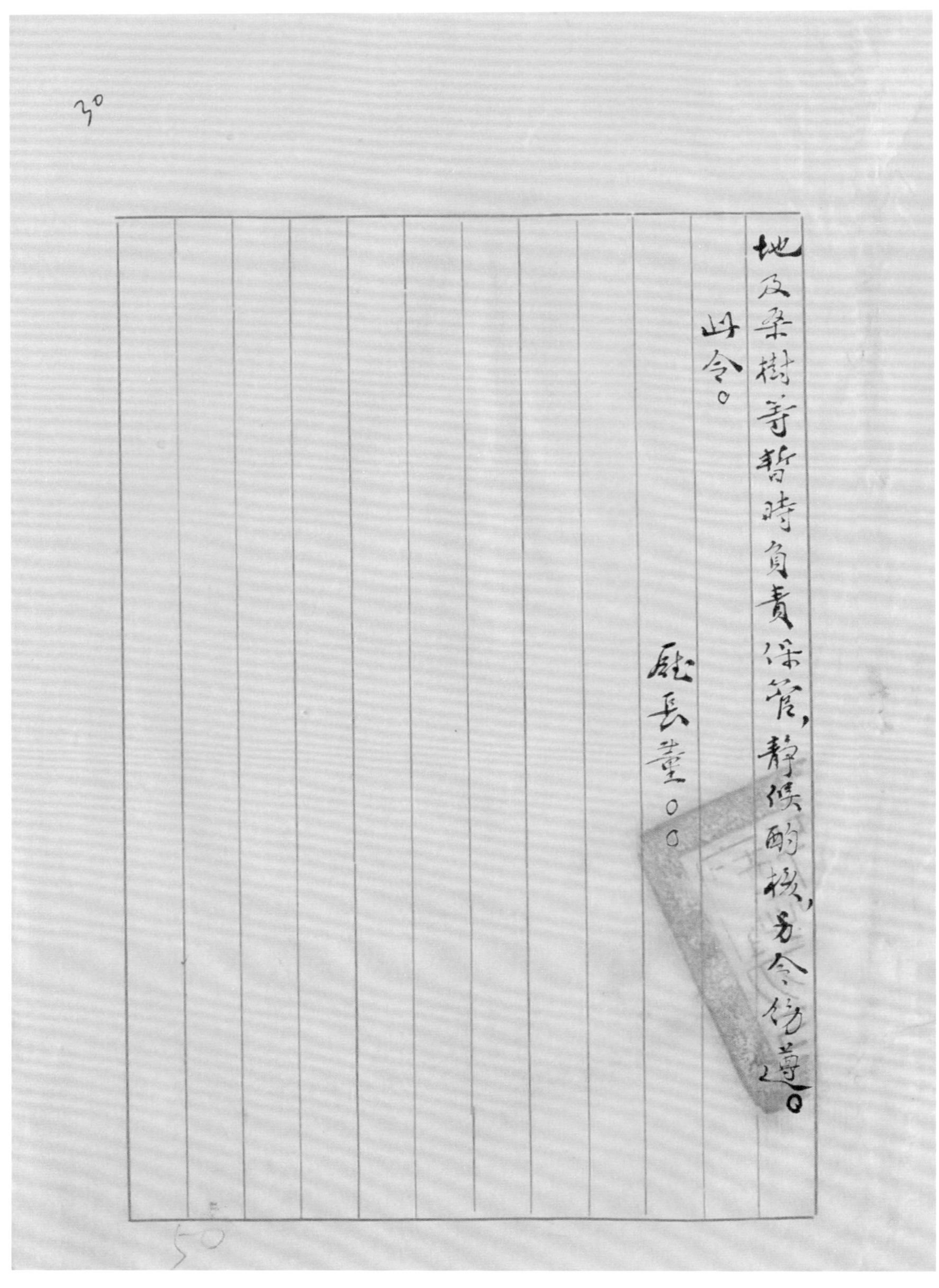
30

地及桑樹等暫時負責保管，靜候酌核，另令飭遵。

此令。

廳長董○○

50

江苏省蚕业改进管理委员会关于填送本会抗战期间财产损失报告表事致省建设厅的呈（一九四六年五月三十日）

第四科

事由	呈為遵令填送本會等財產損失報告表祈核轉由
擬辦	彙轉
批示	彙轉

江蘇省蠶業改進管理委員會

文別：呈

蘇蠶第一九一號

中華民國三十五年五月三十日

鈞廳建四字第二三八二號訓令略開：

案奉

「案奉社會部統三字第一二四二九四代電飭催迅將抗戰損失調查表填報等因，令飭仿製填報以憑彙轉為要！」

等因；附發戰時財產損失報告單式一份，奉此，茲遵將本會財產損失及原蠶種製表

收文 環 4558號 35 6 3日

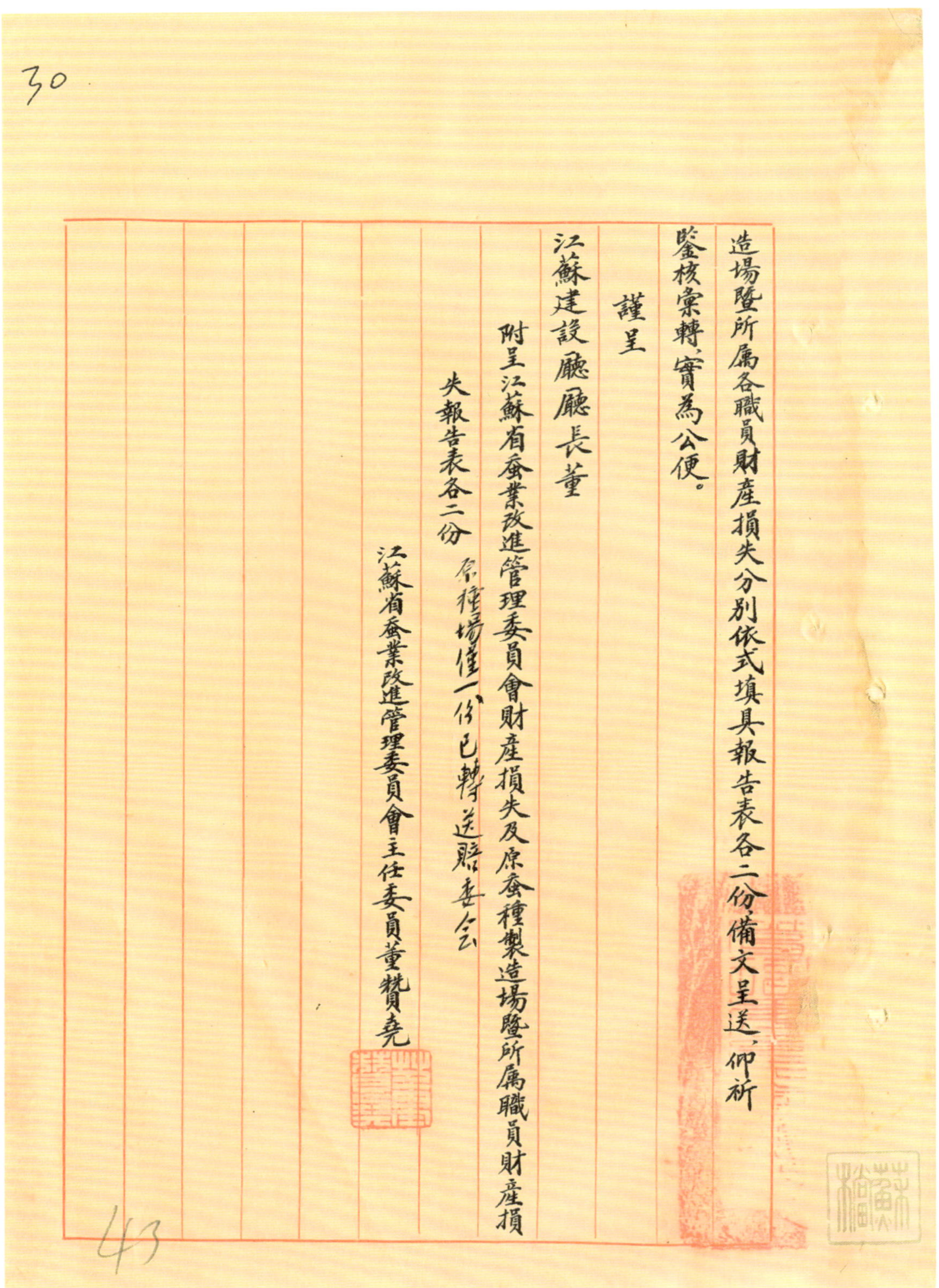

30

造場暨所屬各職員財產損失分別依式填具報告表各二份，備文呈送，仰祈
鑒核彙轉，實為公便。

謹呈

江蘇建設廳廳長董

附呈江蘇省蠶業改進管理委員會財產損失及原蠶種製造場暨所屬職員財產損失報告表各二份 原種場僅一份已轉送賠委會

江蘇省蠶業改進管理委員會主任委員董贊堯

43

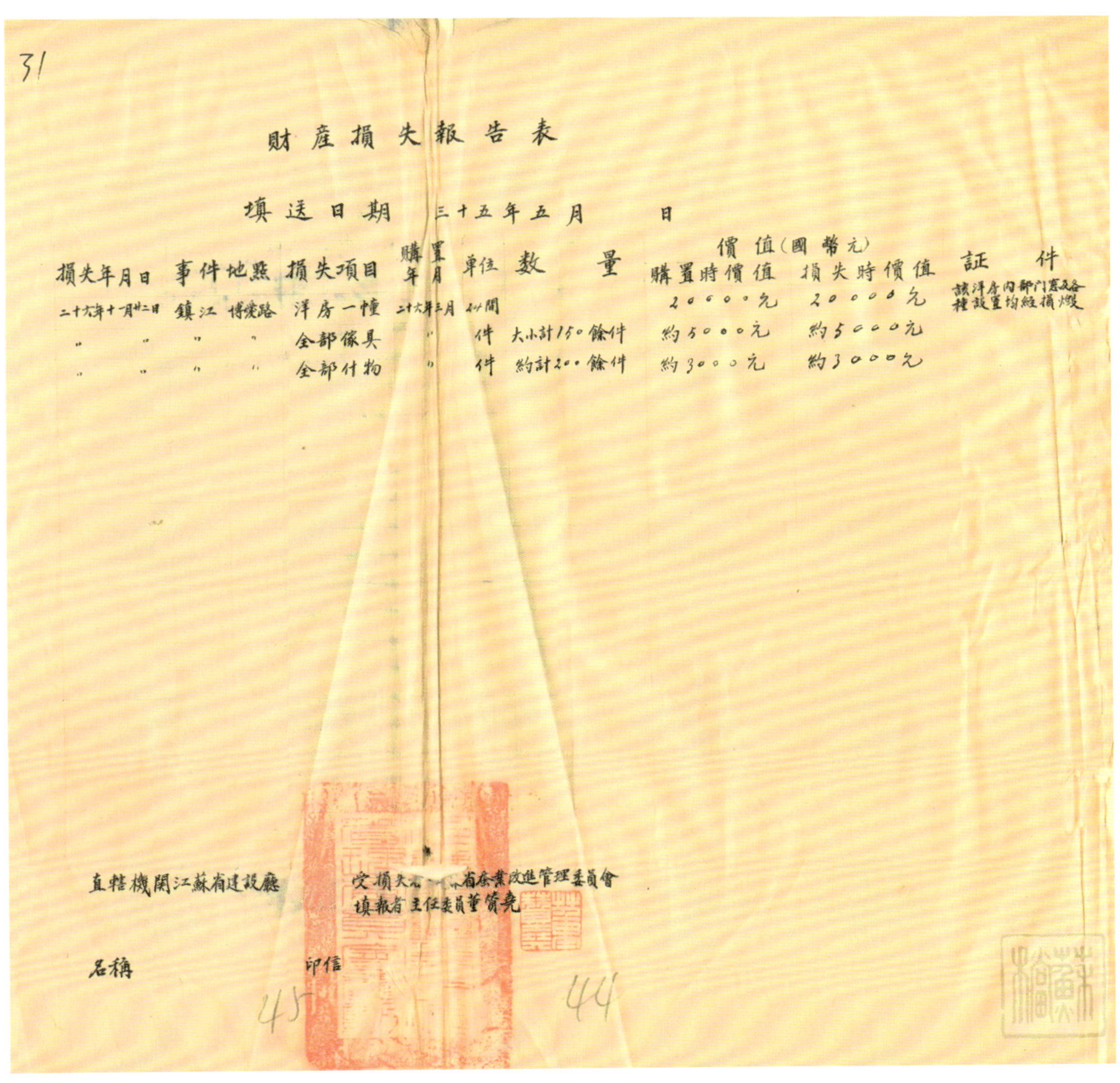

31

財產損失報告表

填送日期　三十五年五月　　日

損失年月日	事件地點	損失項目	購置年月	單位	數量	價值(國幣元) 購置時價值	損失時價值	証件
二十六年十一月廿二日	鎮江 博愛路	洋房一幢	二十六年三月	24間		20600元	20000元	該洋房內部門窗及各種設置均經損燬
〃	〃 〃	全部傢具	〃	件	大小計150餘件	約5000元	約5000元	
〃	〃 〃	全部什物	〃	件	約計200餘件	約3000元	約3000元	

直轄機關名稱 江蘇省建設廳

印信

受損失者[illegible]省蠶業改進管理委員會

填報者 主任委員董質堯

45　44

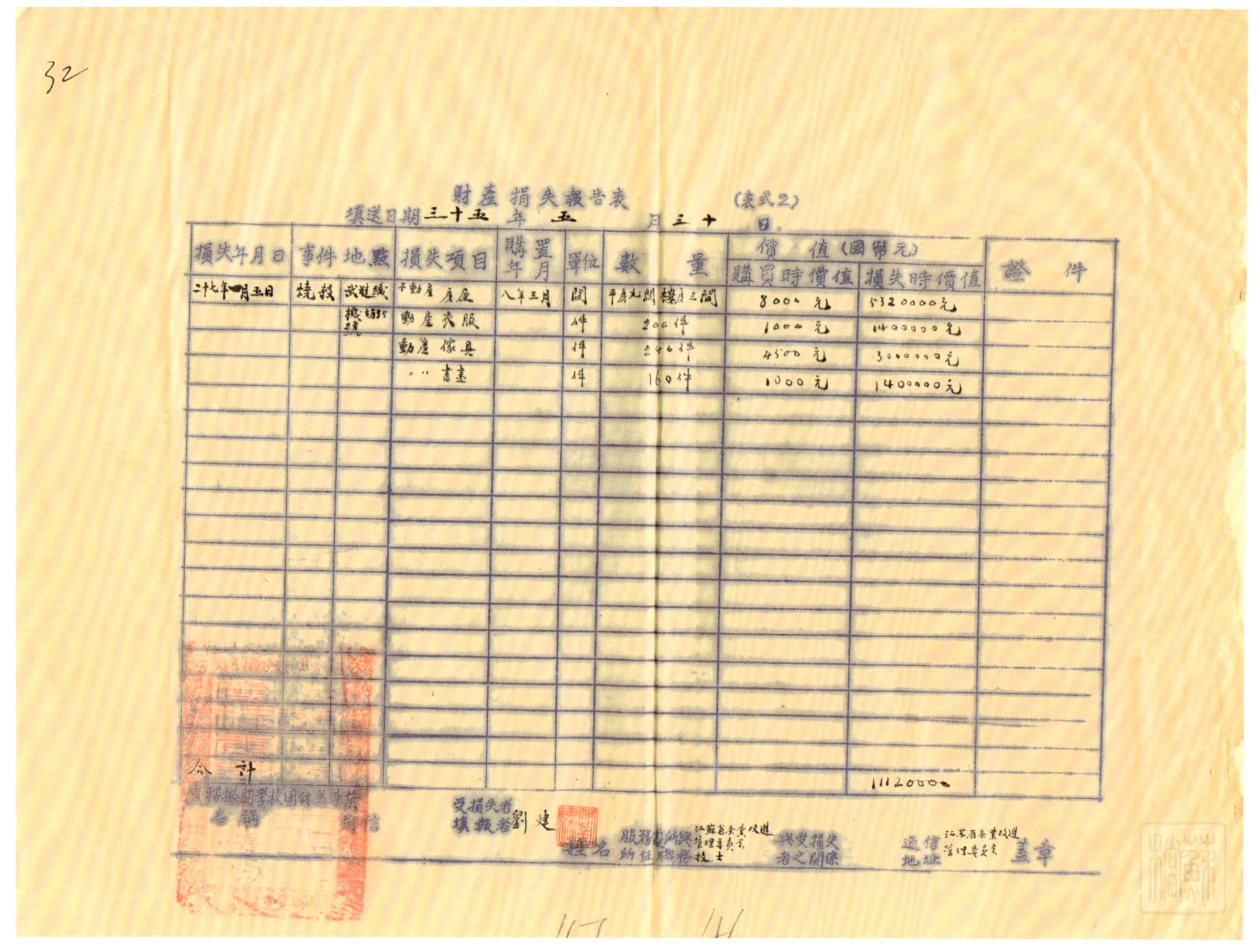

32

财产损失报告表

（表式2）

填送日期三十五年五月三十日

损失年月日	事件	地点	损失项目	购置年月	单位	数量	价值（国币元）购买时价值	价值（国币元）损失时价值	证件
二十七年[illegible]月五日	烧毁	武进县机坊35号	不动产 房屋	八年三月	间	平房九间 楼房三间	8000元	5320000元	
			动产 衣服		件	200件	1000元	1400000元	
			动产 傢具		件	240件	4500元	3000000元	
			〃〃 书画		件	160件	1000元	1400000元	
合计								1112000[illegible]	

直辖机关学校团体或事业名称 印信

受损失者填报者 刘建（印）

姓名 服务处所与所任职务 江苏省蚕业改进管理委员会技士

与受损失者之关系

通信地址 江苏省蚕业改进管理委员会

盖章

117 14

33

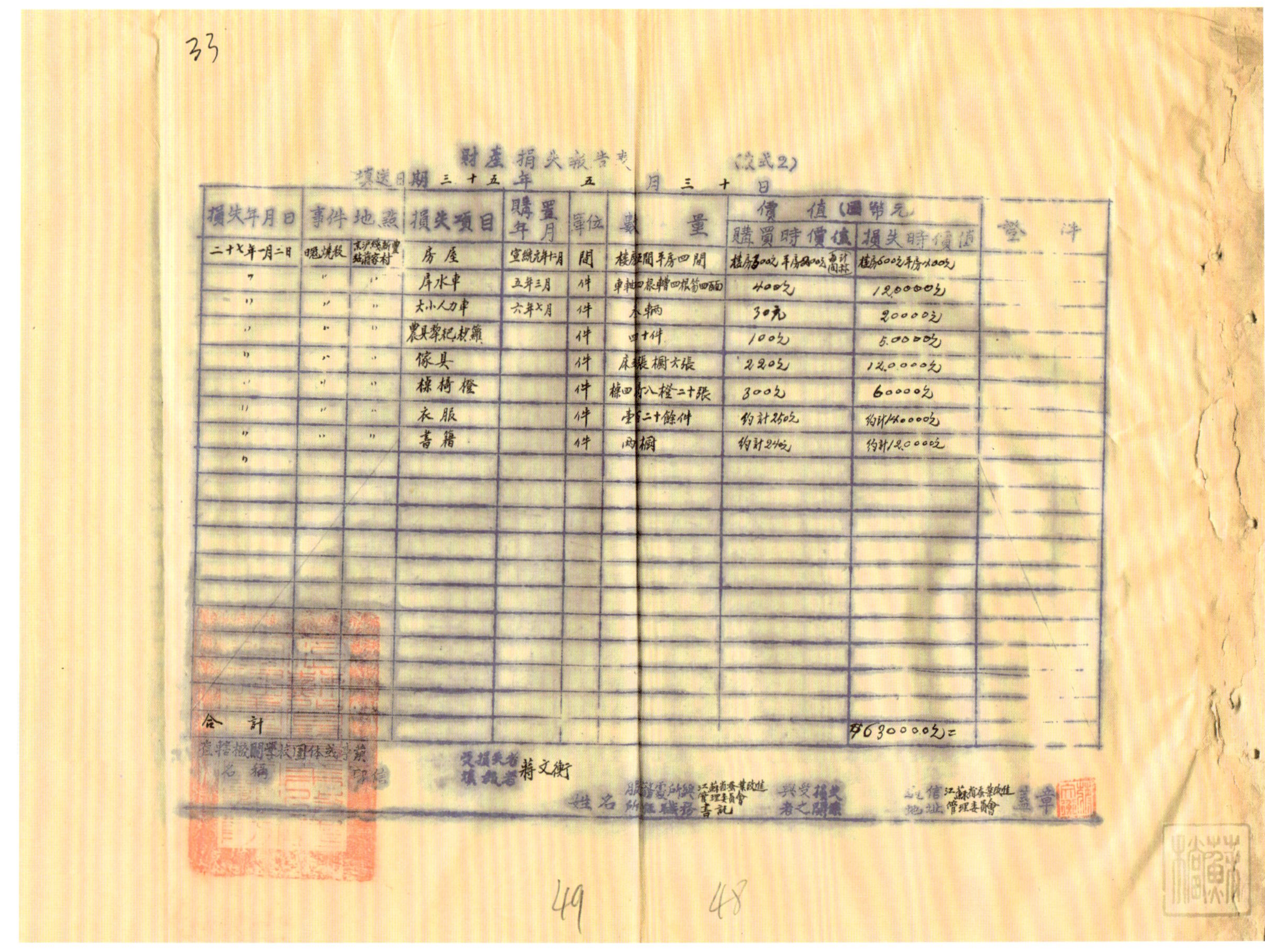

財產損失報告表　（表式2）

填送日期　三十五年　五　月　三十　日

損失年月日	事件	地點	損失項目	購置年月	單位	數量	價值（國幣元）購買時價值	價值（國幣元）損失時價值	證件
二十七年一月二日	日寇燒毀	京滬綫新豐站蔣家村	房屋	宣統元年十二月	間	樓屋一間平房四間	樓房300元平房200元（自計圖形）	樓房6000元平房4000元	
〃	〃	〃	車水車	五年三月	件	車軸四根車槽四根箭四副	400元	12,0000元	
〃	〃	〃	大小人力車	六年七月	件	六輛	30元	20000元	
〃	〃	〃	農具犁耙耖簾		件	四十件	100元	5,0000元	
〃	〃	〃	傢具		件	床三張櫥六張	220元	12,0000元	
〃	〃	〃	棹椅凳		件	棹四只椅八凳二十張	300元	60000元	
〃	〃	〃	衣服		件	壹百二十餘件	約計250元	約計140000元	
〃	〃	〃	書籍		件	兩櫥	約計240元	約計120000元	
〃									
合計								$630000元	

直轄機關學校團体或事業名稱　　印信

受損失者 填報者　蔣文衡

姓名　服務處所與所任職務　江蘇省蠶業改進管理委員會書記　與受損失者之關係　　通信地址　江蘇省蠶業改進管理委員會　蓋章

49　48

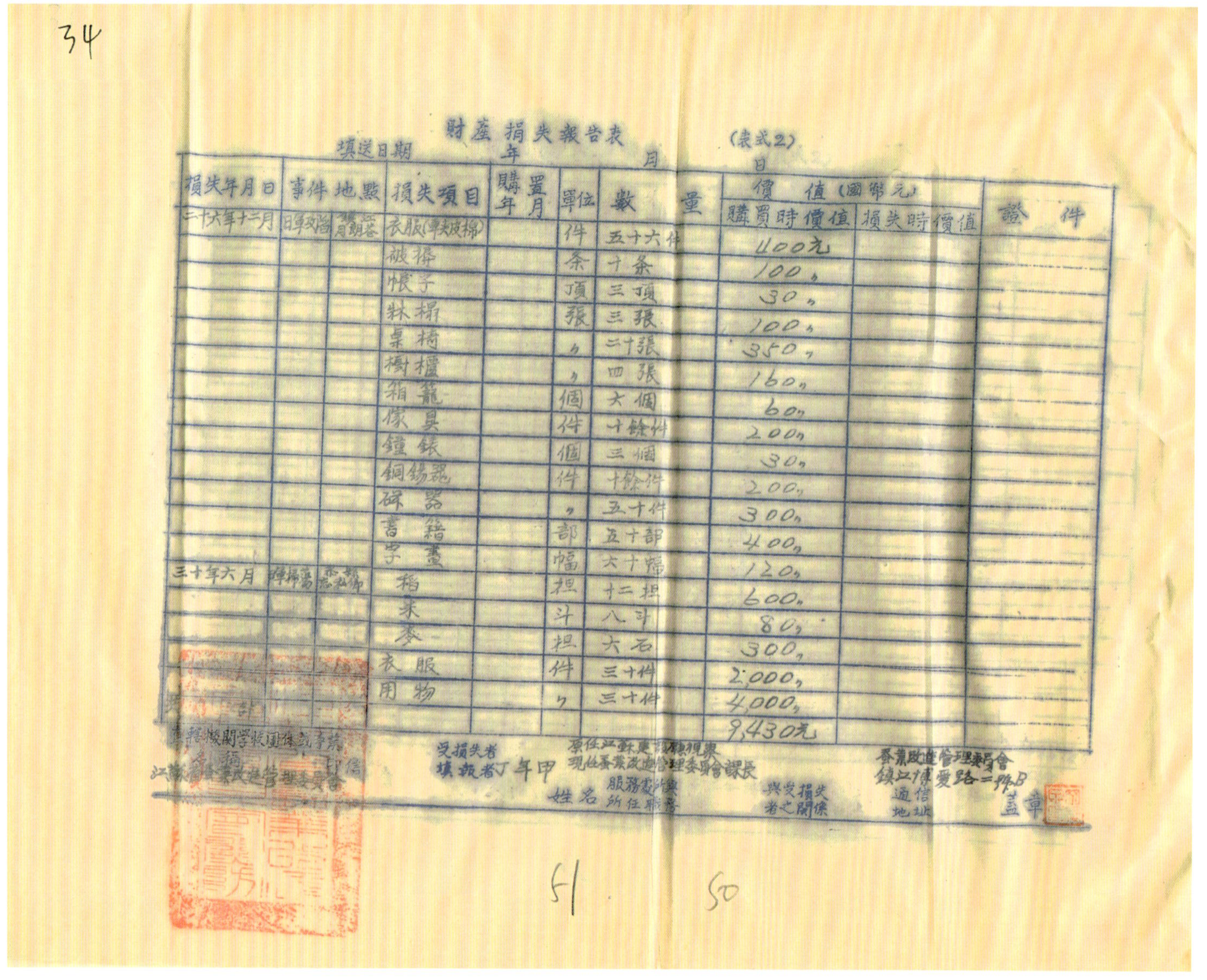

34

財產損失報告表　（表式2）

填送日期　年　月　日

損失年月日	事件	地點	損失項目	購置年月	單位	數量	價值（國幣元）購買時價值	價值（國幣元）損失時價值	證件
二十六年十二月	日軍攻陷	鎮江月朗巷	衣服（單夾皮棉）		件	五十六件	400元		
			被褥		条	十条	100〃		
			帳子		顶	三顶	30〃		
			牀榻		張	三張	100〃		
			桌椅		〃	二十張	350〃		
			橱櫃		〃	四張	160〃		
			箱籠		個	六個	60〃		
			傢具		件	十餘件	200〃		
			鐘錶		個	三個	30〃		
			銅錫器		件	十餘件	200〃		
			碗器		〃	五十件	300〃		
			書籍		部	五十部	400〃		
			字畫		幅	六十幅	120〃		
三十年六月	日偽掃蕩	[illegible]	稻		担	十二担	600〃		
			米		斗	八斗	80〃		
			麥		担	六石	300〃		
			衣服		件	三十件	2,000〃		
			用物		〃	三十件	4,000〃		
合計							9,430元		

直轄機關學校團體或事業 名稱 印信：江蘇省蠶業改進管理委員會

受損失者 填報者：丁年甲

服務處所與所任職務：原任江蘇建設廳視察 現任蠶業改進管理委員會課長

與受損失者之關係：

通信地址：蠶業改進管理委員會 鎮江博愛路二號B

蓋章

51　50

76

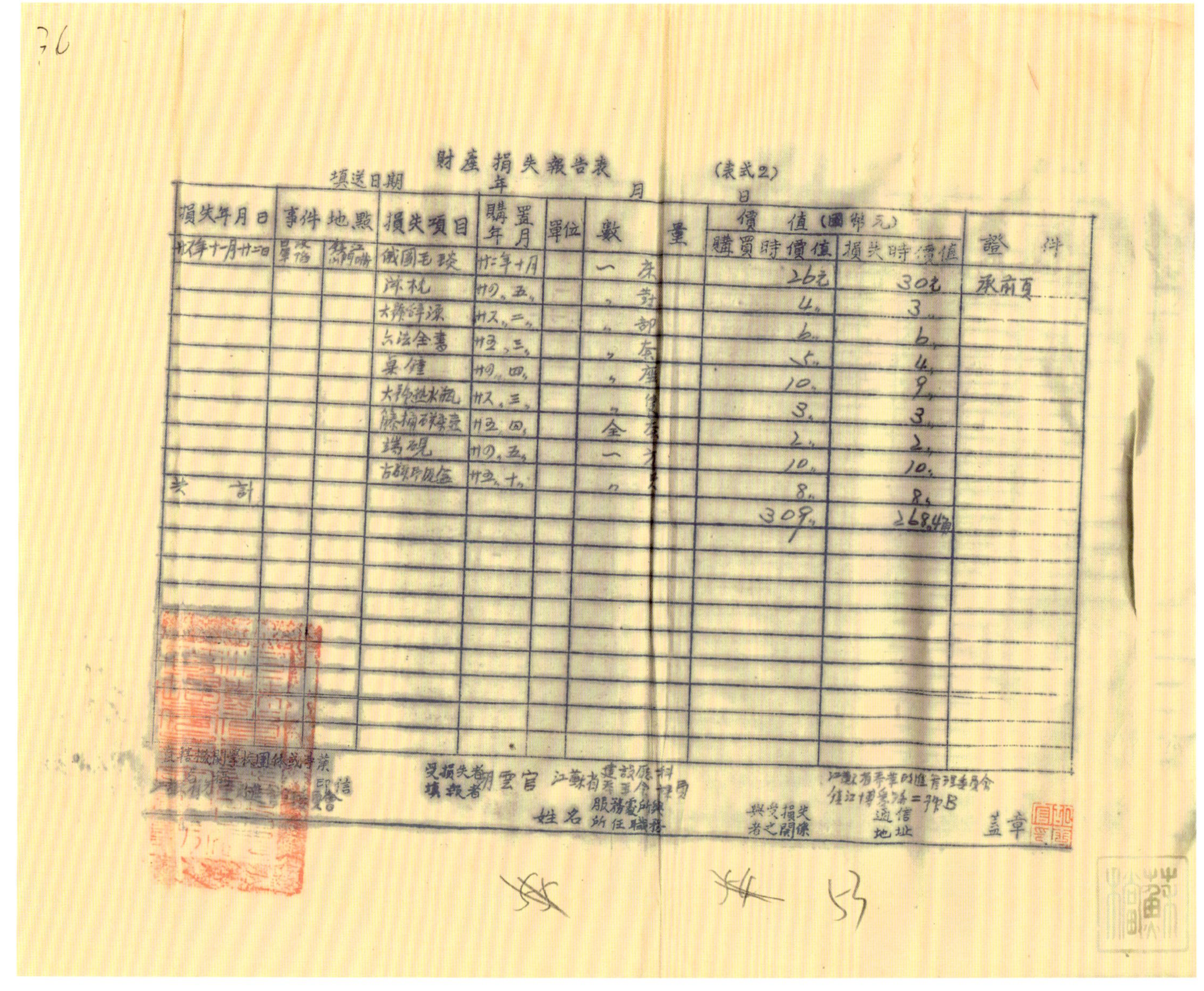

財產損失報告表

（表式2）

填送日期　　年　　月　　日

損失年月日	事件	地點	損失項目	購置年月	單位	數量	價值（國幣元）購買時價值	價值（國幣元）損失時價值	證件
卅六年十一月廿二日	[illegible]	[illegible]	俄國毛毯	卅二年十月		一床	26元	30元	承前頁
			沖杭	卅四，五，		〃對	4〃	3〃	
			大辭詩源	卅六，二，		〃部	6〃	6〃	
			六法全書	卅五，三，		〃套	5〃	4〃	
			桌鐘	卅四，四，		〃座	10〃	9〃	
			大號熱水瓶	卅六，三，		〃隻	3〃	3〃	
			籐楠[illegible]	卅五，四，		全套	2〃	2〃	
			端硯	卅四，五，		一方	10〃	10〃	
			古銅印泥盒	卅五，十，		〃只	8〃	8〃	
共計							309〃	268.4[illegible]	

直轄機關學校團體或事業　印信

受損失者填報者　胡雲官　　服務處所與所任職務：江蘇省建設廳[illegible]委員會[illegible]　　與受損失者之關係　　通信地址：江蘇省[illegible]委員會 鎮江[illegible]二號B　　蓋章

江苏省蚕业改进管理委员会关于填报战时损失报告表致省建设厅的呈（一九四六年六月一日）

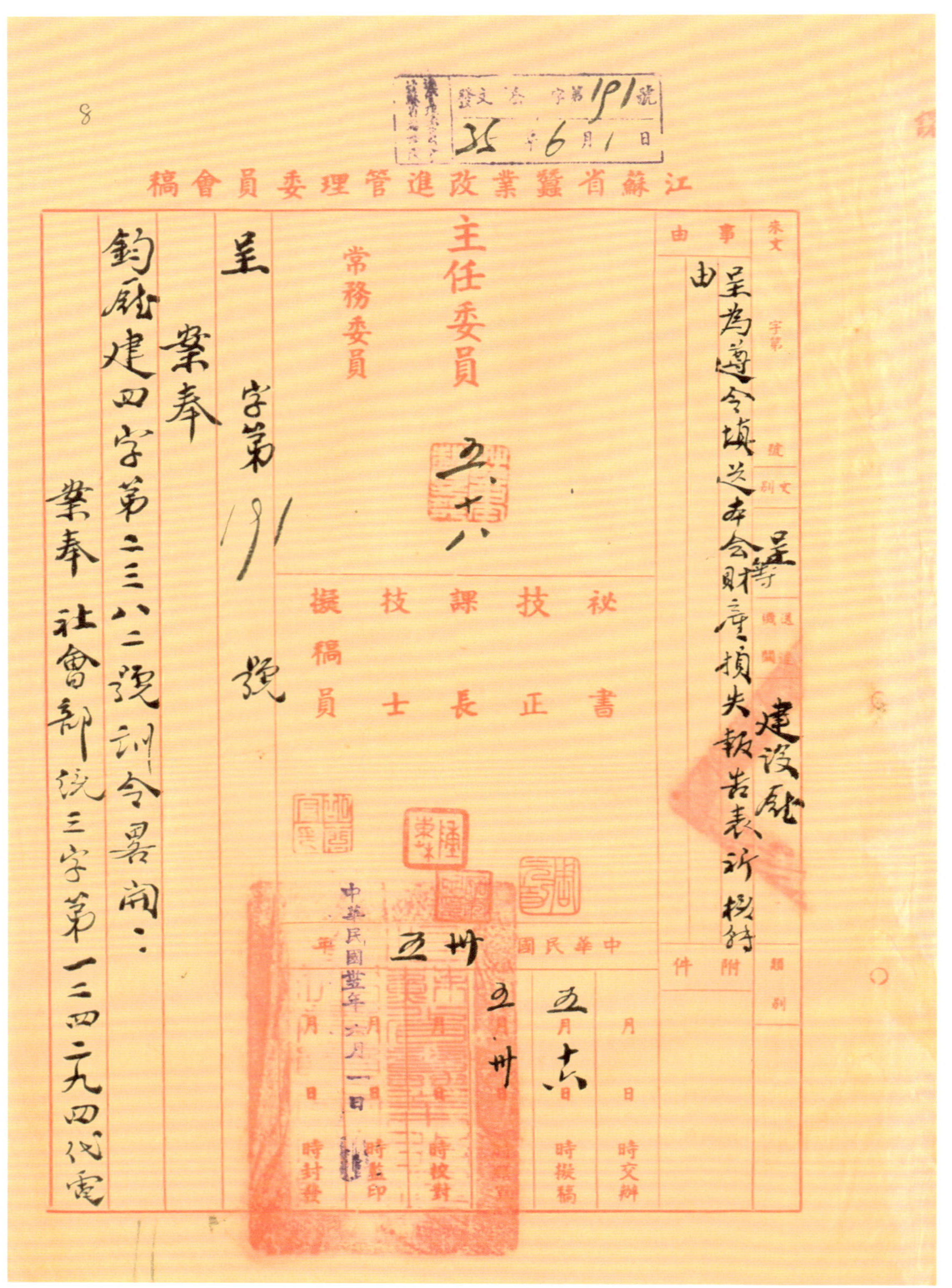
發文 字第191號
35年6月1日

江蘇省蠶業改進管理委員會稿

事由：呈為遵令填送本會財產損失報告表祈核轉由

呈 建設廳

主任委員 五.廿八
常務委員

秘書 技正 課長 技士 擬稿員

中華民國卅五年六月一日

呈 字第191號

案奉
鈞廳建四字第二三八二號訓令略開：「案奉社會部統三字第一二四二九四代電

飭催迅將抗戰損失調查表填報等因，令飭仿

製填報，以憑彙轉為要

等因，附發戰時財產損失報告單式一份。奉此，茲造

將本會財產損失依式填具報告單表，及原委員會蠶種製造場遺失所存財產損失分別填具報告表二份，備文呈

送，仰祈

鑒核彙轉，實為公便。謹呈

江蘇省建設廳長董。

附呈江苏省蚕業改進管理委員會財產損失及原委員會蠶種製造場所存財產損失報告表各一份

（全銜）主任委員董〇〇

附：财产损失报告表

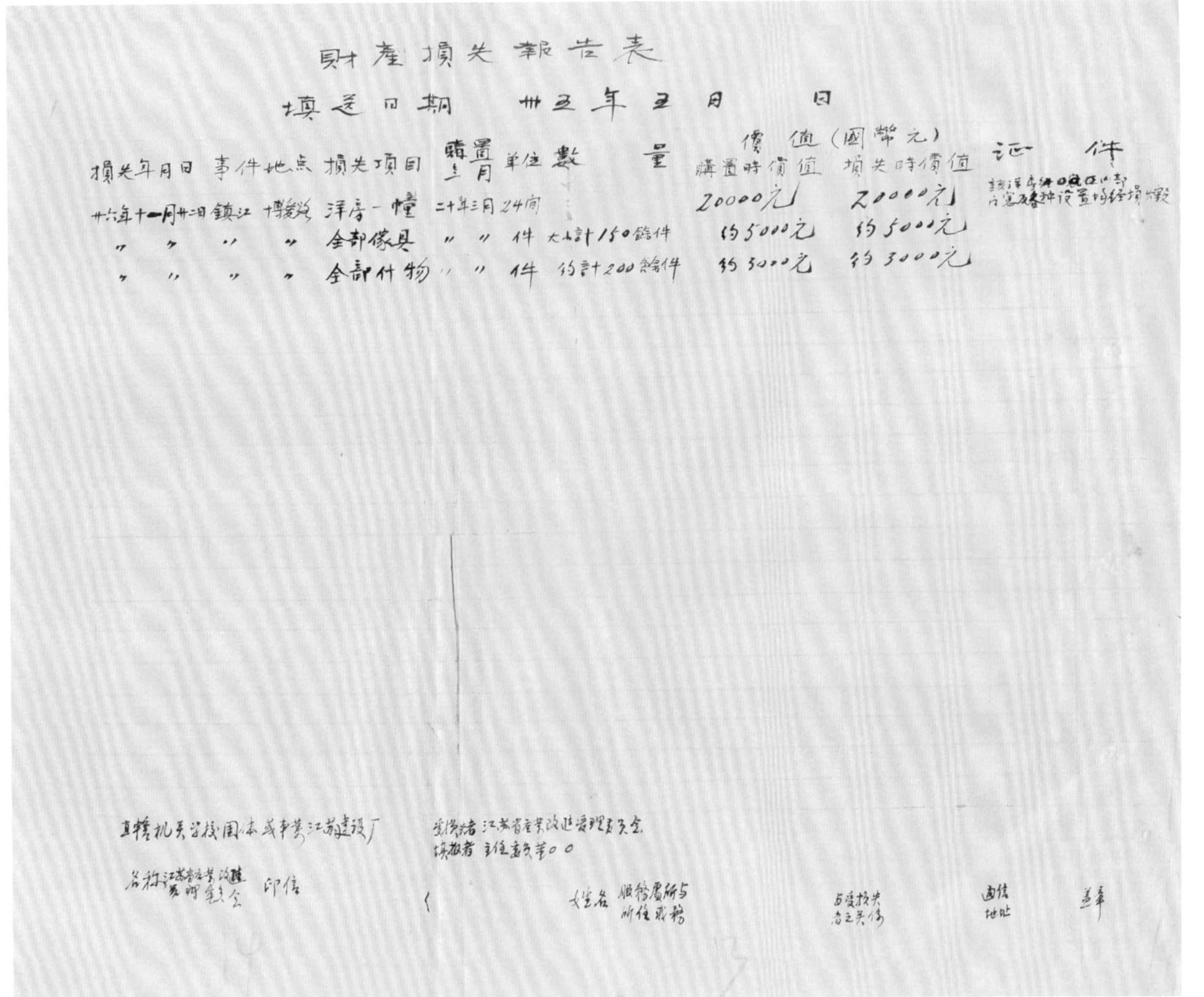

財產損失報告表

填送日期　卅五年五月　日

損失年月日	事件地點	損失項目	購置年月	單位	數量	價值（國幣元）購置時價值	價值（國幣元）損失時價值	証件
卅六年十一月卅日	鎮江 [illegible]	洋房一幢	二十年三月		24间	20000元	20000元	該洋房係日寇[illegible]內部[illegible]及各种設置均經損燬
〃	〃	全部傢具	〃	件	大小計150餘件	約5000元	約5000元	
〃	〃	全部什物	〃	件	約計200餘件	約3000元	約3000元	

直轄機关学校团体或事業　江蘇建設厂

受損失者　江蘇省產業改進管理委員会
填報者　主任委員華〇〇

名稱　江蘇省產業改進管理委員会　印信

姓名　服務處所與所任職務　與受損失者之关係　通信地址　蓋章

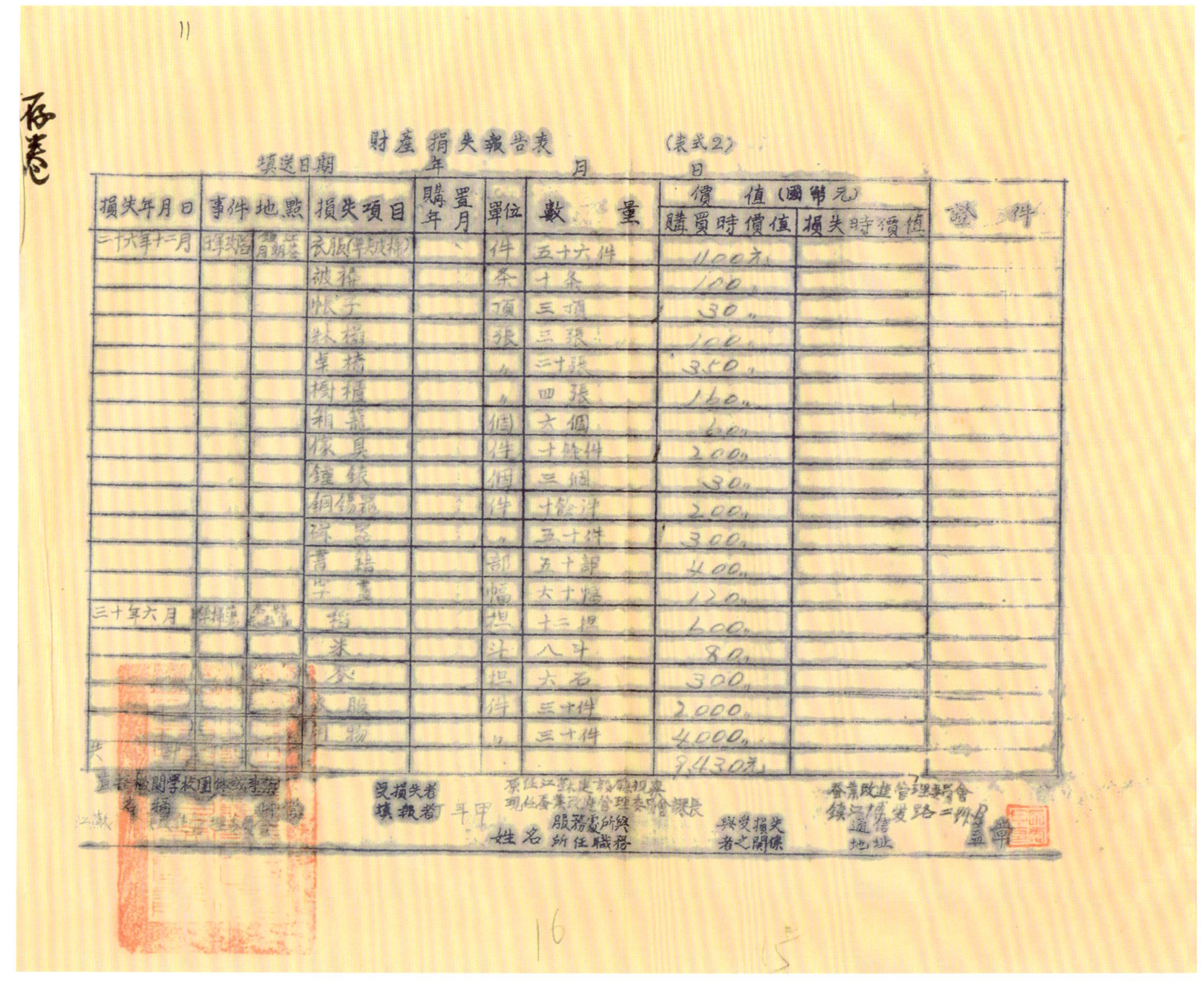

財產損失報告表　　（表式2）

填送日期　　年　　月　　日

損失年月日	事件	地點	損失項目	購置年月	單位	數量	價值（國幣元）購買時價值	價值（國幣元）損失時價值	證件
二十六年十二月	日寇轟炸	鎮江月朗巷	衣服（單夾棉）	、	件	五十六件	1100元		
			被褥		条	十条	100〃		
			帳子		頂	三頂	30〃		
			牀櫥		張	三張	100〃		
			桌椅		〃	二十張	350〃		
			櫥櫃		〃	四張	160〃		
			箱籠		個	六個	60〃		
			傢具		件	十餘件	200〃		
			鐘錶		個	三個	30〃		
			銅錫器		件	十餘件	200〃		
			瓷器		〃	三十件	300〃		
			書籍		部	五十部	400〃		
			字畫		幅	六十幅	120〃		
三十年六月	日軍掃蕩	[illegible]	稻		担	十二担	600〃		
			米		斗	八斗	80〃		
			麥		担	六石	300〃		
			衣服		件	三十件	2,000〃		
			雜物		〃	三十件	4,000〃		
共							9,430元		

直轄機關學校團體或事業　名稱　[illegible]　印信

受損失者　填報者　丁年甲

姓名　服務處所與所任職務　原任江蘇建設廳視察　現任蠶業改進管理委員會課長

與受損失者之關係

通信地址　蠶業改進管理委員會　鎮江[illegible]路二卅B　蓋章

16

財產損失報告表　（表式2）

填送日期　三十五年　五　月三十　日

損失年月日	事件	地點	損失項目	購置年月	單位	數量	價值（國幣元）購買時價值	價值（國幣元）損失時價值	證件
二十七年一月二日	日寇燒殺	京沪路线新豐站蔣家村	房屋	宣統元年十二月	間	樓房五間平房四間	樓房每間300元平房200元	樓房每間600元平房400元	
〃	〃	〃	戽水車	五年三月	件	車軸四根轆四根簧四面	400元	12,0000元	
〃	〃	〃	大人力車兩小人力車壹	六年七月	件	叁輛	30元	20000元	
〃	〃	〃	農具犁耙抄籮		件	四十件	100元	50000元	
〃	〃	〃	傢具	床櫥	件	床五張 櫥六張	220元	12,0000元	
〃	〃	〃	棹椅櫈		件	棹四張 椅八張 櫈四張	300元	60000元	
〃	〃	〃	衣服		件	計約卅件	约计250元	约计14000元	
〃	〃	〃	書籍		件	兩櫥	约计240元	约计120000元	
合計								共630000元	

直轄機關學校團体或事業名稱　　　印信

受損失者填報者　蔣文衡

姓名　服務處所與所任職務　江蘇省蚕業改進管理委員會書記

與受損失者之關係

通信地址　江苏省蚕業改進管理委員會　蓋章

財產損失報告表　　　　(表式2)

填送日期　　年　　月　　日

損失年月日	事件	地點	損失項目	購置年月	單位	數量	價值(國幣元) 購買時價值	損失時價值	證件
卅六年十月廿二日	暴政	鎮江	灰綢連皮袍	卅五年十月	一件	一件	40元	32元	
			華達呢駝絨袍	卅六，二		〃	28〃	25〃	
			黑貢呢夾馬褂	卅四，三		〃	16〃	11〃	
			灰毛呢大衣	卅五，十二		〃	30〃	27〃	
			粹毛呢夾袍	卅四，九		〃	20〃	16〃	
			青灰綢夾袄	卅三，三		〃	18〃	12〃	
			藏青嗶嘰大褂	卅，三		〃	13〃	10〃	
			灰色羅大褂	卅六，五		〃	14〃	12〃	
			白夏布大褂	卅五，六		〃	12〃	10〃	
			灰色布制服	卅四，二		套	11〃	3〃	
			黃綢制服	卅六，六		〃	9〃	8〃	
			黑皮鞋	〃，五		〃双	3〃	3〃	
			黃皮衣箱	卅五，三		〃隻	6〃	5〃	
			元緞棉鞋	卅六，十一		〃双	3〃	3〃	
			元貢呢單鞋	卅五，九		〃	2〃	1.4角	
				卅六，八		〃	2〃	2〃	
			淡黃色綢棉被	卅五，十		〃床	8〃	7〃	
			白印花布褥單	卅六，二		〃条	3〃	3〃	
			青灰色面布棉褥	卅五，三		〃床	4〃	3〃	轉接後頁

直轄機關學校團体或事業名稱　印信　江蘇省蚕業改進管理委員會

受損失者填報者　姓名　胡雲官　服務處所與所任職務　江蘇省建設廳蚕業改進管理委員會課員

與受損失者之關係

通信地址　江蘇省蚕業改進管理委員會　鎮江博物路二號B

蓋章

财产损失报告表 （表式2）

填送日期　　年　　月　　日

損失年月日	事件	地點	損失項目	購置年月	單位	數量	價值（國幣元）		證件
							購買時價值	損失時價值	
卅六年十一月廿二日	[illegible]	[illegible]	俄國毛毯	廿二年十月		一床	26元	30元	承前頁
			涼枕	廿四.五.		〃對	4.	3	
			大辭彙	廿六.二.		〃部	6.	6	
			六法全書	廿五.三.		〃套	5.	4.	
			桌燈	廿四.四.		〃座	10.	9.	
			大號熱水瓶	廿六.三.		〃隻	3.	3	
			[illegible]	廿五.四.		全套	2.	2.	
			端硯	廿四.五.		一方	10.	10.	
			古銅香爐	廿五.十.		〃只	8.	8.	
共計							309.	268.4	

直轄機關學校團体或事業名稱：江蘇省公路建設管理委員會　印信

受損失者填報者姓名：周雲官　服務處所與所任職務：江蘇省建設廳材料[illegible]

與受損失者之關係：

通信地址：江蘇省[illegible]

蓋章

15

財產損失報告表

（表式2）

填送日期三十五年　年　五　月　三十　日

損失年月日	事件	地點	損失項目	購置年月	單位	數量	價值（國幣元）購置時價值	價值（國幣元）損失時價值	證件
二十七年四月五日	敵人燒燬	武進織機坊35號	房屋	八年三月	間	平房九間 樓房三間	8000元	~~5320000元~~ 8016元	
			衣服		件	200件	1000元	~~1400000元~~ 1020元	
			傢具		件	240件	4500元	~~3000000元~~ 4590元	
			書畫		件	160件	1000元	~~1400000元~~ 1020元	
合計							14,500元	~~11120000~~ 14646元	

直轄機關學校團體或事業　名稱　印信

受損失者　填報者　劉建　姓名

服務處所與所任職務　江蘇省蠶業改進管理委員會技士

與受損失者之關係

通信地址　江蘇省蠶業改進管理委員會

蓋章

24　23

中国蚕丝公司业务处关于加印分送抗战期间全国蚕丝业损失调查会议记录等文件以查报蚕业损失致江苏蚕业推广委员会的函（一九四六年十二月三日收）

技術課

宋

逕啟者查抗戰期間蠶絲業各部門所受損失至為重大所有上項損失除已分別進行查報並曾擬具戰時蠶絲業損失賠償辦法草案送請中央主管戰時損失調查機關外茲為明瞭全國蠶絲業損失實況並擬彙編總報告以供政府交涉賠償及計劃復興之參考起見經就近邀集有關各方商討調查辦法並擬具調查表式及調查須知相應檢附會議紀錄、調查表式、調查須知及抗戰損失調查辦法查報須知與戰時蠶絲業損失賠償辦法共　份送請

貴　惠予將　　　　調查表式及調查須知加印分送　　按實查報限期彙集分別加附總表並按照調查須知及會議紀錄將　　等損失情形詳實調查分編報告連同所有調查表報於十二月十五日前惠寄上海虎丘路八十八號六樓中蠶公司業務處轉交本會以便彙編總報告為荷

此致

江蘇省蠶業推廣委員會

抗戰期間全國蠶絲業損失調查會啟

附件

蠶行調查一600份 綢廠調查一200份

戰時損失調查辦法及查報須知 一份

抗戰期間全國蠶絲業損失調查會議紀錄 一份

戰時蠶絲業損失賠償辦法 一份

收文蠶字第1246號
35年12月3日

抗戰期間全國蠶絲業損失調查會議紀錄

抗戰期間全國蠶絲業損失調查會議記錄

日期　三十五年十一月十日下午五時

地點　上海武進路216號中國蠶絲公司

出席者　孫伯和　朱新予　王化南

蔣士琦　曾義達　葛填初

鄒申培　徐淡人

記錄　李化鯨

主席　孫伯和

甲　報告事項

一、主席報告　略謂本席過去曾將抗戰期間全國蠶絲業損失作一初步估計送交賠償委員會茲將本會辦理調查應行實施要點分別說明提付討論

乙　討論事項

一　調查損失範圍如何議定案

議決

1. 分類項目

(1) 蚕農（設備蚕產）

(2) 桑園

(3) 種場

(4) 繭行

(5) 絲廠

(6) 機關學校社團

2. 調查内容

(1) 建築設備之直接損失

(2) 生產品之直接損失

(3) 營業上間接損失歷年累計

(4) 因統制壓價所受直接間接之損失歷年累計

(5) 復員期間損失（包括增加國庫及人民負担損

3. 計算損失階段

第一期 九一八至七七

第二期 七七至勝利

第三期 勝利至復員完成

二、調查損失方法如何議定案

議決 1.桑園調查 按照各地產繭量推算面積計算桑株數量及拔損桑園經費

2.蠶農調查 按照產繭損失數量估計換算

3.種場調查 關於建築設備出產品及營業損失按照實際損失情形填報

4.繭行調查 仝前

5.絲廠調查 仝前

6.機關學校社團調查 公 前

7.關於以上各項因統制壓迫而受之損失根據日本與亞院及華中公司有關資料計算之

8.關於復員期間損失根據本年生產量比照戰前產量並估計在五年內恢復應需之經費及歷年營業損失併算之

三、負責調查機關如何議定案

議決

1.各蠶業省份建設廳負責調查桑園蠶業茧行機關學校社團

2.蠶種業同業公會負責調查種場

3.繅絲業同業公會負責調查絲廠

4.中國蠶絲公司輔助各機關協同補充調查

5.凡種場茧行絲廠等已完全毀滅無法覓主查填

者由负责调查机关代为查填

四、调查期限如何议定案

议决 1.限于本月十五日前由各有关机关将所有调查参考资料汇寄本会

2.本月二十日前由本会将汇成表格及填查注意事项等印发各有关机关查填

3.十二月十五日前由各有关机关分别汇编总表连同资料寄本会汇编

4.十二月底汇编总报告呈送中央赔偿委员会

五、填表注意事项及损失计价标准如何议定案

议决 由本会拟订印发

六、本会会址如何议定案

议决 本会会址假设上海虎丘路八十八号六楼中盐公

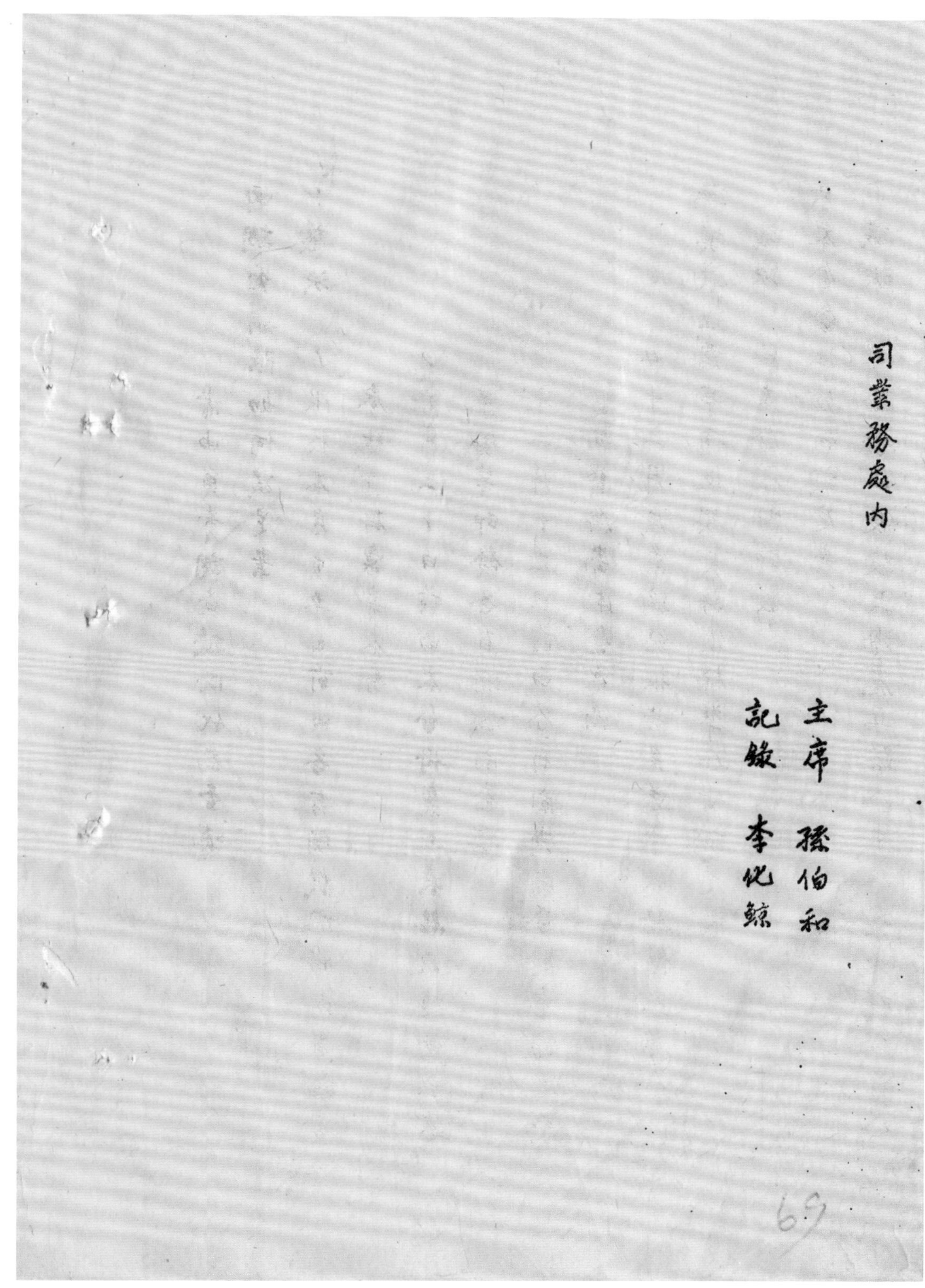

司業務處内

主席　孫伯和
記錄　李紀鯨

69

附二：战时蚕丝（业）损失赔偿办法

戰時蠶絲業損失賠償辦法

一、賠償理由

1. 蠶絲為我國最主要外銷物資亦即我國最主要外滙來源所有被侵佔之東北及蘇浙廣東等蠶絲區域產絲額佔全國總產額百分之九十以上被佔期間我國國家財政及國民經濟所受之損失至巨

2. 被佔蠶區所受之種種損失大部由於日本之強暴掠奪而非軍事行動之直接損失故必須責令賠償

3. 被佔蠶區內因桑園荒廢種場絲廠基礎動搖勢必影响戰後五六年內產量減少且須以極大力量始可恢復此項損失為數更巨

4. 後方蠶區內因战時海口封鎖被迫減產損失亦巨

5. 日本絲產僅一小部份自用其餘均供外銷且查日本國內現尚有大批存繭以其自用有餘之絲產及器材作我國战時任何損失之賠償實屬最為適當

二、損失估計

甲、家蠶部份

1. 戰區在被佔期間全部家蠶絲產損失及战時後方其战後復興期間減產之損失估計為家蠶絲一三六〇，〇〇〇公担（附表一、二）廢

蠶屑並損失尚未計入

2.養蠶製種製絲絲織等業建築器材之損失估計應值战前法幣三〇,〇〇〇,〇〇〇元(附表三四)

3.桑園荒廢之損失估計至少應補充桑苗二,〇〇〇,〇〇〇,〇〇〇株及整地費應值战前法幣(四〇,〇〇〇,〇〇〇元(附表五六七)

4.技術改進費用等損失估計應值战前法幣二〇〇,〇〇〇,〇〇〇元(战後十年内平均每年二〇,〇〇〇,〇〇〇元)

以上(3)(4)兩項所列战前法幣損失額為便於計算起見一列以实物折合按战前絲價每公担(四〇〇元計算(3)(4)兩項損失共應折合生絲二四三,〇〇〇公担

乙 柞蠶部份

1.戰區在被佔期内全部柞蠶絲産損失及战時後方與战後復興期間减産之損失估計為柞蚕絲三三三,〇〇〇公担(附表八九)廢絲屑繭損失尚未計入

2.柞蚕製絲絲織設備及柞林荒廢等損失估計應相當於上項損失之二成計柞蚕絲六七,〇〇〇公担

以上甲、乙兩項共計損失家蚕絲一,六〇三,〇〇〇公担柞蚕絲四〇〇,〇〇〇公担桑苗二,〇〇〇,〇〇〇,〇〇〇株蚕絲建築器材值战前法幣三〇〇,〇〇〇,〇〇〇元

34

三、賠償條款

1.日本應賠償我國家蚕絲一、六〇三、〇〇〇公担除以日本國内現有蚕絲產品之全部作為賠償外其餘以日本战後蚕絲產品按十年平均清償之如指蚕絲不足時得以家蚕絲每公担折合柞蚕絲一二公担賠償之

2.日本應賠償我國價值战前法幣叁萬萬元之蚕絲建築器材應以日本國内現有蚕種製絲織綢紡及蚕絲器材製造工廠等設備之半數及在战後十年内指定其交付我國之蚕絲器材折價賠償之

3.日本應賠償我國之桑苗應以日本國内現有桑苗及战後十年内每年培育式萬萬株賠償之

4.战後十年内我國蚕種不敷自給應由日本負責以其國内所產優良蚕種照數供給並保証品質之優良

以上第四項為附帶條款不在估計應賠償損失數額之内

四、執行辦法

1.由中央設置蚕絲賠償監理委員會負責監督賠償條款之執行及接收分配賠償品等事宜

2.日本國内現存蚕絲產品應於停战後兩個月内全部運交我國指定地點接收之

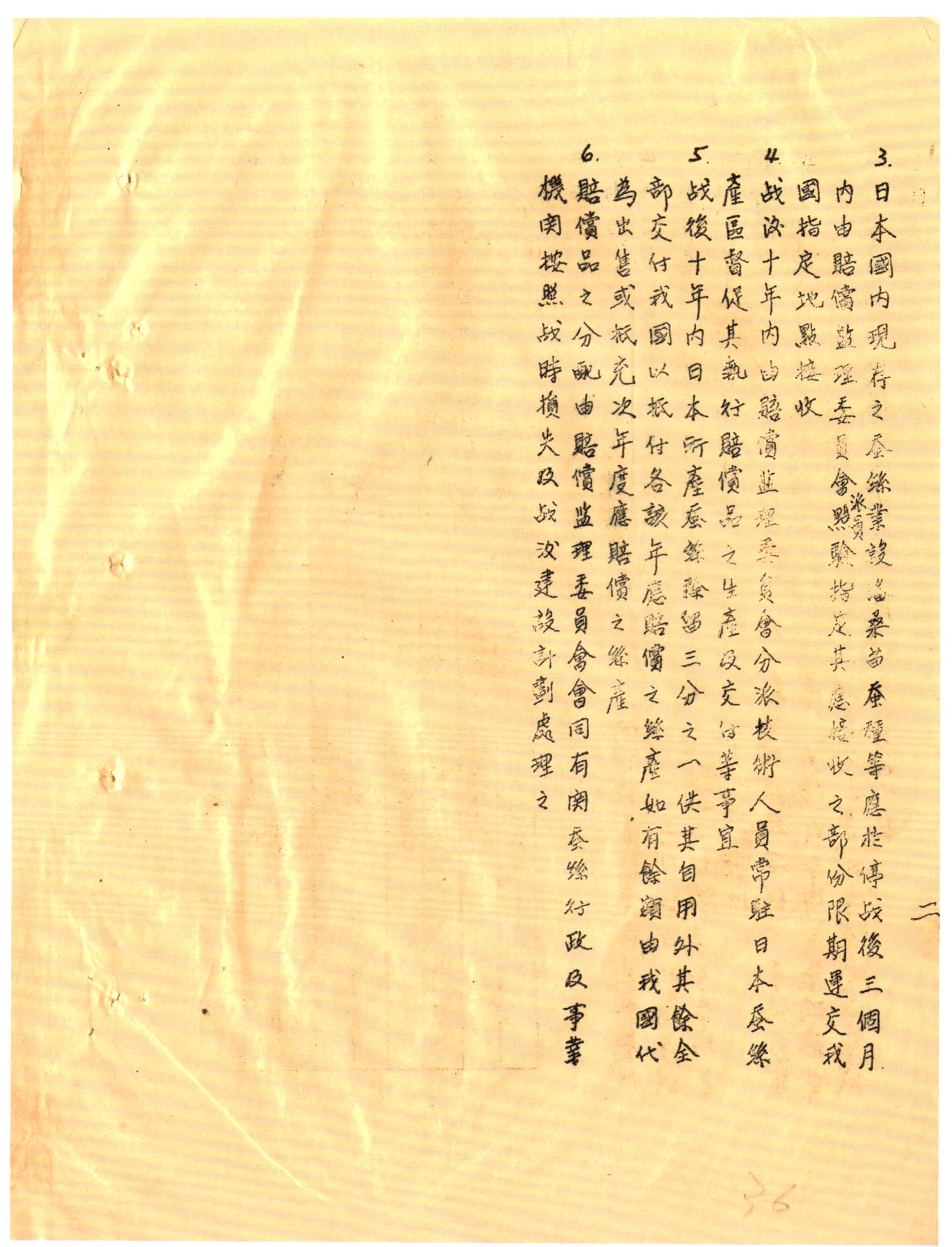

二

3. 日本國內現存之蚕絲業設備桑苗蚕種等應於停戰後三個月內由賠償監理委員會派員點驗指定其應接收之部份限期運交我國指定地點接收

4. 戰後十年內由賠償監理委員會分派技術人員常駐日本蚕絲產區督促其執行賠償品之生產及交付等事宜

5. 戰後十年內日本所產蚕絲除留三分之一供其自用外其餘全部交付我國以抵付各該年應賠償之絲產如有餘額由我國代為出售或抵充次年度應賠償之絲產

6. 賠償品之分配由賠償監理委員會會同有關蚕絲行政及事業機關按照戰時損失及戰後建設計劃處理之

36

一、家蠶絲產損失初步估計表

區別	戰時損失	戰後影響損失	損失合計	備註
江蘇	二〇八,〇〇〇公擔	六八,〇〇〇公擔	二七六,〇〇〇公擔	
浙江	四二四,〇〇〇	一三二,〇〇〇	五五六,〇〇〇	
廣東	二七八,〇〇〇	一〇〇,〇〇〇	三七八,〇〇〇	
山東	三八,〇〇〇	一二,〇〇〇	五〇,〇〇〇	
川滇新	三〇,〇〇〇	一〇,〇〇〇	四〇,〇〇〇	
其他	四〇,〇〇〇	二〇,〇〇〇	六〇,〇〇〇	
總計	一〇一八,〇〇〇	三四二,〇〇〇	一三六〇,〇〇〇	

說明：

1.2. 江蘇／浙江蠶區戰前平均年產絲二六,〇〇〇／五三,〇〇〇公擔，戰時被侵佔之八年內絲產損失總額應為二〇八,〇〇〇／四二四,〇〇〇公擔，戰後第一二年估計平均每年減產一五,〇〇〇／三三,〇〇〇公擔，第三四年平均每年減產一一,〇〇〇／二四,〇〇〇公擔，第五六年平均每年減產八,〇〇〇／九,〇〇〇公擔，六年共計減產損失六八,〇〇〇／一三二,〇〇〇公擔。

3. 廣東蠶區戰前平均產絲三九,七〇〇公擔，戰時被侵佔七年絲產損失總額應為二七八,〇〇〇公擔，戰後第一二年估計平均每年減產二六,〇〇〇公擔，第三四年平均每年減產一五,〇〇〇公擔，第五六年平均每年減產九,〇〇〇公擔，六年共計減產損失一〇〇,〇〇〇公擔。

4. 山東一區戰前平均產絲約四七〇〇公担，戰時被佔八年內之絲產損失應為三八,〇〇〇公担，戰後六年減產損失為一二,〇〇〇公担

5. 川滇新被封鎖蠶區戰時八年內減產之損失為二〇,〇〇〇公担，戰後六年內減產損失為一〇,〇〇〇公担

6. 其他被侵佔及封鎖之蠶區估計戰時損失約為四〇,〇〇〇公担，戰後減產損失約為二〇,〇〇〇公担

二、戰前全國蠶絲產額初步估計表 戰前十年平均

區別	產額	備註
江蘇	二六,〇〇〇	
浙江	五三,〇〇〇	
廣東	三九,七〇〇	
山東	四,七〇〇	
川滇新	二〇,五〇〇	
其他	一四,七〇〇	
合計	一五八,六〇〇	

說明：

上項估計產額經參照日本上原重美氏之估計及民國廿年左右各重要省區之絲茧產量調查數字估計而得，其與上原重美氏之估計數比較，尚無大出入處，以之作為賠償絲產之依據，當屬適當

三、蠶絲業建築器材損失初步估計表

（按蚕各業平均初步估計）

區别	養蚕業	蚕種業	製絲業	其他	合計
江蘇	五〇,〇〇〇,〇〇〇元	七,〇〇〇,〇〇〇元	一五,七〇〇,〇〇〇元	八,〇〇〇,〇〇〇元	八〇,七〇〇,〇〇〇元
浙江	一一〇,〇〇〇,〇〇〇	三,〇〇〇,〇〇〇	四,三〇〇,〇〇〇	一〇,〇〇〇,〇〇〇	一二七,三〇〇,〇〇〇
廣東	五〇,〇〇〇,〇〇〇	五〇〇,〇〇〇	六,〇〇〇,〇〇〇	五,〇〇〇,〇〇〇	六一,五〇〇,〇〇〇
山東	一二,〇〇〇,〇〇〇		五〇〇,〇〇〇	五〇〇,〇〇〇	一三,〇〇〇,〇〇〇
川滇新		四〇〇,〇〇〇	六〇〇,〇〇〇	五〇〇,〇〇〇	一,五〇〇,〇〇〇
其他	一四,〇〇〇,〇〇〇		一,〇〇〇,〇〇〇	一,〇〇〇,〇〇〇	一六,〇〇〇,〇〇〇
總計	二三六,〇〇〇,〇〇〇	一〇,九〇〇,〇〇〇	二八,一〇〇,〇〇〇	二五,〇〇〇,〇〇〇	三〇〇,〇〇〇,〇〇〇

說明：

1. 養蚕業器材損失以平均每户損失战前法幣四〇——一〇〇元計算
2. 蚕種業建築器材損失按製種量以平均每張種損失二元左右計算
3. 製絲業按絲車數以平均每台絲車損失一〇〇——五〇〇元計算（包括製絲煮繭乾繭一切建築設備在内）
4. 其他損失包括蚕絲學術改進機関與絲織業等種々損失
5. 川滇新區損失為因封鎖而使設備不能按時更新及技術落後等間接損失

四、全國蠶户數蠶種量及繅車台數初步估計表

區別	蚕户數	蠶種數	繅車台數	備註
江蘇	五〇〇,〇〇〇	四〇〇,〇〇〇	三,一四〇〇	
浙江	一,一〇〇,〇〇〇	一,〇〇〇,〇〇〇	八,六〇〇	
廣東	五〇〇,〇〇〇	二〇〇,〇〇〇	一二,〇〇〇	
山東	一六〇,〇〇〇		一,〇〇〇	
川滇新	六五〇,〇〇〇	八〇〇,〇〇〇	五,〇〇〇	
其他	三五〇,〇〇〇		二,〇〇〇	
合計	三,二六〇,〇〇〇	六,〇〇〇,〇〇〇	六〇,〇〇〇	

五、復興及更新桑園應需桑苗數量初步估計表

區別	戰時廢棄桑園	復興桑園應需桑苗	戰後應更新之桑園	更新桑園應需桑苗	共計應培育之桑苗
江蘇	五〇〇,〇〇〇畝	二〇〇,〇〇〇千株	六二〇,〇〇〇畝	一〇〇,〇〇〇千株	三〇〇,〇〇〇千株
浙江	七五〇,〇〇〇	三〇〇,〇〇〇	一,九〇八,二〇〇	二八〇,〇〇〇	五八〇,〇〇〇
廣東	六〇〇,〇〇〇	五〇〇,〇〇〇	八六五,七〇〇	二六〇,〇〇〇	七六〇,〇〇〇
山東	八〇,〇〇〇	三二,〇〇〇	一八〇,〇〇〇	二八,〇〇〇	六〇,〇〇〇
川滇新			一,五七四,〇〇〇	一〇〇,〇〇〇	一〇〇,〇〇〇
其他	二五〇,〇〇〇	一〇〇,〇〇〇	六三二,五〇〇	一〇〇,〇〇〇	二〇〇,〇〇〇
合計	二,一八〇,〇〇〇	一,一三二,〇〇〇	五,七八〇,四〇〇	八六八,〇〇〇	二,〇〇〇,〇〇〇

六、戰前全國桑地面積初步估計表

區別	桑園面積	備註
江蘇	一,一二〇,〇〇〇畝	
浙江	二,六五八,二〇〇	
廣東	一,四六五,七〇〇	
山東	二六〇,〇〇〇	
川滇新	一,五七四,〇〇〇	
其他	八八二,五〇〇	
合計	七,九六〇,四〇〇	

七、整理桑園費用估計

區別	應整理之桑園數	整理桑園費	備註
江蘇	一,一二〇,〇〇〇畝	二六,〇〇〇,〇〇〇	
浙江	二,六五〇,〇〇〇	五四,〇〇〇,〇〇〇	
廣東	一,四六〇,〇〇〇	三〇,〇〇〇,〇〇〇	
山東	二六〇,〇〇〇	五,〇〇〇,〇〇〇	
川滇新	一,二〇〇,〇〇〇	一〇,〇〇〇,〇〇〇	
其他	八五〇,〇〇〇	一五,〇〇〇,〇〇〇	
合計	七,五四〇,〇〇〇	一四〇,〇〇〇,〇〇〇	

五

八、柞蠶絲損失初步估計表

區別	被侵佔時之損失	戰後減產損失	合計	備註
遼寧	二一〇,〇〇〇公担	二〇,〇〇〇公担	二三〇,〇〇〇公担	
山東	六四,〇〇〇	八,〇〇〇	七二,〇〇〇	
河南	一〇,〇〇〇	五,〇〇〇	一五,〇〇〇	
川黔	五,〇〇〇	三,〇〇〇	八,〇〇〇	
其他	五,〇〇〇	三,〇〇〇	八,〇〇〇	
合計	二九四,〇〇〇	三九,〇〇〇	三三三,〇〇〇	

說明：1. 遼寧區戰前年產絲一五,〇〇〇公担，自九一八被佔至日本投降前後十四年內絲產損失二一〇,〇〇〇公担，戰後減產損失從低估計爲二〇,〇〇〇公担

2. 山東區戰前年產絲八,〇〇〇公担，戰時八年絲產損失六四,〇〇〇公担，戰後減產損失從低估計爲八,〇〇〇公担

3. 河南區戰前年產絲二,五〇〇公担，戰時損失估計爲五,〇〇〇公担，戰後減產損失估計爲三,〇〇〇公担

4. 其他柞蠶絲區戰時直接遭受損失間接被迫減產損失估計爲五,〇〇〇公担，戰後減產損失估計爲三,〇〇〇公担

九、戰前全國柞蠶絲區初步估計表

區別	每年柞絲估計數	備註
遼寧	一五〇，〇〇〇（公擔）	
山東	八，〇〇〇	
河南	二，五〇〇	
川黔	一，〇〇〇	
其他	一，〇〇〇	
合計	二七，五〇〇	

抗戰期間全國蠶絲業損失調查注意事項

一、查報損失時期分為（1）自九一八至七七事變為止（2）自七七至戰事終了之日止（3）自勝利至復興計劃完成之日止

二、戰時各省桑園面積蠶戶數量改良蠶種製造量絲車數產絲量等數字可參照戰時蠶絲業損失賠償辦法附表及戰前全國桑園面積家蠶絲產繭產等估計表暨其他就地可搜集之資料重行估計以作計算戰時損失之依據

三、各省現存桑園面積及蠶種絲繭等產量可參照戰時蠶絲業損失賠償辦法及中蠶公司估計繭產情形與生絲產銷情形報告再就各該省實際情形重行估計以作計算戰時損失之依據

四、桑園損失調查可就戰前與戰後桑園面積與現存桑園之荒廢情形及繭產情形推算（1）恢復已完全荒廢之桑園應需之桑株數（2）現存應更新整理之桑園應需之桑株數（3）恢復及更新整理桑園應需之費用（4）培育桑苗應需之苗圃面積及經費（以五年內育成全部桑苗計算）及其他有關事件詳細查明列報

五、蠶農損失調查可分直接損失與間接損失兩種

（1）直接損失　就估計受損蠶戶之百分率及每戶損失蠶絲器材之量值推算全省蠶戶之損失總額此項估計應儘可能分別縣區詳細列報

（2）間接損失　可按繭產減損額（戰前繭產減去現時繭產）估計A.被侵占期間歷年減產損失分年累計B.戰後復員期間（五年）歷年減量損失分年累計詳細列報

六、種場繭行絲廠絲織廠絹紡廠及蠶絲機關學校損失之調查應逐一按照調查表式將直接間接損失詳細列表報告並由各省主辦調查機關將種場繭行絲廠絲織廠絹紡廠等損失分別彙編總報告

附：可獲純利額減少之計算法如下

營業在戰前獲利而本年獲利較少者用下式

1.營業進款淨數或營業虧損淨數＝營業進款與營業用款之差

可獲純利減少＝戰前三年營業進款淨數平均數一本年實際營業進款淨數（如無三年數字一年亦可如進款淨數有長期增減之趨勢須依照趨勢推算本年營業進款可能淨數）

營業在戰前獲利而本年虧損者用下式

2.可獲純利減少＝戰前三年營業進款淨數平均數加本年營業虧損淨數（如無三年數字一年亦可如進款淨數有長期增減之趨勢須依照趨勢推算本年營業進款可能淨數）

營業在戰前虧損而本年虧損更多者用下式

3.可獲純利減少＝本年營業虧損淨數一戰前三年營業虧損淨數平均數）如無三年數字一年亦可如進款淨數有長期虧損之趨勢須依照趨勢推算本年營業虧損可能淨數）

七、可能生產額減少及可獲純利額減少之計算應自受損或停業之日起分年列報至戰事結束之日為止所有停業期間產量及純利之減少以停業前三年平均產額及盈利額分年列入之

八、戰後減產損失由各省主管調查機關按照戰後復興計劃將歷年生絲產量之減少額分年估計列報之

九、各項調查表式除由本會擬定分發外其未經擬定者可由各省主管調查機關或填報機關自行擬定之如有在擬定表式內未盡事項應另列報告以資詳盡

十、凡已查報抗戰損失報告表送交地方或中央政府者此次重填報告除參照當時查報內容外務以切合事實力求詳盡為主

十一、調查時各種單位應照左列規定以資劃一

(1)度　市尺

(2)量　市石

(3)衡　市斤（每市斤合〇·八二六七二五關斤或〇·八一二五司馬斤）

(4)面積　市畝

(5)價值　戰前法幣元所有間接損失及經費支出可以實物市價換算為戰前法幣元但在戰時實際增加之費用如防空費遷建費等應將當時實付價值一併列入並註明年份

本省和同学校专用

28

省　　絲廠戰時直接遭受損毀情形報告表

事件　　　　時期　　　　地點　　　　字第　　　號

實業	廠名		
	所在地		
	創辦人		
	創建年月		
	組織情形		
營業	廠名		
	所在地		
	代表人		
	通訊處		
	組織情形		
資本	實業		
	營業	固定	
		流動	
戰時經過			
員工傷亡	年月	原因	人數
備註			

戰前設備情形				遭受損失情形						現況	
名稱		式樣	數量	損毀數量	損毀原因	損毀程度		損毀年月	損毀總值	可能使用	可能修復
						全毀	可能修復				
建築											
繅絲車											
揚返車											
煮繭機											
鍋爐											
檢驗設備											
其他											
貨品											
副產品											

填報人　　　　實業代表　　　　營業代表　　　　年　　月　　日

注意、(1)本表一式填四份--留底、三送本會彙編統計及分別呈轉、　(2)「字第　　號」由本會編定

47　　46

本省机關学校专用

28

省　　絲廠戰時間接遭受損失情形報告表

事件　　　　時期　　　　地點　　　　字第　　號

間接損失概況	時期		可能生產額減少		可獲純利額減少		費用之減少					備註
			數量	原因	金額	原因	拆遷費	防空費	救濟費	撫卹費	其他	
	九一八以後	二十年九月下旬起										
		二一年份										
		二二年份										
		二三年份										
		二四年份										
		二五年份										
		二六年七七止										
	七七以後	二六年七七起										
		二七年份										
		二八年份										
		二九年份										
		三十年份										
		三一年份										
		三二年份										
		三三年份										
		三四年日寇投降止										
	勝利以後	三四年勝利後										
		三五年份										
		三六年份										

填報人　　　　　　　　年　　月　　日

49　　48

本省机关学校专用

省　　蠶種製造場戰時直接遭受損毀報告表

事件　　　　時期　　　　地點　　　　字第　　號

場名			
所在地			
通訊處			
創辦人			
創建年月			
商標			
組織情形			
許可證或登記證號數			
場主或代表人			
資本	固定		
	流動		
戰時經過			
員工傷亡數	年月	原因	人數
備註			

戰前設備		數量	損毀數量	損毀原因	損毀程度：全毀	損毀程度：可能修復	損毀年月	損毀總值	現況：可能使用	現況：可能修復
建築	蠶室									
	附屬室									
	辦公室宿舍									
	其他									
	冷藏庫：式別									
	冷藏庫：容量									
養蠶製種用具										
桑地										
蠶種										
傢具										
肥料										
其他										

填報人　　　　　　　　年　　月　　日

注意、（一）本表一式填四份 一留底、三送本會彙編統計及分別呈轉、（二）「字第　　號」由本會編定

省　　　縣行戰時間接遭受損失情形報告表

事件　　　　時期　　　　地點　　　　字第　　　號

間接損失概況	時期		可能生產額減少		可獲純利額減少		費用之減少					備註
			數量	原因	金額	原因	拆遷費	防空費	救濟費	撫卹費	其他	
間	九一八以後	二十年九月下旬起										
		二一年份										
接		二二年份										
		二三年份										
		二四年份										
		二五年份										
		二六年七七止										
損	七七以後	二六年七七起										
		二七年份										
		二八年份										
失		二九年份										
		三十年份										
		三一年份										
概		三二年份										
		三三年份										
		三四年日寇投降止										
況	勝利以後	三四年勝利後										
		三五年份										
		三六年份										

填報人　　　　　　　　年　　月　　日

省　　縣　　繭行戰時直接遭受損毀情形報告表

事件　　　時期　　　地點　　　字第　　　號

行名	
所在地	
通訊處	
行主	
佔地面積	
地主	
資產總值	
戰前全年收繭量	
戰時情況	

員工傷亡	年月	事由	人數

戰前設備概況			遭受損失情形						現況	
			損毀數量	損毀原因	損毀程度 全毀	損毀程度 可能修復	損毀年月	損毀總值	可能使用	可能修復
烘繭機	繭灶	式　號　座								
		式　號　座								
	鍋爐設備									
	進水設備									
	動力設備									
土灶	單乘									
	雙乘									
	繭架									
房屋及堆繭室										
堆繭用具										
其他										

備註

繭行代表人

土地所有代表人

省　縣市　織綢廠機戶戰時直接遭受損毀報告表

事件　　時期　　地點　　字第　　號

綢廠機戶名稱	
所在地	
通訊處	
創辦人	
創建年月	
代表人	
組織情形	
出品種類	
戰前全年生產量	
戰事經過	

員工傷亡		
年月	事由	人數

戰前設備情形			遭毀損失情形						現況	
名稱		數量	損毀數量	損毀原因	損毀程度		損毀年月	損毀總值	可能使用	可能修用
					全毀	可能修復				
建築	工場									
	辦公室及宿舍									
	其他									
機件										
貨名										
其他										
備註									代表人 填報人	

填報人　　年　月　日

注意：(1)本表一式填四份一留底、三送本會彙編統計及分別呈轉、 (2)「字第　　號」由本會編定

省　　綢廠戰時間接遭受損失情形報告表

事件　　時期　　地點　　字第　　號

間接損失概況	時期		可能生產額減少		可獲純利額減少		費用之減少					備註
			數量	原因	金額	原因	拆遷費	防空費	救濟費	撫卹費	其他	
	九一八以後	二十年九月下旬起										
		二一年份										
		二二年份										
		二三年份										
		二四年份										
		二五年份										
		二六年七七止										
	七七以後	二六年七七起										
		二七年份										
		二八年份										
		二九年份										
		三十年份										
		三一年份										
		三二年份										
		三三年份										
		三四年日寇投降止										
	勝利以後	三四年勝利後										
		三五年份										
		三六年份										

填報人　　　　年　　月　　日

本省私立学校专用

35

省　　種場戰時間接遭受損失情形報告表

事件　　　　時期　　　　地點　　　　字第　　號

間接損失概況	時期		可能生產額減少		可獲純利額減少		費用之減少					備註
			數量	原因	金額	原因	拆遷費	防空費	救濟費	撫卹費	其他	
	九一八以後	二十年九月下旬起										
		二一年份										
		二二年份										
		二三年份										
		二四年份										
		二五年份										
		二六年七七止										
	七七以後	二六年七七起										
		二七年份										
		二八年份										
		二九年份										
		三十年份										
		三一年份										
		三二年份										
		三三年份										
		三四年日寇投降止										
	勝利以後	三四年勝利後										
		三五年份										
		三六年份										

填報人　　　　年　　月　　日

61　　60

江苏省立苏州高级农业职业学校关于填送抗战期间蚕科损失报告表致省蚕业改进管理委员会的公函

（一九四六年十二月十九日）

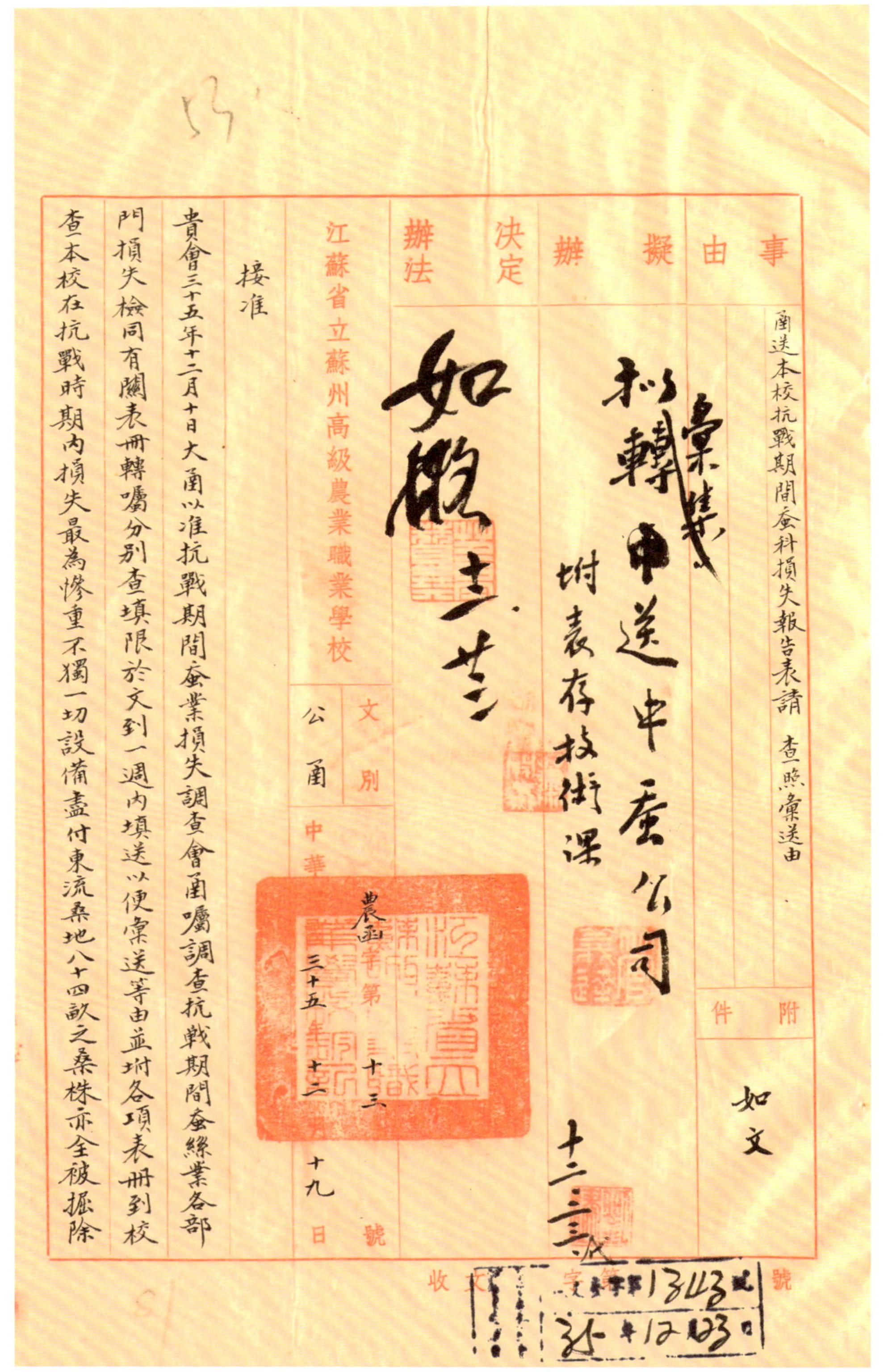

事由：函送本校抗戰期間蚕科損失報告表請 查照彙送由

擬：

辦：

決定辦法：

附件：如文

江蘇省立蘇州高級農業職業學校

文別：公函

中華民國三十五年十二月十九日

農函字第 號

接准

貴會三十五年十二月十日大函以准抗戰期間蚕業損失調查會函囑調查抗戰期間蚕絲業各部門損失檢同有關表冊轉囑分別查填限於文到一週內填送以便彙送等由並附各項表冊到校查本校在抗戰時期內損失最為慘重不獨一切設備盡付東流桑地八十四畝之桑株亦全被掘除

收文 字第 號

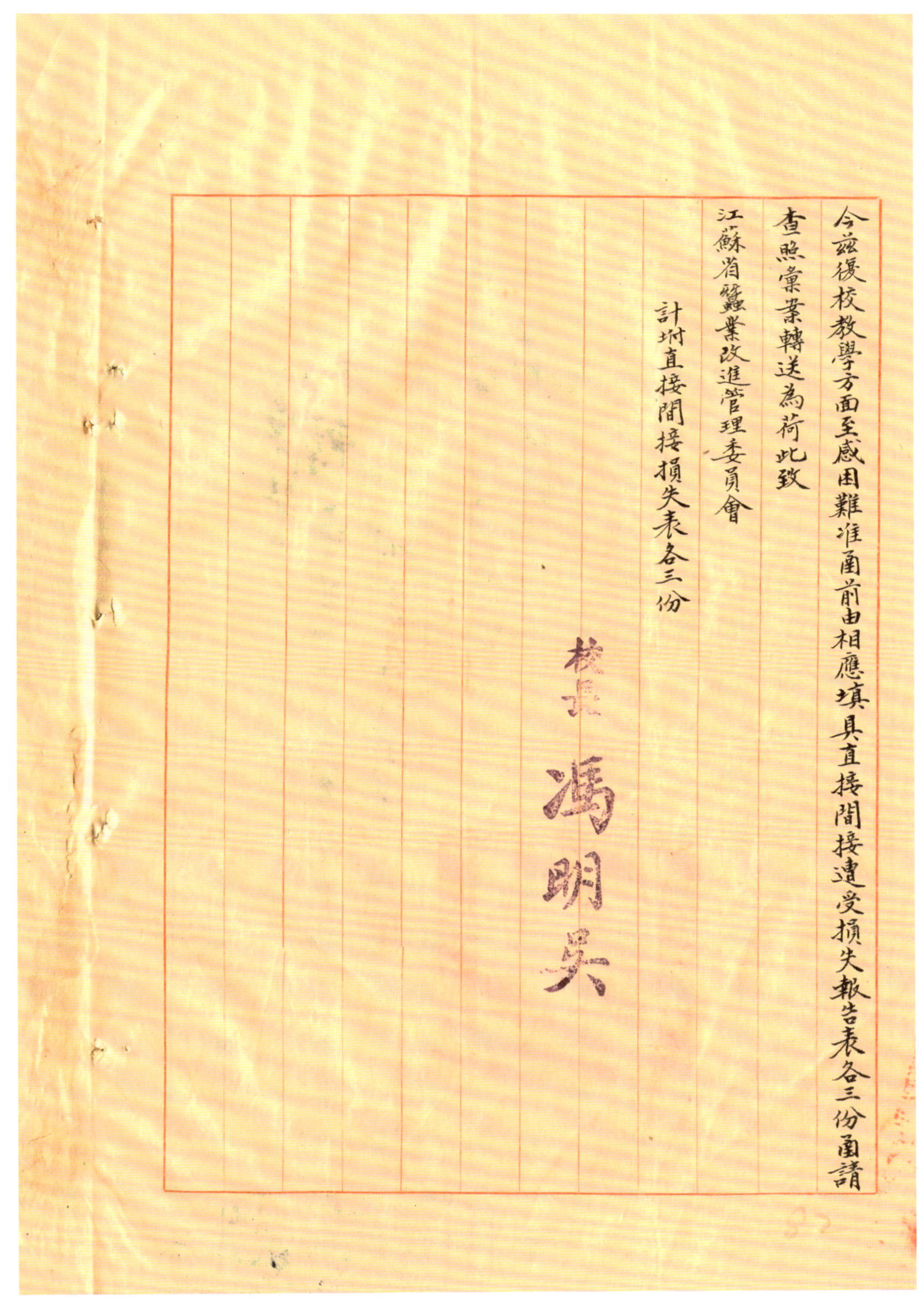

今茲復校教學方面至感困難准函前由相應填具直接間接遭受損失報告表各三份函請

查照彙案轉送為荷此致

江蘇省鹽業改進管理委員會

計附直接間接損失表各三份

校長 馮明昊

江苏省蚕业改进管理委员会、中国蚕丝公司等关于战时损失调查的往来公文（一九四七年二月一日至十月二十一日）

抗战期间全国蚕丝业损失调查会关于办理蚕农茧行机关学校社团等损失情形调查事致江苏省蚕业改进管理委员会的函（一九四七年二月一日）

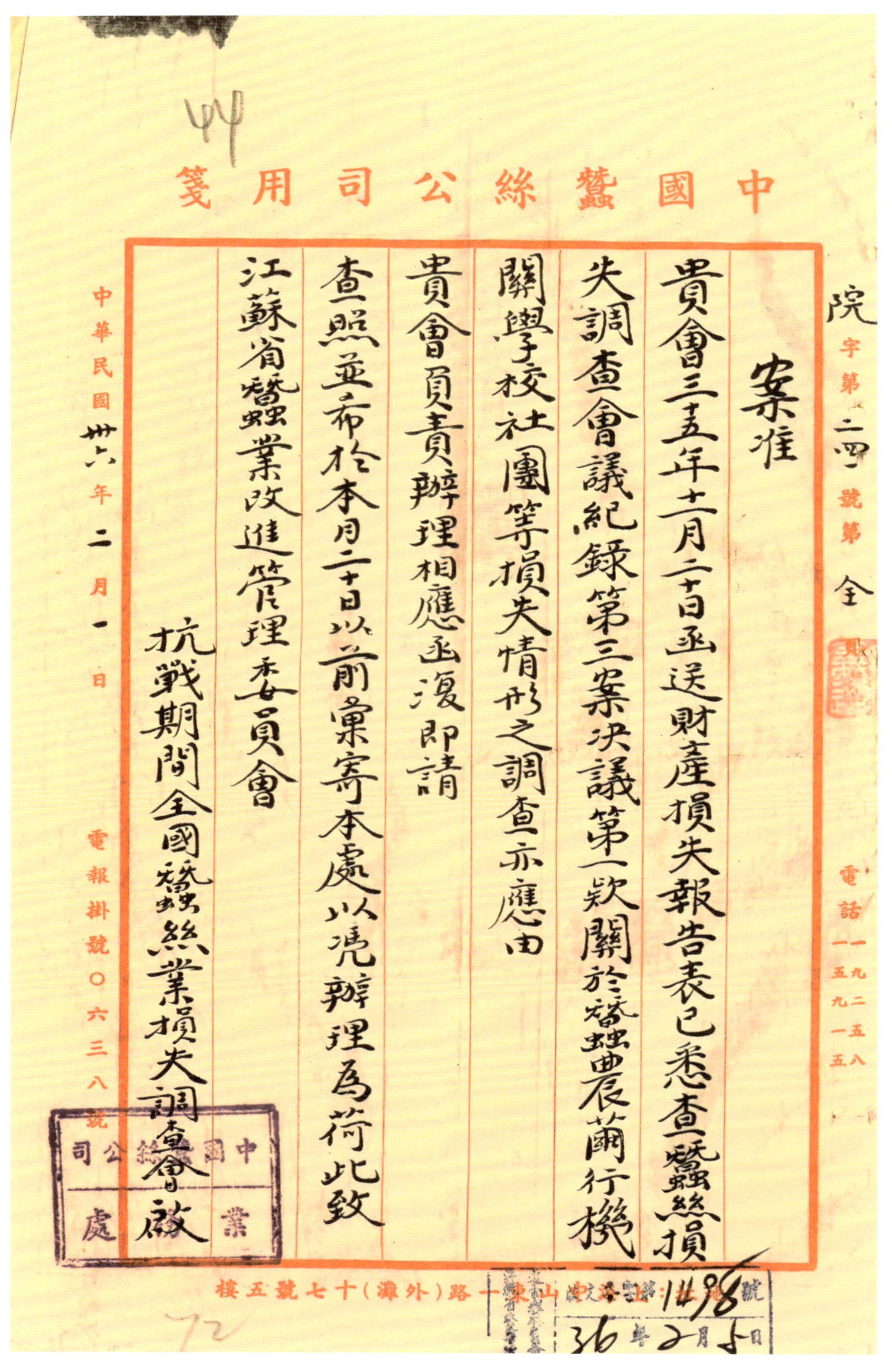

中國蠶絲公司用箋

院字第二四號第全頁

案准

貴會三十五年十二月二十日函送財產損失報告表已悉，查蠶絲損失調查會議紀錄第三案決議第一款關於蠶農繭行機關學校社團等損失情形之調查亦應由

貴會負責辦理，相應函復，即請

查照，並希於本月二十日以前彙寄本處，以憑辦理為荷。此致

江蘇省蠶業改進管理委員會

抗戰期間全國蠶絲業損失調查會啟

中華民國卅六年二月一日

電話 一九二五八 一五九一五

電報掛號〇六三八號

地址：中山東一路（外灘）十七號五樓

江苏省蚕业改进管理委员会关于填送抗战期间本省蚕丝业损失调查表致全国蚕丝业损失调查委员会的笺函（一九四七年二月二十二日）

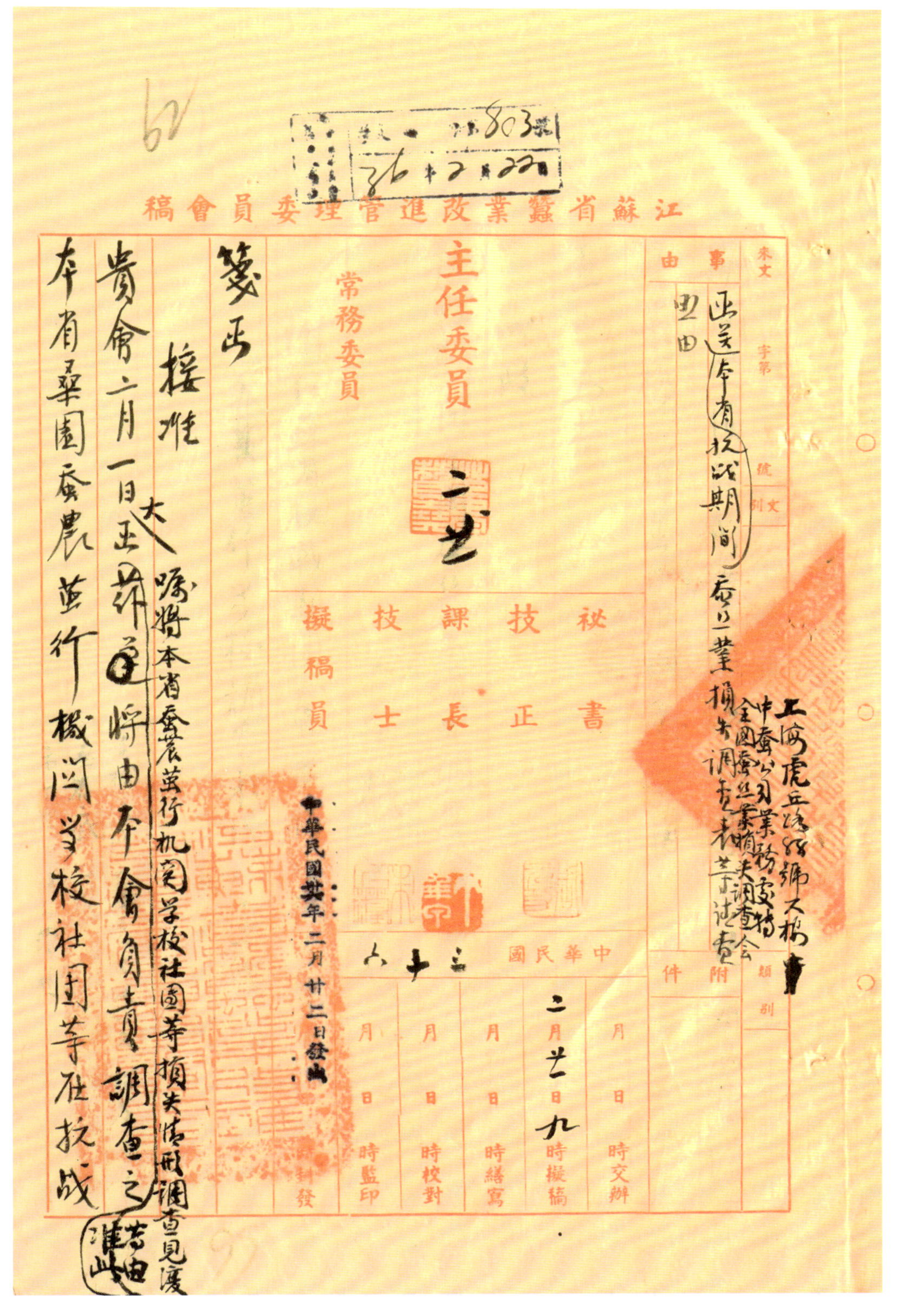

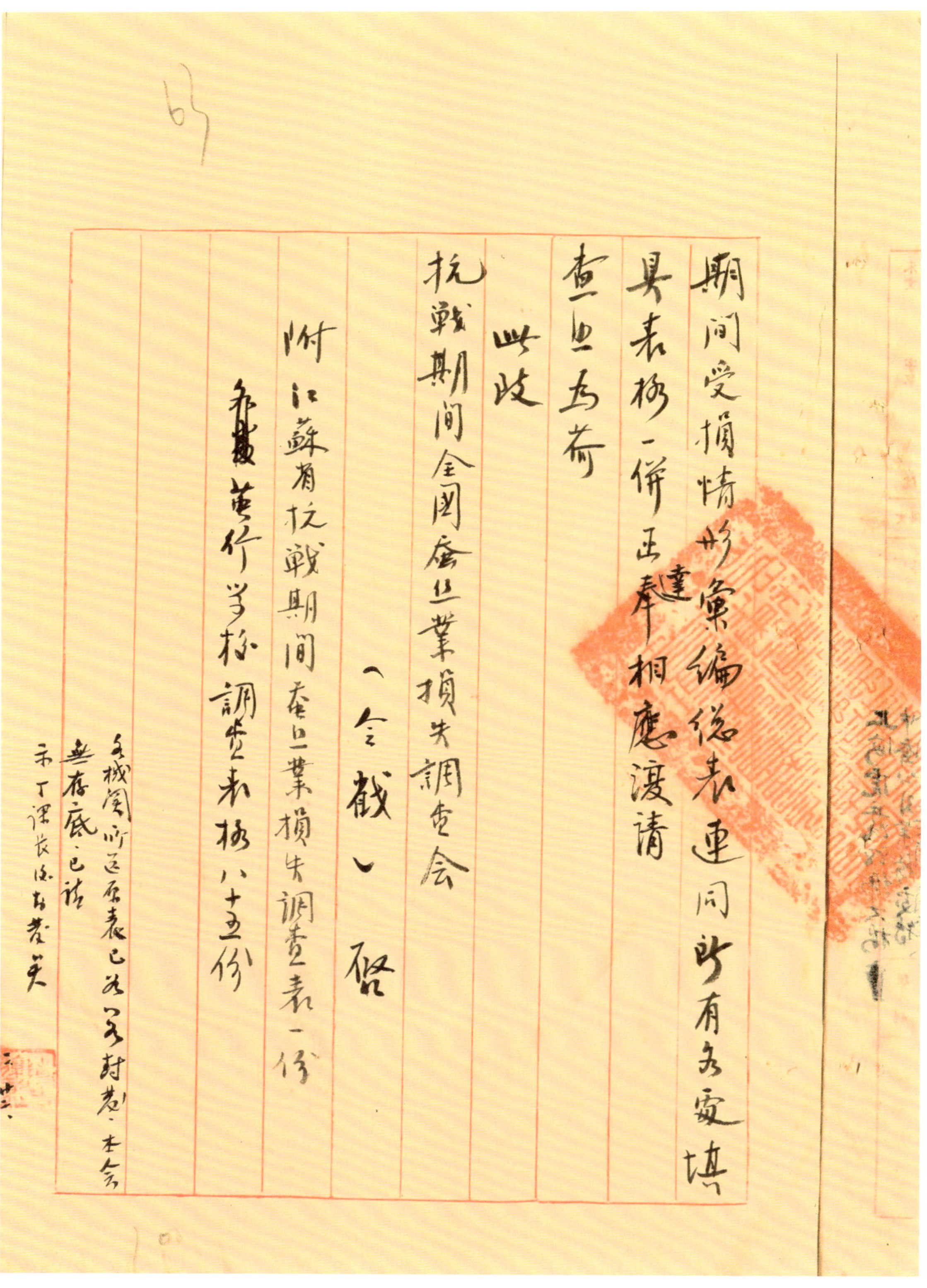

67

期间受損情形彙編總表連同所有各安填具表格一併函達相應渡請

查照為荷

此致

抗戰期間全國蠶絲業損失調查会

（全銜）啟

附江蘇省抗戰期間蠶絲業損失調查表一份

各縣蠶業單位等格調查表格八十五份

另機關所送原表已另分封寄本会 無存底已註

示丁課長陳[illegible][illegible]吳

64

江蘇省抗戰期间蚕丝業損失调查表

（一）桑園：二九、〇〇〇、〇〇〇元

戰时全毁桑園 六二〇、〇〇〇 畝
現存应更新桑園 五〇〇、〇〇〇
共計应整理之桑園 一一二〇、〇〇〇畝
復兴及更新桑園所需桑株 三〇〇、〇〇〇千株
恢復戰前状態所需费用 培植桑苗 三、〇〇〇、〇〇〇
整理桑園 二六、〇〇〇、〇〇〇元 共 二九、〇〇〇、〇〇〇元

（二）蚕農： 二三五、九五四、五五〇元

A 直接損失

戰前户数——四七七六五〇 現在户数——一五六二〇九
全部受損户数 三二一四四一 損毁价值 二二八、一四四、一〇〇
部份受損户数 一五六二〇九 七、八一〇、四五〇 共 二三五、九五四、五五〇元

縣別	戰前户数	戰时全部受損 户数	戰时全部受損 價值	現存或戰时部份受損 户数	現存或戰时部份受損 價值	受損總值
無錫	113270	63083	$63083000	50187	$25093500	$88176500.—
金坛	16900	16750	16750000	150	75000	16825000.—

武進	54254	33820	3382000.-	20434	1021700.-	4403700.-
江陰	26108	22119	2211900.-	5989	299450.-	2511350.-
溧陽	30313	19363	1936300.-	10950	997500.-	2933800.-
宜興	33625	14456	1445600.-	19169	958450.-	2404050.-
吳縣	58202	39800	3980000.-	18402	920100.-	4900100.-
丹陽	22292	20446	2044600.-	1846	92300.-	2136900.-
揚中	13316	12385	1238500.-	931	46550.-	1285050.-
江都(部份)	11734	11634	1163400.-	100	5000.-	1168400.-
句容鎮江	5673	5291	529100.-	382	19100.-	548200.-
吳江	46840	29220	2922000.-	17620	881000.-	3803000.-
南通靖江	8576	8576	857600.-			857600.-
常熟	8152	7103	710300.-	1049	52450.-	762750.-
海門淮陰	7686	7686	768600.-			768600.-
江浦高淳	9263	9263	926300.-			926300.-
泗陽、泰縣、東台、六合	446	446	44600.-			44600.-
總計	477650	321441	$32144100.-	156209	7810450.-	$39954550.-

B. 間接損失

a. 被侵佔期間農業減產損失　六,000,000元

b. 因我軍不斷力邀年不耕增產　七二,000,000元

c. 縮短期間農業減產損失　三七,000,000元

102

65

以上共计损失 一九六、〇〇〇、〇〇〇元

	廿六年	廿七年至廿八年	廿九年	卅年	卅一年	卅二年	卅三年	卅四年八月	合计损失	受损价值
a.（嘉善）	一五寸挡	八	八	一〇	一四	一四	一四	一六	八七	八七〇、〇〇〇、〇〇〇元
b.（一八寸挡）	二寸挡	四	六	五	一〇	一二	一四	一六	七二	七二〇、〇〇〇、〇〇〇
合计	一七寸挡	一二	一四	一六	二五	二六	二八	二二	一五九寸挡	一、五九〇、〇〇〇、〇〇〇

	卅四年九—十二月底	卅六年	卅七年	卅八年	卅九年	四十年	受损价值
c.	一三、五寸挡	一二	一〇	七、五	四	〇	三七、五寸挡 三七〇、〇〇〇、〇〇〇元

注 纯为平位可为一寸挡

（三）学校： 八四三、三五五元

名称	地址	受损程度	损失价值	备注
省立蚕丝学校	浒墅关	大部损毁	七〇、〇〇〇元	
省立女蚕校	又	又	二五九、〇七五元	
省立苏[illegible]校	苏州	又	六九、一八〇元	
镇江女子职中	镇江	损毁一部	六〇、〇〇〇元	
省立淮阴农校	淮阴	全部损毁	一二〇、〇〇〇元	
武进女子职中	武进	又	四〇、〇〇〇元	
正则女校	丹阳	一部损毁	五〇、〇〇〇元	

江苏省政府印刷所印

103

胡氏祠中	无锡堰桥	又	二五、〇〇〇元	
合计			八四三、二五五元	

(四)机关及社团：四、四三七九五〇元

名称	地址	受损程度	损失总值	备注
江苏省农业改进所镇江分所	镇江	一部损毁	二六、〇〇〇元	
江苏省农业试验场	无锡	大部损毁	三〇〇、〇〇〇元	
江苏省[illegible]扬州[illegible]场	扬州	又	九九九、九五〇元	
无锡蚕桑模范区	无锡	全部损毁	二〇〇、〇〇〇元	
蚕桑改良区	金坛	又	二〇、〇〇〇元	
又	常熟	又	二〇、〇〇〇元	
又	扬中	又	二〇、〇〇〇元	
又	海门	又	一〇、〇〇〇元	
又	江都	又	一〇、〇〇〇元	
又	丹阳	又	二〇、〇〇〇元	
又	靖江	又	一〇、〇〇〇元	
又	溧阳	又	一〇、〇〇〇元	
又	吴县	又	三〇、〇〇〇元	
又	吴江	又	二五、〇〇〇元	
又	句容	又	一〇、〇〇〇元	

104

[illegible]生产合作社	宜兴	全部损毁	二五,〇〇〇元
〃	武进	〃	三〇,〇〇〇元
〃	镇江	〃	一五,〇〇〇元
〃	溧阳	〃	二五,〇〇〇元
〃	江阴	〃	二五,〇〇〇元
[illegible]民教育馆	丹阳	〃	三〇,〇〇〇元
三区合作社	吴县	〃	二五,〇〇〇元
合计			四四三,七九〇,〇〇〇元

(五)蚕行：一三,三四〇,七〇〇元

县别	战前双灶乘数	战时损毁全部或大部双灶乘数	价值（与同样损毁）	现在或多或少修缮双灶乘数	价值（与同样损毁）	损毁总值
吴县	四九三	一八一	三九八,二〇〇	三一三	三四四,三〇〇	七四六,五〇〇元
句容	二三	二三	五〇,六〇〇			五〇,六〇〇元
溧阳	七六〇	六八二	一,五〇〇,四〇〇	七八	八五,八〇〇	一,五八六,二〇〇
溧水	一七九	一七七	一五九,四〇〇			一五九,四〇〇
吴江	一六二	一〇八	二三七,六〇〇	五〇	五九,〇〇〇	二九七,〇〇〇
宜兴	五五〇	四四七	九八三,四〇〇	一〇三	一二六,五〇〇	一,〇九六,七〇〇
武进	二七二二	一三〇二	二,八六四,四〇〇	四二〇	一,五六二,〇〇〇	四,四二六,四〇〇
江宁	一〇六	一〇六	二三三,二〇〇			二三三,二〇〇

崑山	6	6	13,200			13,200
武进	201	484	1,064,800	617	678,500	1,743,300
丹阳	241	188	413,600	53	58,300	471,900
金坛	206	204	448,800	2	3,200	452,000
江阴	256	28	259,600	138	152,800	412,400
镇江	95	89	195,400	6	6,600	202,000
六合	5	5	2,000			2,000
常熟	24	83	182,600	3	34,100	216,700
宜兴	3	3	6,600			6,600
太仓	10	10	23,000			23,000
金山	20	20	44,000			44,000
松江	9	9	19,800			19,800
东台	10	10	23,000			23,000
泰县	3	3	6,600			6,600
嘉定	5	5	11,000			11,000
南通	67	67	147,400			147,400
江都	20	16	35,200	4	4,400	39,600
上海	6	6	13,200			13,200
靖江	41	41	90,200			90,200
如皋	17	17	37,400			37,400

106

宝山	八	八	一七，五〇〇			一七，六〇〇
松江	一三八	一三八	二六一，六〇〇			二六一，六〇〇
海门	二七八	一七八	三九一，六〇〇			三九一，六〇〇
扬中	三九	三〇	六六，六〇〇	五	六六〇〇	七二六，六〇〇
高邮	二	二	〇，〇〇〇			〇，〇〇〇
总计	七〇八一	〇五三六	一〇，二〇三六〇〇	六二五	三〇〇，五〇〇	一三，三五〇，五〇〇

江苏省政府印刷所印

中国蚕丝公司关于赔偿委员会退还各茧行损失调查表请予更正致江苏省蚕业改进管理委员会的公函

（一九四七年七月二十九日）

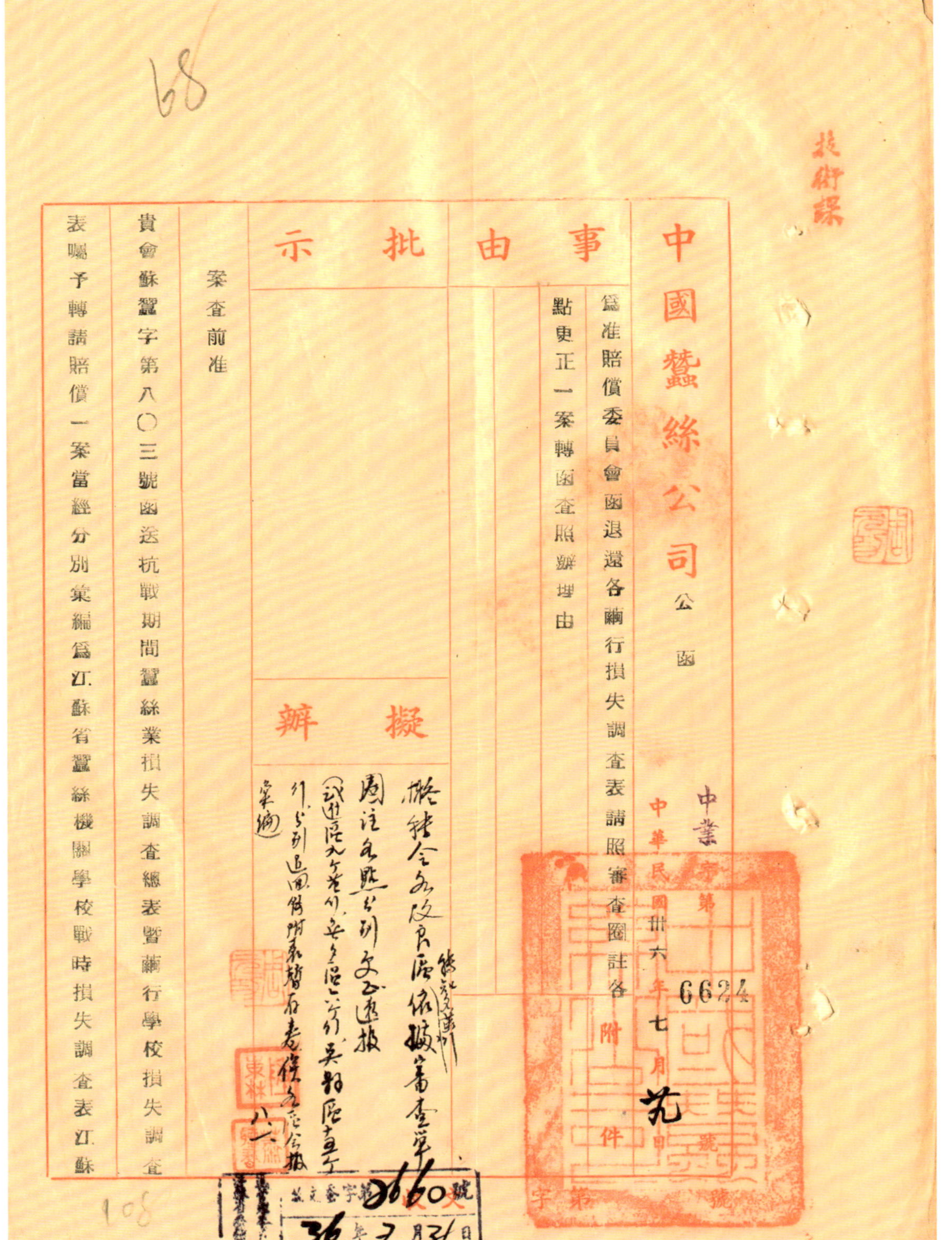

中國蠶絲公司公函

事由：爲准賠償委員會函退還各繭行損失調查表請照審查圖註各點更正一案轉函查照辦理由

中華民國卅六年七月　日　中業字第6624號

案查前准

貴會蘇蠶字第八〇三號函送抗戰期間蠶絲業損失調查總表暨繭行學校損失調查表囑予轉請賠償一案當經分別彙編爲江蘇省蠶絲機關學校戰時損失調查表江蘇

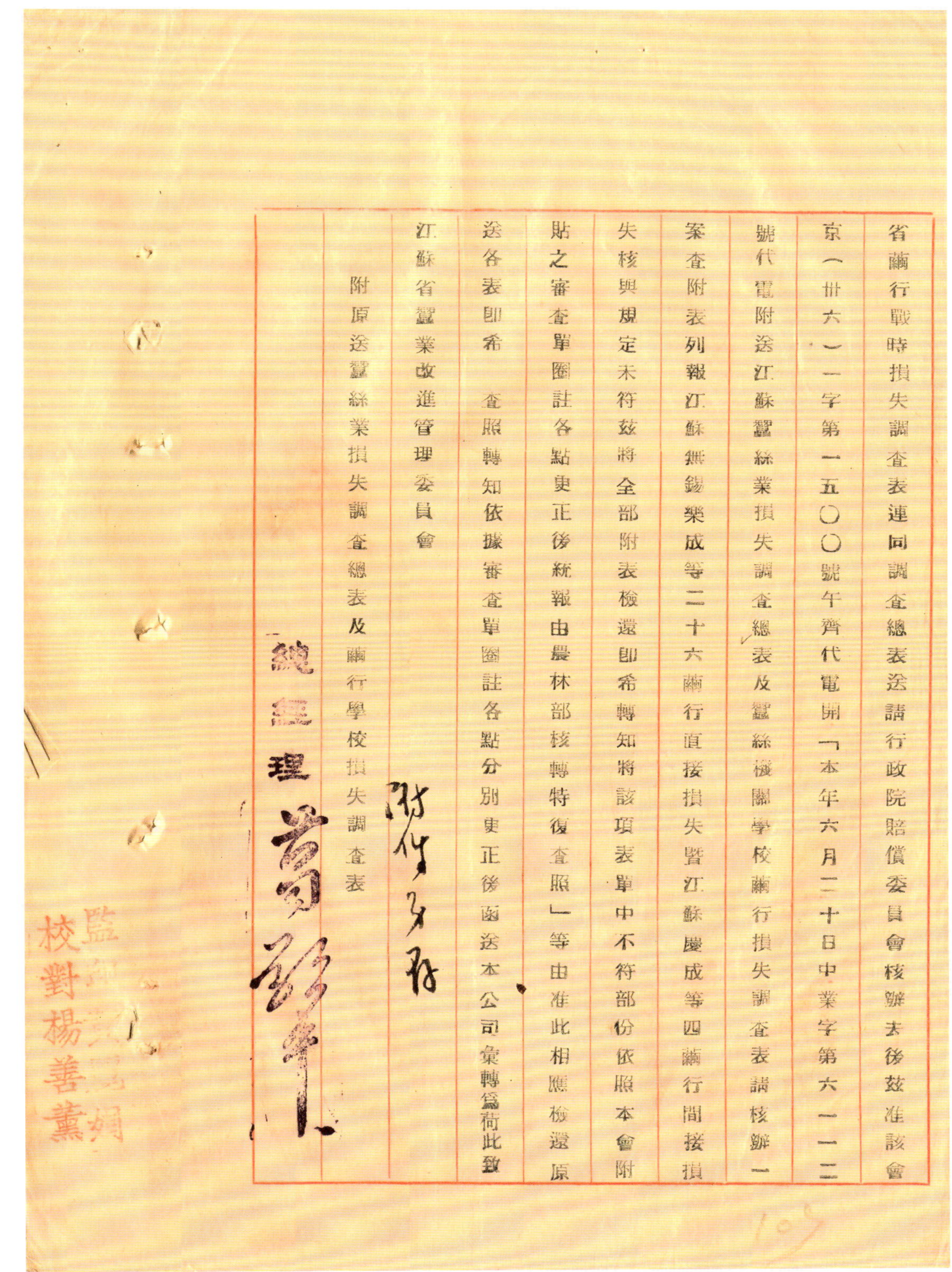

省繭行戰時損失調查表連同調查總表送請行政院賠償委員會核辦去後茲准該會京（卅六）一字第一五〇〇號午齊代電開「本年六月二十日中業字第六一一二號代電附送江蘇蠶絲業損失調查總表及蠶絲機關學校繭行損失調查表請核辦一案查附表列報江蘇無錫樂成等二十六繭行直接損失暨江蘇慶成等四繭行間接損失核與規定未符茲將全部附表檢還即希轉知將該項表單中不符部份依照本會附貼之審查單圈註各點更正後統報由農林部核轉特復查照」等由准此相應檢還原送各表即希 查照轉知依據審查單圈註各點分別更正後函送本公司彙轉爲荷此致

江蘇省蠶業改進管理委員會

附原送蠶絲業損失調查總表及繭行學校損失調查表

總經理

監印

校對楊善薰

江苏省蚕业改进管理委员会关于更正损失调查表致武进、无锡、吴县蚕桑改良区的训令（一九四七年八月五日）

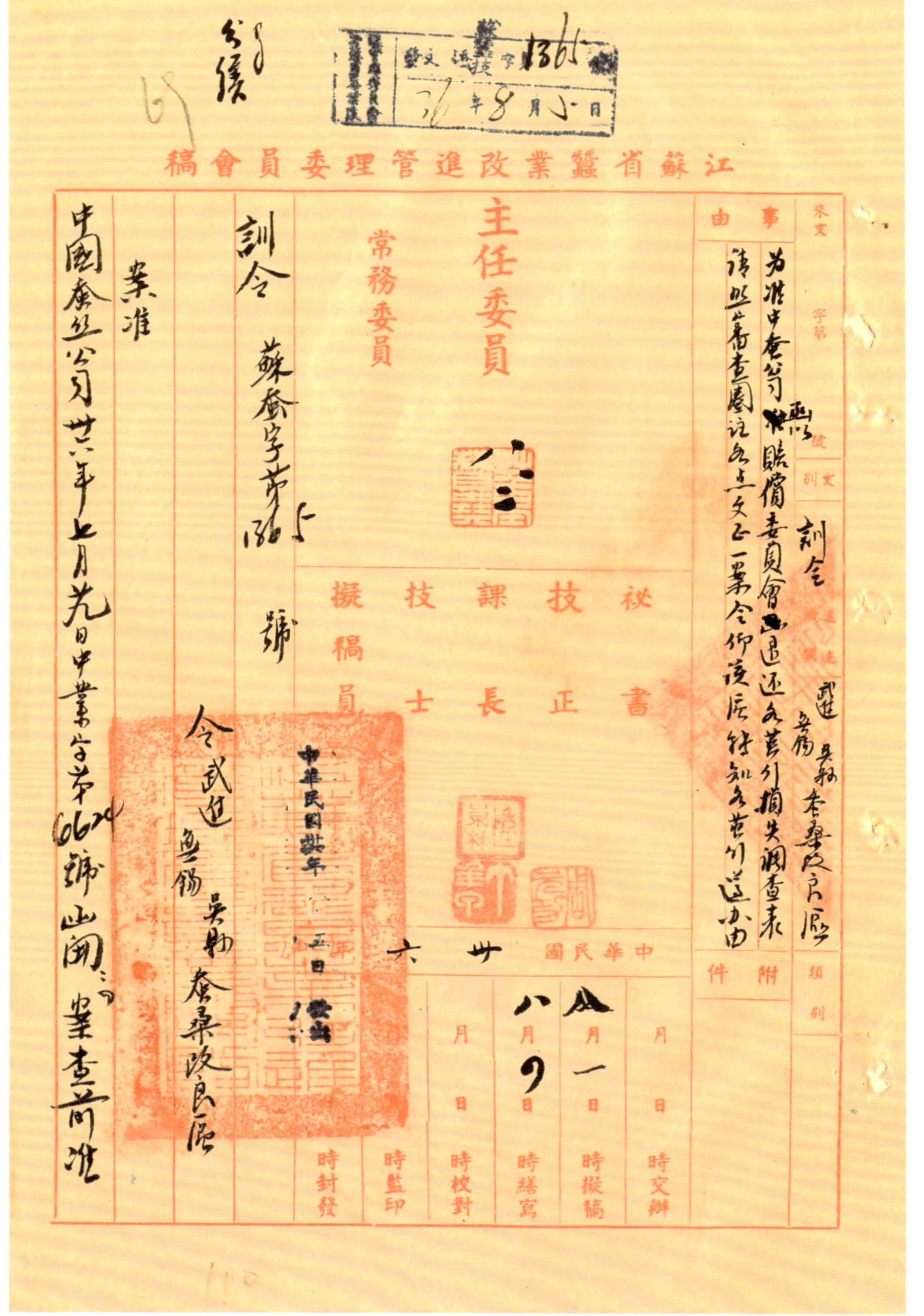

江蘇省蠶業改進管理委員會稿

貴會蘇蚕字第八〇三號函送抗戰期間蚕絲業損失調查總表

暨單敘式　印希查照飭知依式審查單圖註意点分別更正改

函送本公司彙錄已呈由准此查（自應照辦）該原（內）表行業務（損失附表）規定未符應計

九行 六行 十五行 合行令仰該區轉飭知照並行依式審查單圖註意点

分別更正具報（以憑彙案轉）為要此令

附發貳行損失調查表（九第 六第 十五第）暨審查單元

主任委員 華○○

江苏省建设厅无锡蚕桑改良区关于转送鸿聚茧行更正战时损失调查表致省蚕业改进管理委员会的呈

（一九四七年九月三日）

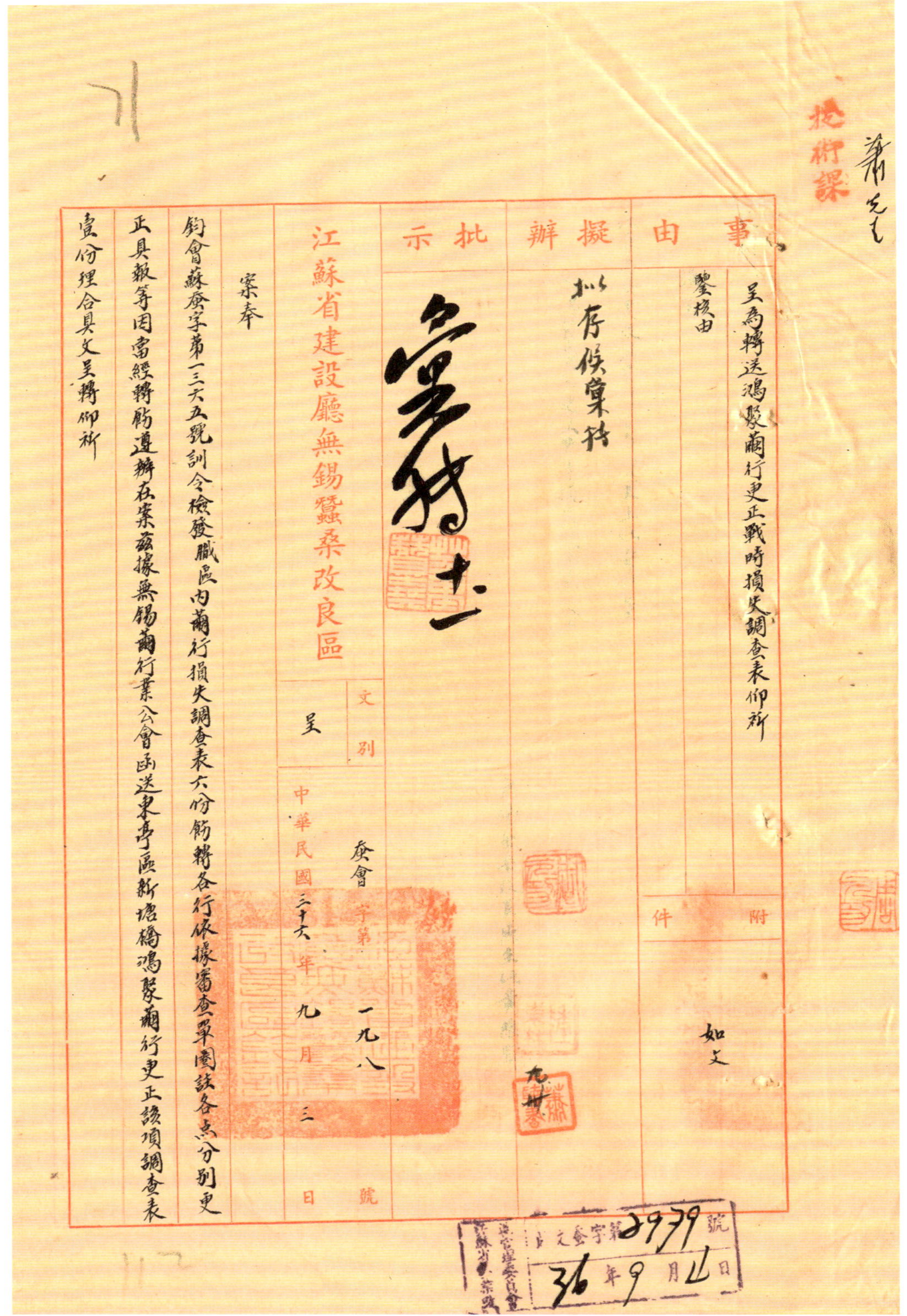

技术课

事由：呈为转送鸿聚茧行更正战时损失调查表仰祈鉴核由

附件：如文

拟办：拟存候汇转

批示：汇转 十一

文别：呈

江苏省建设厅无锡蚕桑改良区

中华民国三十六年九月三日　蚕会字第一九八号

案奉

钧会苏蚕字第一三六五号训令，检发职区内茧行损失调查表六份，饬转各行依据审查单开该各点分别更正具报等因，当经转饬遵办在案。兹据无锡茧行业公会函送东亭区新塘桥鸿聚茧行更正该项调查表壹份，理合具文呈转，仰祈

江苏省蚕业改进管理委员会　收文蚕字第2979号　36年9月11日

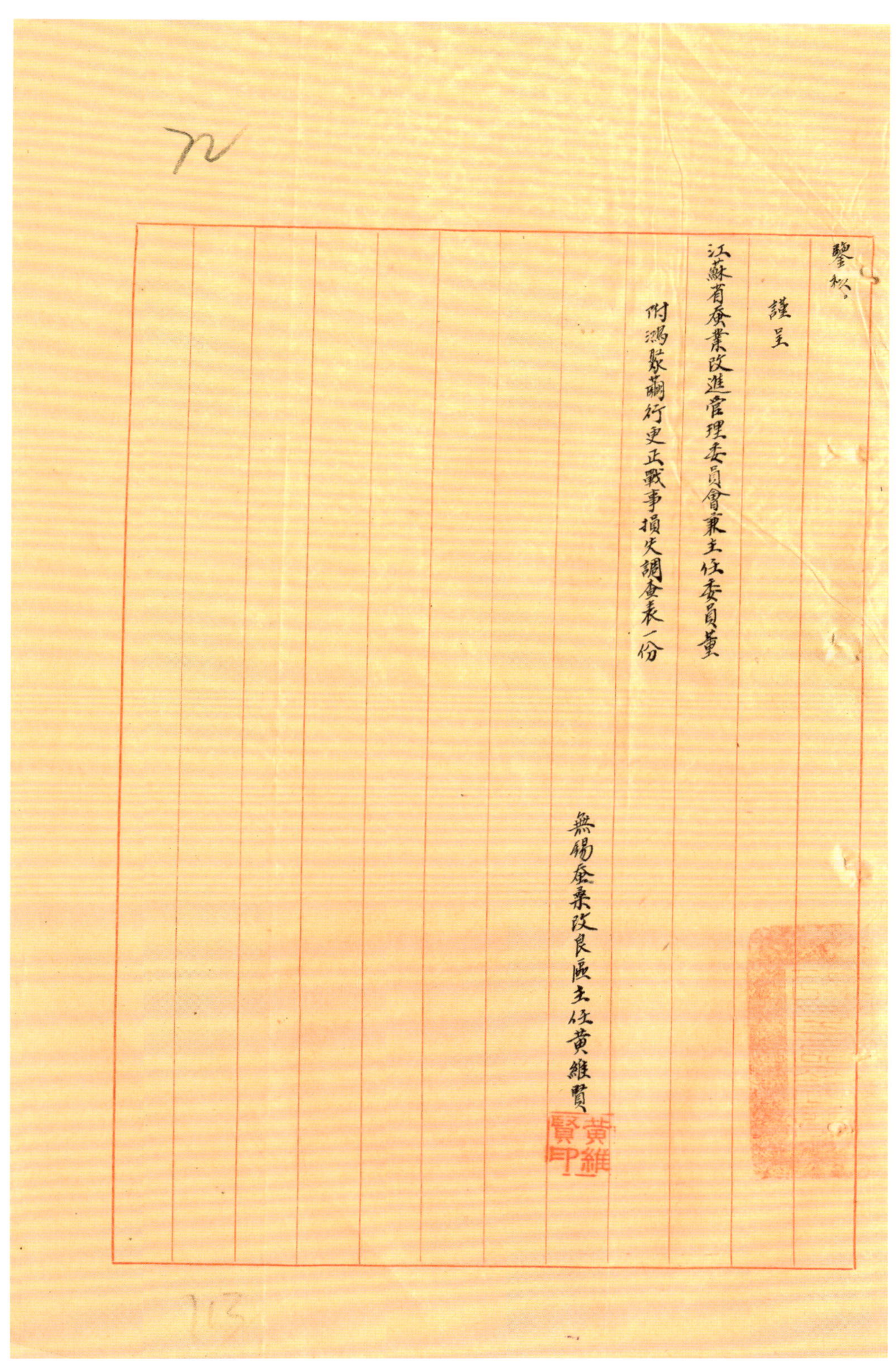

鑒核。

謹呈

江蘇省蠶業改進管理委員會兼主任委員董

附鴻聲繭行更正戰事損失調查表一份

無錫蠶桑改良區主任黄維賢

黄維賢印

附：鸿聚茧行战时间接遭受损失情形报告表（一九四六年十二月二十一日）

江蘇省鴻聚繭行戰時間接遭受損失情形報告表

事件 中日戰爭　時期 廿六年十月　地點 吳縣新蘇鄉新塘橋來往橋堍　字第　號

時期		可能生產額減少 數量	可能生產額減少 原因	可獲純利額減少 金額	可獲純利額減少 原因	費用之減少 拆遷費	費用之減少 防空費	費用之減少 救濟費	費用之減少 撫卹費	費用之減少 其他
間接損失概況 九一八以後	二十年九月下旬起									
	二一年份	415担	戰氣彌漫	1,200元	生產額減少					
	二二年份	460担	仝上	1,500元	仝上					
	二三年份	395担	仝上	750元	仝上					
	二四年份	420担	仝上	1,200元	仝上					
	二五年份	380担	仝上	950元	仝上					
	二六年七七止	共貳400担	（是年未達生產額指數）	3,200元	仝上					
七七以後	二六年七七起									
	二七年份									
	二八年份									
	二九年份	200担	離亂時期	160萬元	生產額減少					
	三十年份	250担	仝上	260萬元	仝上					
	三一年份	280担	仝上	250萬元	仝上					
	三二年份	240担	仝上	250萬元	仝上					
	三三年份	220担	仝上	240萬元	仝上					
	三四年日寇降止	260担	仝上	290萬元	仝上					
勝利以後	三四年勝利後		鄉區不靖		生產停頓					
	三五年份		仝上		仝上					
	三六年份									

備註：
㈠戰前每年可能生產額平均為八百卅担，每年可獲純利額弍千四百元。
㈡民廿七、廿八、二年因灶被燬未曾營業，廿九年略加修理。
㈢表列可能生產額減少與可獲純利額減少等項數字均指戰前之減少數。
㈣每年係春秋兩期合併填入。

填報人 鴻聚繭行 徐文彪（印）

35年十二月二十一日

江苏省建设厅武进蚕桑改良区关于填送茧行损失调查表致省蚕业改进管理委员的呈（一九四七年十月二十一日）

技術課

74

事由	擬辦	決定辦法
為呈送繭行損失調查表八紙仰祈鑒核彙轉由	擬候彙轉	候彙轉 十、廿三

附件：如文

江蘇省建設廳武進蠶桑改良區呈

中華民國三十六年十月二十一日

武蠶字第一七五號

案奉

鈞會蘇蠶技字第一三六五號訓令尾開：

「查該區内繭行損失調查表與規定不符者凡行合行令仰該區轉知各繭行依據審查單内註各點分别更正具報以憑彙轉此令」

收文蠶字第3391號

36年10月22日

江蘇省蠶業改進管理委員會

116

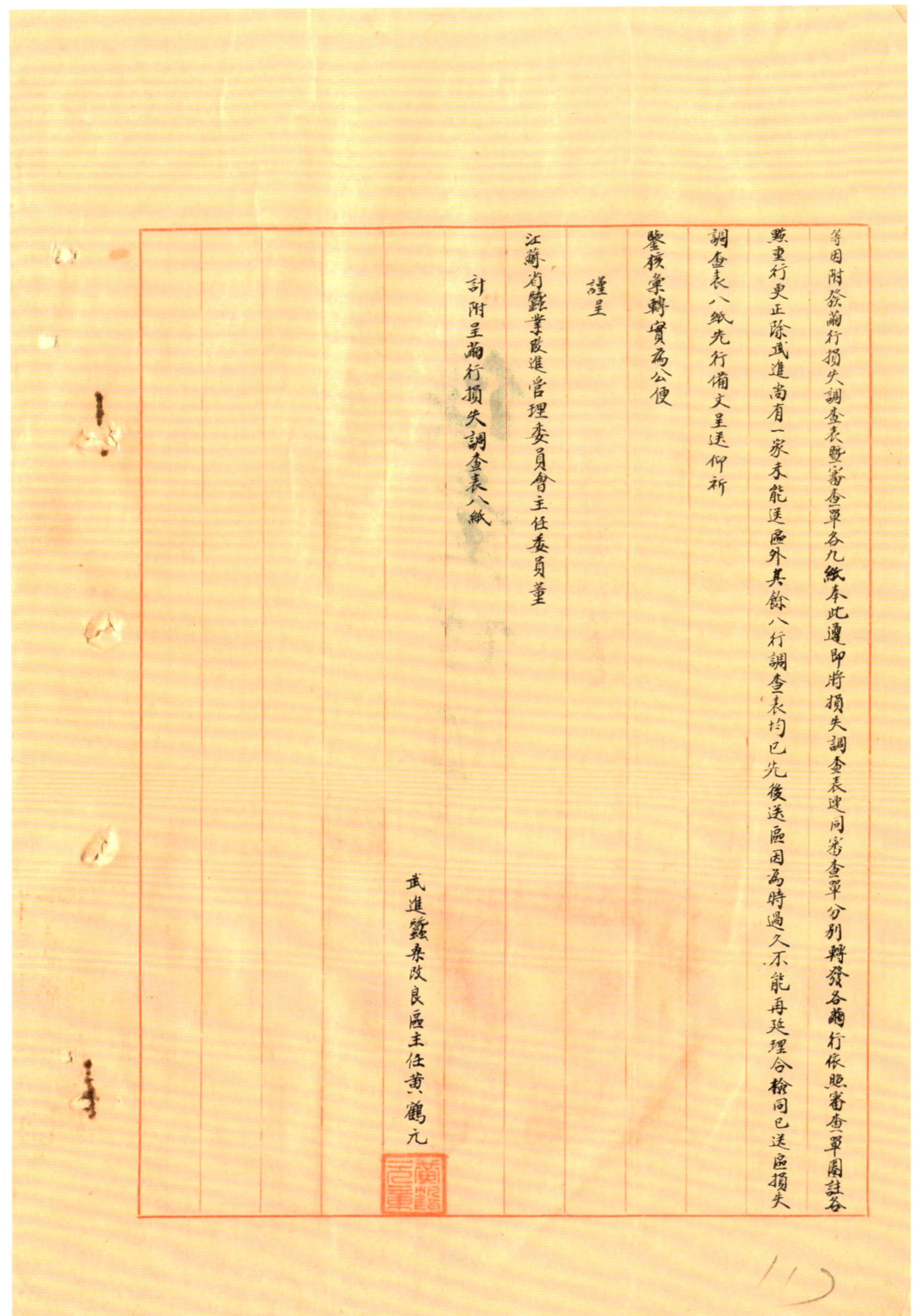
等因附发茧行损失调查表暨审查单各九纸奉此遵即将损失调查表连同审查单分别转发各茧行依照审查单圈注各

点重行更正除武进尚有一家未能送区外其余八行调查表均已先后送区因为时过久不能再延理合检同已送区损失

调查表八纸先行备文呈送仰祈

鉴核汇转实为公便

谨呈

江苏省蚕业改进管理委员会主任委员董

计附呈茧行损失调查表八纸

武进蚕桑改良区主任黄鹤元

附：武进县、镇江县、扬中县泰昌等茧行战时直接遭受损毁情况调查表

75

江蘇省武進縣泰昌繭行戰時直接遭受損毀情形報告表

事件 抗日　　時期 民國二十六年十二月 / 三十二年八月　　地點 武進大北門外後塘橋　　字第　　號

行名	泰昌繭行
所在地	武進大北門外後塘橋
通訊處	武進城内大觀路三育里
行主	蔡劍修
佔地面積	三畝
地主	泰昌繭行 東平廟
資產總值	三萬二千元
戰前全年收繭量	七百二十擔
戰時情況	

員工傷亡

32年8月	事由	人數
蔡正昌	拒敵騷擾遇害	一人

戰前設備概況		損毀數量	損毀原因	損毀程度 全毀	損毀程度 可能修復	損毀年月	損毀總值	現況 可能使用	現況 可能修復
烘繭機 繭灶	式號座								
	式號座								
烘繭機 鍋爐設備									
進水設備									
動力設備									
土灶 單乘									
雙乘	十二乘	三成	騷擾			二十六年十二月	3,456元		
繭架									
房屋及堆繭室	樓房上下四十四間 平屋十間披屋十間	三成	騷擾			二十六年十二月	4,608元		
堆繭用具	烘繭箕一千二百只儲繭籃六千只扛籮一百二十只繭索一千只	四成 五成	〃			二十六年十二月 三十二年八月	3,840元 532,000元		
其他	灶房用具秤場物件賬房用品烘房用件均全備	四成 五成	〃			同上	768元 106,400元		

備註

民國二十六年1.2倍 時值法幣一萬二千六百七十二元

民國三十二年133倍 時值法幣六十四萬八千四百元

民國三十二年八月遇害員工一人

繭行代表人 蔡劍修（印）

土地所有代表人 蔡劍修（印）

119　118

76

江蘇省武進縣大綸繭行戰時直接遭受損毀情形報告表

事件 敵偽收税未付因縱火焚燬　　時期 民國三十年五月十六日　　地點 武進焦溪胡家塲　　字第　　號

行名	大綸
所在地	焦溪胡家塲
通訊處	焦溪鎮李萬興
行主	汪海北
佔地面積	八分
地主	汪海北等
資產總值	
戰前全年收繭量	乾繭一百五十擔
戰時情况	經協理避難在外，股東仇仲智等與忠義救國軍收買鮮繭，敵偽收税未繳，即放火焚燬

戰前設備概况		
烘繭機	繭灶	式　號　座
		式　號　座
	鍋爐設備	
	進水設備	
	動力設備	
土灶	單乘	十六
	雙乘	八
	繭架	
房屋及堆繭室		樓房七間平房八間
堆繭用具		
其他		

遭受損失情形						現况	
損毀數量	損毀原因	損毀程度 全毀	損毀程度 可能修復	損毀年月	損毀總值	可能使用	可能修復
房屋完全被燬，僅留器物十分之一	因未納税	十分之一	不能	三十年五月		不能	不能

員工傷亡		
年月	事由	人數

備註：借用仇氏宗祠平屋六間未燬

繭行代表人 汪海北［印］

土地所有代表人 汪海北

121　120

江蘇省武進縣蔣盈通繭行戰時直接遭受損毀情形報告表

事件 抗日　　時期 民國二十七年八月　　地點 武進大北门外焦垫镇十五保　　字第　號

行名	蔣盈通
所在地	武進焦垫镇十五保
通訊處	武進城内花椒園二十七號
行主	蔣毓鼎
佔地面積	叁畝二分
地主	蔣毓鼎
資產總值	陸萬元
戰前全年收繭量	壹千五六百擔
戰時情況	

戰前設備概況			損毀數量	損毀原因	損毀程度：全毀	損毀程度：可能修復	損毀年月	損毀總值	現況：可能使用	現況：可能修復
烘繭灶	繭灶	式　號　座						三萬九千弍佰	四乘	四乘
		式　號　座								
繭、機	鍋爐設備									
	進水設備									
	動力設備									
土灶	單乘									
	雙乘	十二乘	八乘				二十七年八月	三千二百元		
	繭架									
房屋及堆繭室		樓房上下四十六間 平屋十二間 披屋八間	樓房全毀				二十七年八月	二萬六千元		
堆繭用具		烘籃壹千六百只 蠶籃壹萬五千只 扛壹百五担	六成				二十七年八月	六千元		
其他		蠶秤壹千二百只 切用具全備	七成				仝上	四千元		

員工傷亡

年	月	事由	人數

備註：民國三十二年時倍值法幣七十八萬四千元

繭行代表人 蔣少枚（印）
土地所有代表人 蔣少枚（印）
（蔣盈通繭行 印）

78

江蘇省武進縣華成繭行戰時直接遭受損毀情形報告表

事件　　時期 民國二十六年　　地點　　字第　　號

行名	華成繭行
所在地	二區陳渡橋
通訊處	常州西大街西口152轉
行主	岳松卿
佔地面積	一畝二分
地主	岳士珍
資產總值	五萬元
戰前全年收繭量	乾繭四百担
戰時情況	民國二十六年日軍駐行行內裝束生財全被拆毀繭灶改作碉堡磚木完全消失

戰前設備概況			
烘繭機	繭灶	無 式 號 座	
		式 號 座	
	鍋爐設備		
	進水設備		
	動力設備		
土灶	單乘	十二座	
	雙乘	六座	
	繭架	二百八十八	
房屋及堆繭室		二十四間	
堆繭用具		匾[illegible]蘆菲板木轎墊	
其他			

遭受損失情形						現況	
損毀數量	損毀原因	損毀程度		損毀年月	損毀總值	可能使用	可能修復
		全毀	可能修復				
三萬	駐兵拆毀			民國二十六年至二十七年	三萬元	百分之四	[illegible]

員工傷亡	年月	事由	人數

備註

常州華成繭行（印）
繭行代表人 岳松卿（印）
土地所有代表人 岳士珍（印）

125　124

江蘇省鎮江縣永利醬行戰時直接遭受損毀情形報告表

事件　　時期　　地點　　字第　　號

行名	永利醬行
所在地	鎮江縣黃墟鎮
通訊處	鎮江黃墟鎮殷雲章
行主	殷文全
佔地面積	二畝
地主	殷氏公產
資產總值	捌千萬元／法幣
戰前全年收醬量	春秋兩季醃黃壹千三百担
戰時情況	由當地鄉長黃棠三番後因用具全毀即未做過本行至抗戰八年未做

員工傷亡

年月	事由	人數
卅二	本行行主殷毅秋賓先被日寇槍殺	一人

戰前設備概況			損毀數量	損毀原因	損毀程度 全毀	損毀程度 可能修復	損毀年月	損毀總值	現況 可能使用	現況 可能修復
烘醬 醬灶	式號座		十分之七	黃缸為人搶走用具因此完全損壞	未全毀	[illegible]可修復	二十六年至卅二年	四千萬元	不修不能使用	[illegible]可修復
烘醬 醬灶	式號座									
醬機	鍋爐設備									
醬機	進水設備									
醬機	動力設備									
土灶	單乘									
土灶	雙乘	拾式乘	八乘	折毀		可能修建	二十八年	壹千八百元		
土灶	醬架	壹千槎	全毀	為日軍焚火			〃〃	壹千二百元		
房屋及堆醬室		三十間	十二間	折毀			〃〃	壹千八百元		
堆醬用具										
其他										

備註：黃缸用具全已毀損被竊者多現存不完全之缸計十二乘修理使用
①損毀總值為四千八百元　②現時價值折合為一億四千萬元
③本行會計殷秋賓為日軍槍殺在請求撫卹費

醬行代表人　　土地所有代表人

80

江蘇省鎮江縣利民繭行戰時直接遭受損毀情形報告表

事件　　時期　　地點　　字第　　號

行名	利民繭行
所在地	鎮江永興寺
通訊處	鎮江皮坊巷八號
行主	敫云章
佔地面積	捌分
地主	永興菴
資產總值	弍仟萬元
戰前全年收繭量	春秋兩季壹百四十担
戰時情況	

員工傷亡

年月	事由	人數

戰前設備概況			損毀數量	損毀原因	損毀程度：全毀	損毀程度：可能修復	損毀年月	損毀總值	現況：可能使用	現況：可能修復
烘繭機	繭灶	式　號　座	弍千餘元	[illegible]累次遭轟炸						
		式　號　座								
	鍋爐設備									
	進水設備									
	動力設備	.								
土灶	單乘									
	雙乘	三乘	三乘	焚毀	全毀	不能修復	二十八年	陸百元		
	繭架	叁百副竹架		〃 〃	〃 〃	〃 〃	〃 〃	三百四十元		
房屋及堆繭室		係寺院房屋								
堆繭用具		木架芦蓆		〃 〃	〃 〃	〃 〃	〃 〃	五百元		
其他										

備註：
①損毀時為二十八年
②購置時總值為壹千四百元
③現時價值為肆千五百萬元

繭行代表人 敫錫卿（印）

土地所有代表人

江蘇省鎮江縣隆昌繭行戰時直接遭受損毀情形報告表

事件　　　　時期　　　　地點　　　　字第　　　號

行名	隆昌繭行
所在地	鎮江姚家橋
通訊處	鎮江 黄墟鎮殷幼丹 或姚家橋隆昌繭行
行主	張振熙 朱全全 等
佔地面積	弍畝
地主	姚氏公產
資產總值	六千萬元
戰前全年收繭量	春秋兩季乾繭四百担
戰時情況	因戰時本行未能開做由當地鄉民合作暫做三年行主虧蝕物資甚大

員工傷亡

年月	事由	人數
	行主張佩之因被焚心急生病亡故	一人

戰前設備概況			損毀數量	損毀原因	損毀程度 全毀	損毀程度 可能修復	損毀年月	損毀總值	現況 可能使用	現況 可能修復
烘繭灶	繭灶	式　號　座	三千萬元	日寇累次遭損大焚及附屋十餘間		已修半數	二十六年最嚴重			
		式　號　座								
繭機	鍋爐設備									
	進水設備									
	動力設備									
土灶	單乘									
	雙乘	灶六乘	四乘	拆毀		三乘	二十九年明	壹千五百元		
	繭架	壹千格	壹千只	焚			〃〃	壹千元		
房屋及堆繭室		租地蓋屋二十間	十間	焚毀			二十八年明	壹千元		
堆繭用具		木架芦席	全毀	焚			〃〃	壹千元		
其他										

備註：本行行址除遭大焚損失附屋十餘間外謹留有五間一進屋計前後兩進後進未修好剩餘物資少數

①焚毀平屋十間建築時價值一千二百元

②損毀堆值在建築時值四千元

③現時價值約壹億弍千萬元

繭行代表人 殷兆瑞

土地所有代表人

82

江蘇省揚中縣廣昌繭行戰時直接遭受損毀情形報告表

事件　　時期　　地點　　字第　　號

行名	廣昌繭行
所在地	揚中新壩鎮
通訊處	揚中新壩鎮廣昌繭行
行主	田向瑞
佔地面積	式畝三分
地主	自有
資產總值	玖千萬元
戰前全年收繭量	春秋兩期乾繭五百担
戰時情況	

員工傷亡 年月	事由	人數

戰前設備		概況	損毀數量	損毀原因	損毀程度 全毀	損毀程度 可能修復	損毀年月	損毀總值	現況 可能使用	現況 可能修復
烘繭灶	繭灶	式號座								
		式號座								
烘繭機	鍋爐設備									
	進水設備									
	動力設備									
土灶	單乘	乚								
	雙乘	六乘	損毀六乘	拆壞	[illegible]	可能修復	二十九年	壹千式百元	三乘修後使用	
	繭架	壹千只	全部	焚燒			二十九年十月	壹千元		
房屋及堆繭室		十五間	損毀五間	焚毀	日軍焚毀五間		〃〃〃	壹千元		
堆繭用具		木架，芦席	全部	〃〃			〃〃〃	壹千元		
其他		簧籃大五百只小一千只	全部	〃〃			〃〃〃	壹千元		

備註：本行經日軍拆壞茧灶六乘焚毀貯茧室五間木架芦席茧籃全被燒損失七千萬元
①損毀在二十九年十月該時建築價值為伍千元
②合現在價值壹億伍千萬元

繭行代表人：田向瑞（印）

土地所有代表人：

133

132

江苏省建设厅关于丁年甲、刘建战时损失需更正补报事致省蚕业改进管理委员会的训令（一九四七年九月十三日）

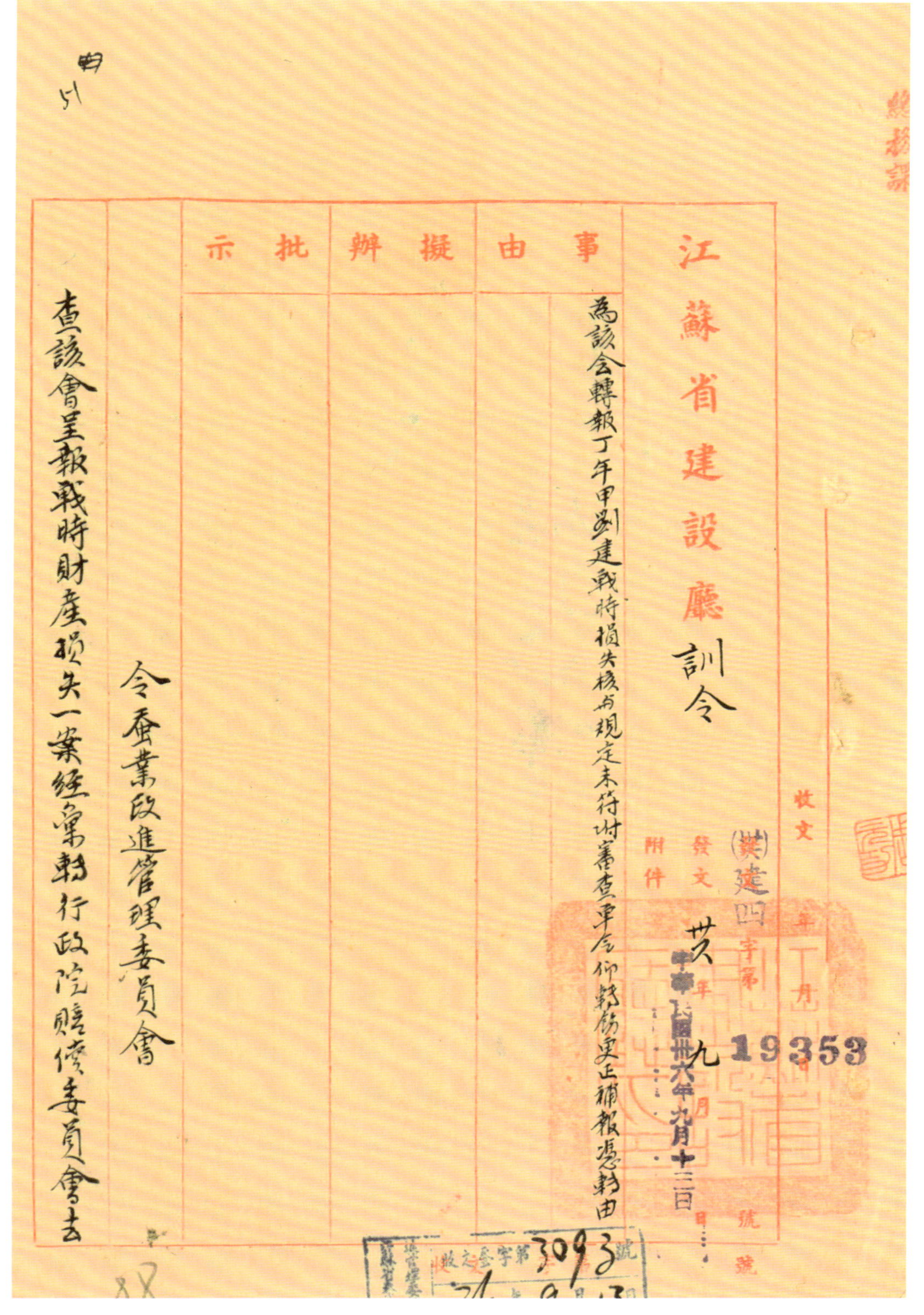

江蘇省建設廳訓令

事由：為該會轉報丁年甲劉建戰時損失核與規定未符仰審查更正補報憑轉由

收文　年　月　日　字第　號

發文（卅六）建四字第19353號

中華民國卅六年九月十三日

令蠶業改進管理委員會

查該會呈報戰時財產損失一案經彙轉行政院賠償委員會去

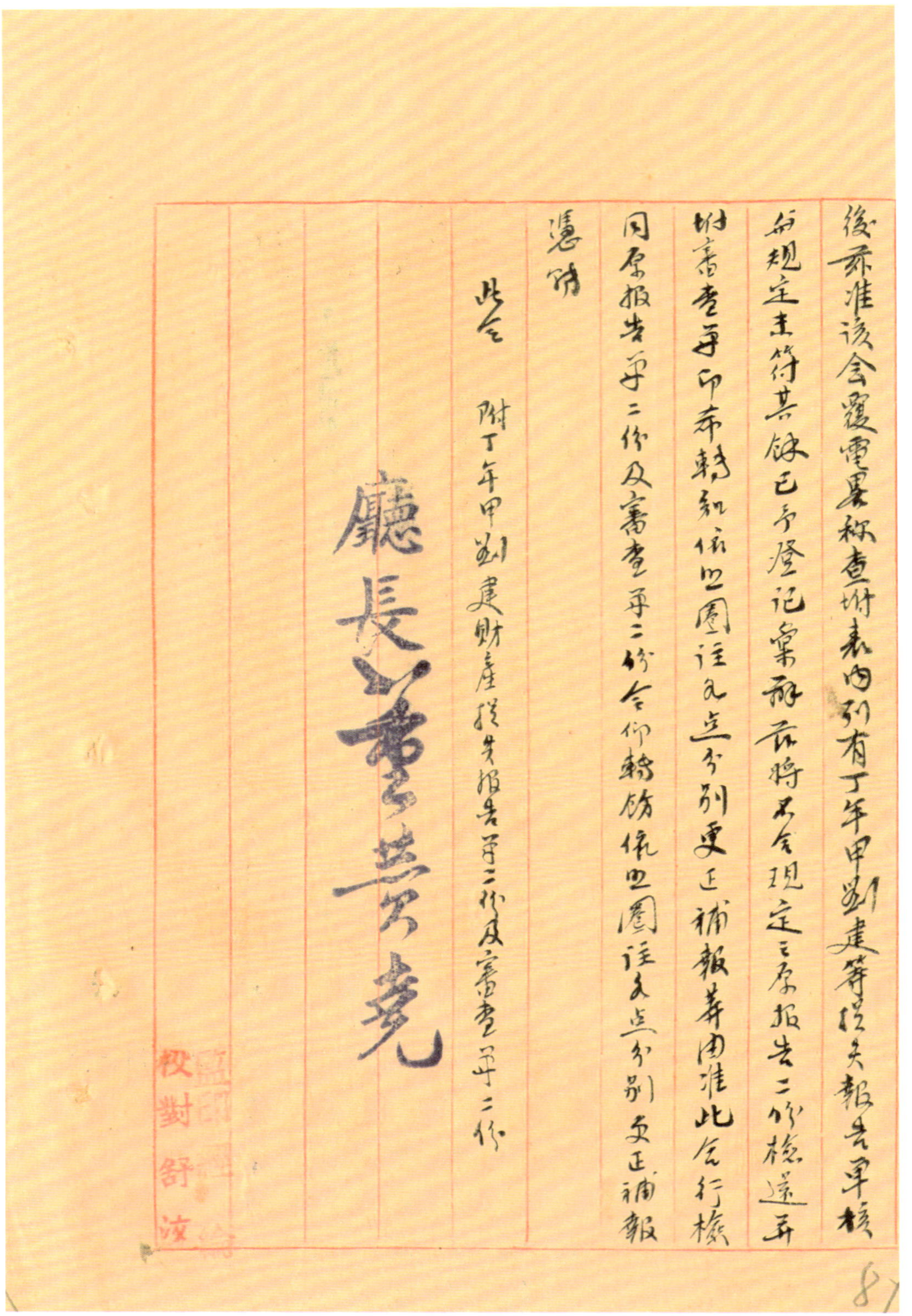

後，亦准該會覆電略稱：查附表内列有丁年甲劉建等損失報告單核與規定未符，其餘已予登記，案經函請將不合規定之原報告二份檢還，并附審查單，即希轉知依照圈註之點分別更正補報等由，准此。合行檢同原報告單二份及審查單二份，令仰轉飭依照圈註之點分別更正補報憑辦。

此令。

附丁年甲劉建財產損失報告單二份及審查單二份

廳長 王懋功

監印

校對 舒汶

87

附：丁年甲财产损失报告表（一九四六年五月）

54

財產損失報告表　（表式2）

填送日期　35年　5月　日

損失年月日	事件	地點	損失項目	購置年月	單位	數量	價值（國幣元）購置時價值	價值（國幣元）損失時價值	證件
二十六年十二月	日軍攻[illegible]	鎮江月湖巷	衣服（單夾皮棉）		件	五十六件	400元	400元	
			被褥		条	十条	100	100	
			帳子		頂	三頂	30	30	
			牀榻		張	三張	100	100	
			桌椅		〃	二十張	350	360	
			櫥櫃		〃	四張	160	180	
			箱籠		個	六個	60	60	
			傢具		件	十餘件	200	200	
			鐘錶		個	三個	30	30	
			銅錫器		件	十餘件	200	200	
			磁器		〃	五十件	300	300	
			書籍		部	五十部	400	400	
			字畫		幅	六十幅	120	120	
三十年六月	[illegible]掃蕩	[illegible]	稻		担	十二担	600	720	
			米		斗	八斗	80	90	
			麥		担	六石	300	420	
			衣服		件	三十件	2,000	2500	
			用物		〃	三十件	4,000	4500	
共計							9,430元	10710元	

直轄機關學校團體或事業名稱：江蘇省蠶業改進管理委員會　印信

受損失者填報者：丁年甲

姓名、服務處所與所任職務：原任江蘇建設廳視察，現任蠶業改進管理委員會課長

與受損失者之關係：

通信地址：蠶業改進管理委員會　鎮江[illegible]路二號B　蓋章

河东蚕种制造场关于属场事变期间遭受损毁情形致江苏省蚕业改进管理委员会的呈（一九四七年十二月二十日）

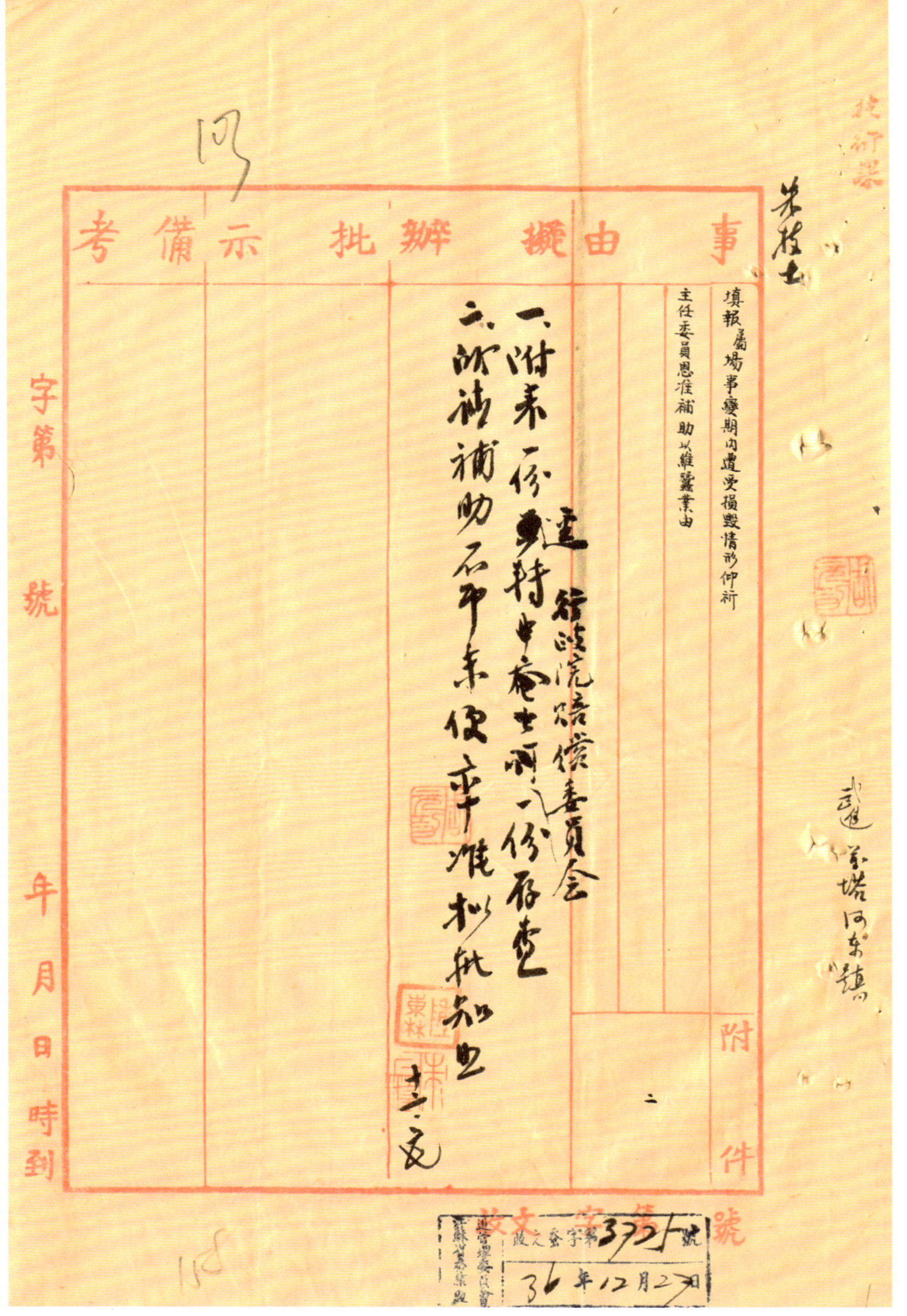

事由：填報屬場事變期内遭受損毀情形仰祈主任委員恩准補助以維蠶業由

擬辦

批示

備考

附件

字第　號

年　月　日　時到

收文　字第　號

蠶改會字第3725號

36年12月2　日

案准敝同業公會來函謂蠶種製造場遭受損毀情形列表報告等由准此查屬場自二十六年十月起至三十四年止其中被敵機轟炸西渴湖民船擊倒蠶室兩間又敵軍住宿屬場九次器具損失慘重對於桑園戰前已有六十五畝均經成林在事變期内摧毀衹剩十三畝若以二十六年當時價值估計損毁總額三一五〇一，五一元現蠶室尚無力修復桑樹及器具雖經逐年栽添然較戰前相差甚遠理合備文連同損毁報告表二份隨文附呈仰祈

主任委員恩准補助以維蠶業實為公便

謹呈

江蘇省蠶業改進管理委員主任委員董

河東蠶種製造場經理鄒廷弼

附呈蠶種製造場遭受損毁情形報告表兩份

159

中華民國三十六　十二月二十日

无锡县茧行商业同业公会关于汇报会员行损失表致江苏省蚕业改进管理委员会的呈（一九四七年十二月二十九日）

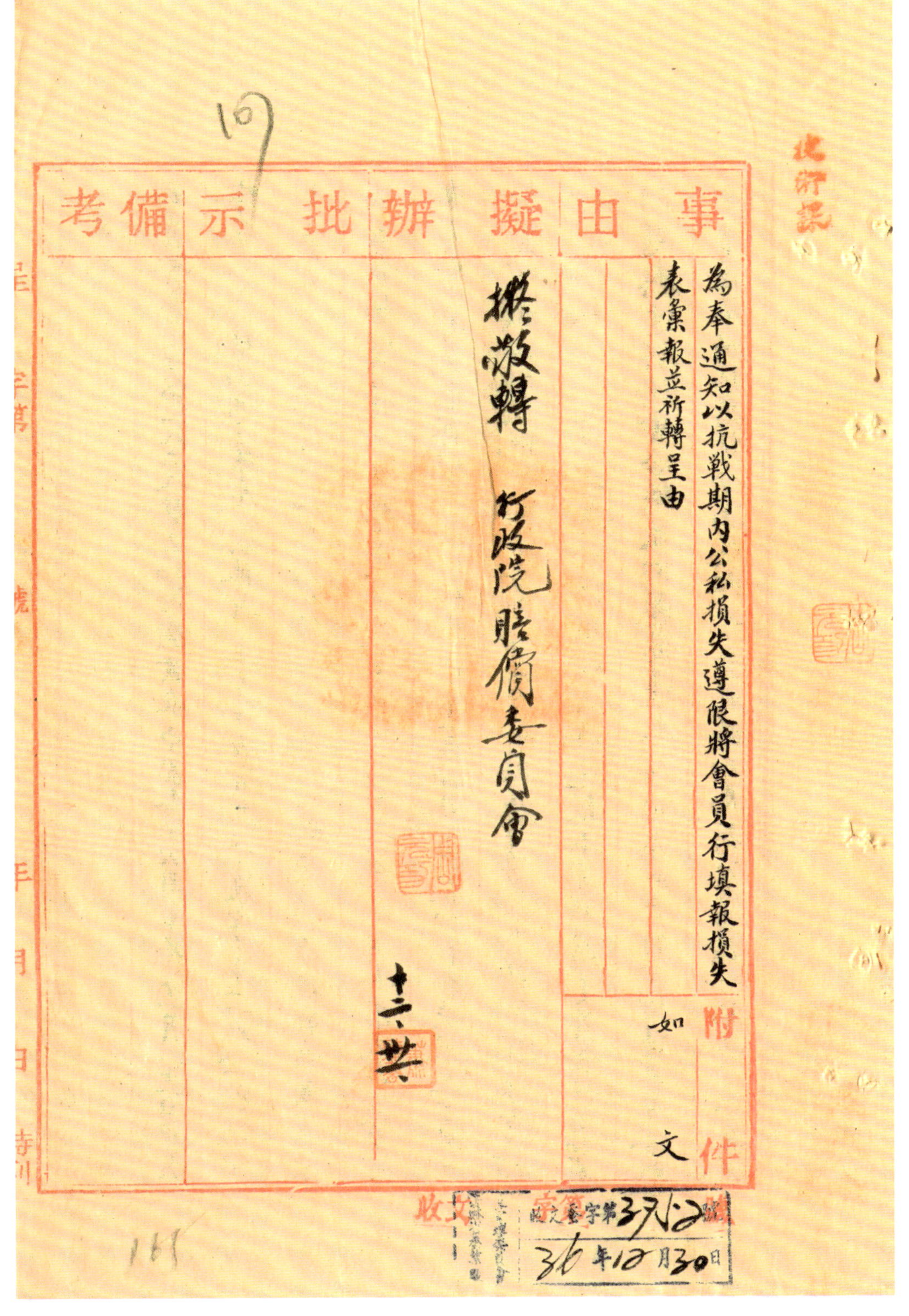

事由	擬辦	批示	備考
為奉通知以抗戰期内公私損失遵限將會員行填報損失表彙報並祈轉呈由	擬撥轉行政院賠償委員會 十二、卅		

附件：如文

收文 字第3712號 36年12月30日

案奉

鈞會蘇蠶技字第一八二八號通知內開「案准中國蠶絲公司本年十一月二十一日中蠶
字第八〇一八號函開：案奉農林部本年十月一日(卅六)平農字第一一五八一號訓令
開：案奉行政院卅六年九月廿九日(卅六)七法三九二六六號訓令開「查抗戰期間公私損
失查報期內前經本院規定八月底截止現限期業已屆滿其有未能依限查
報者在所難免茲再規定各地(綏靖區及匪區除外)查報公私損失限至本年十
二月卅一日截止以便統計除分令外合亟令仰飭屬遵照並飭切實佈告週知
如期填報勿再延誤為要再該項損失應逕報本院賠償委員會核辦如有
問題應逕與該會洽辦並仰轉飭遵照」等因奉此合行令仰遵照為要此
令」等因奉此相應錄令函達即希查照轉知為荷」等由除分別函令通知外

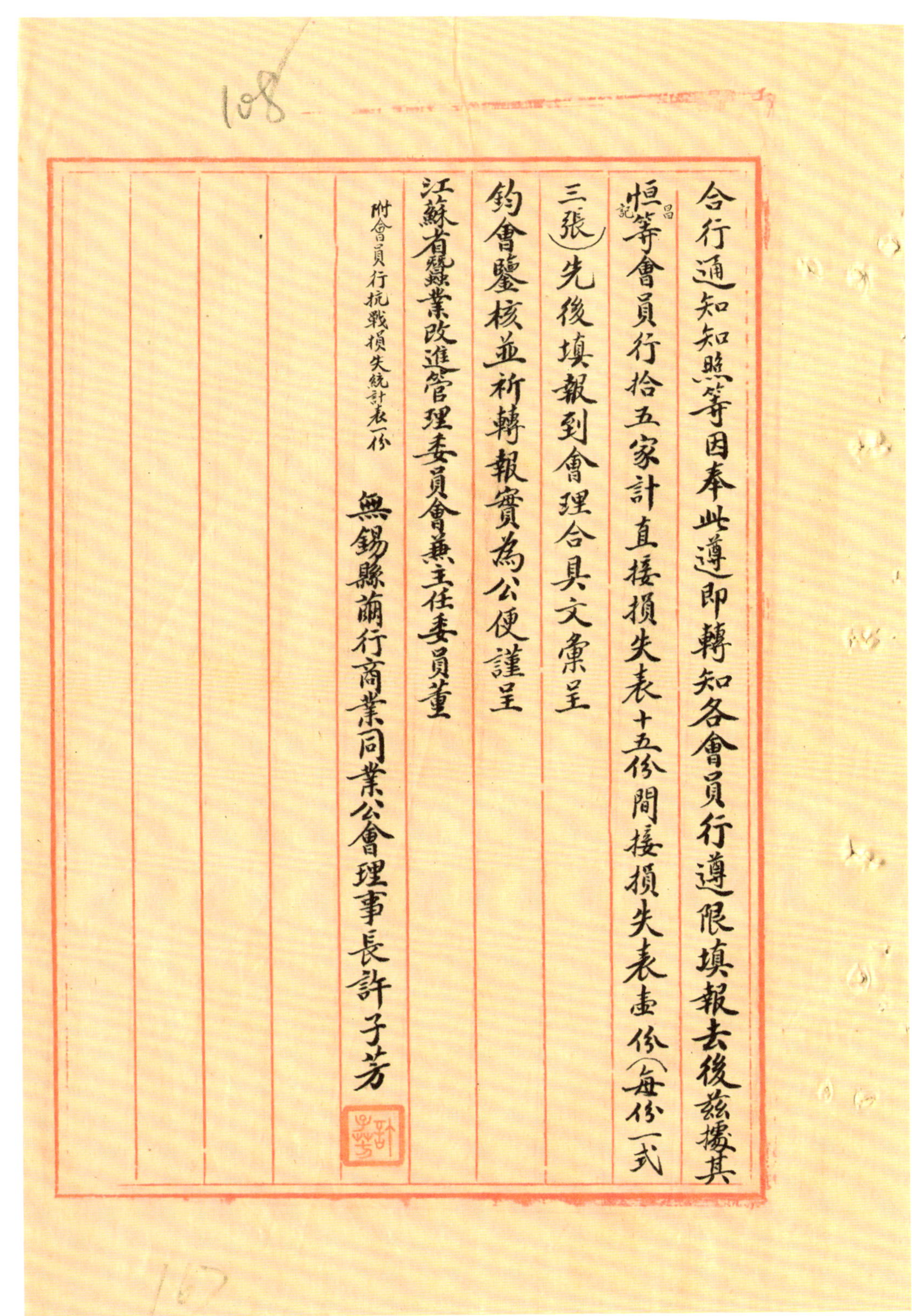

合行通知知照等因奉此遵即轉知各會員行遵限填報去後茲據其

恒昌記等會員行拾五家計直接損失表十五份間接損失表壹份（每份一式三張）先後填報到會理合具文彙呈

鈞會鑒核並祈轉報實爲公便謹呈

江蘇省蠶業改進管理委員會兼主任委員董

附會員行抗戰損失統計表一份

無錫縣繭行商業同業公會理事長許子芳

中華民國叁拾陸年拾贰月二十九日

168

無錫縣繭行業會員行抗戰損失統計表

行名	抗戰損失名稱	填報份數
其恒昌記	直接損失	叁份
鴻聚	仝上	仝上
協昌	仝上	仝上
源益	仝上	仝上
協和祥	仝上	仝上
元康	仝上	仝上
李芳	仝上	仝上
謙復泰	仝上	仝上

范祥和　　仝上　　仝上

恒源生　　仝上　　仝上

九豐　　仝上　　仝上

義昌　　仝上　　仝上

榕大　　仝上　　仝上

同福昌　　仝上　　仝上

同盛　　仝上　　仝上

又　　間接損失　　叁份

共計十五家直接損失表十五份間接損失表一份

170

113

江蘇省無錫縣其恆昌繭行戰時直接遭受損毀情形報告表

事件　　時期　　地點　無錫西鄉稱塘區大鴻橋　字第　號

事件	
行名	其恆昌繭行
所在地	大鴻橋
通訊處	無錫繭行公會轉
行主	許子芳
佔地面積	弍畝五分一
地主	許德星
資產總值	叁萬元
戰前全年收繭量	鮮繭一千五百担
戰時情況	被毀後停止營業，迄未修復

員工傷亡	年月	事由	人數

戰前設備概況			遭受損失情形：損毀數量	損毀原因	損毀程度：全毀	損毀程度：可能修復	損毀年月	損毀總值	現況：可能使用	現況：可能修復
烘繭機	繭灶	式　號　座								
		式　號　座								
	鍋爐設備									
	進水設備									
	動力設備									
土灶	單乘									
	雙乘	拾乘	拾乘	日軍拆毀做燃料	全毀	不能	民國二十七年三月起至民國三十[illegible]止陸續被毀	四千元	不能	可能
	繭架	一千四百隻	全毀	仝上	〃	〃	〃	八百四十元	不能	可置辦
房屋及堆繭室		二十三間	拆去樓板樓欄七間	仝上	屋面牆壁均未毀損	可修復	〃	二百十元	可能	可能
堆繭用具		大杠匾五十只、小匾篾一萬隻	全毀	仝上	全毀	不能	〃	一千〇五十元	不能	可置辦
其他		桁攔傢俱	仝上	仝上	〃	〃	〃	七百元	〃	〃

備註

繭行代表人　許子芳（印）

土地所有代表人　許子芳（印）

（印：其恆昌記繭行）

171　174

114

江苏省无锡县鸿聚茧行战时直接遭受损毁情形报告表

事件 中日戰事　　時期 民國二十六年十月　　地點 無錫縣新瀆鄉新瀆橋來往橋北　　字第　　號

行名	鴻聚繭行
所在地	無錫縣新瀆鄉新瀆橋來往橋北
通訊處	無錫南門清名橋鮑萬成醬園
行主	鮑文餘
佔地面積	四畝五分
地主	鮑文餘
資產總值	八萬捌仟元
戰前全年收繭量	全年乾繭五百担
戰時情況	淞滬戰爭國軍撤退至新瀆橋軍事接觸毀於炮火

員工傷亡 年月	事由	人數

戰前設備概況		損毀數量	損毀原因	損毀程度 全毀	損毀程度 可能修復	損毀年月	損毀總值	現況 可能使用	現況 可能修復
烘灶 繭灶	式　號　座								
烘灶 灶	式　號　座								
繭機 鍋爐設備									
繭機 進水設備									
繭機 動力設備									
土灶 單乘	三十二乘								
土灶 雙乘	十六乘	全毀	炮火	全毀	不能修復	二十六年十月	捌仟元	可能使用	一部修復
土灶 繭架									
房屋及堆繭室	賬房間一間	二間	炮火	全毀	不能修復	二十六年十月			
	發洋間一間	五間宿舍	炮火	全毀	不能修復	二十六年十月			
堆繭用具	宿舍六間								
	棧棚十一間半	九間	炮火	全毀	不能修復	二十六年十月			
其他	當鋪十二間	十二間	炮火	全毀	不能修復	二十六年十月	肆萬仟伍百元	可能修用	一部修復
	繭樓上下十二間	十二間	炮火	全毀	不能修復	二十六年十月			
	堆繭間六間	四間	炮火	全毀	不能修復	二十六年十月			
	稱繭間五間	三間	炮火	全毀	不能修復	二十六年十月			
	廚房間三間				不能修復	二十六年十月			
	鑊繅絲間二間	三間	炮火	全毀	不能修復	二十六年十月			
	燒料間四間	四間	炮火	全毀	不能修復	二十六年十月			
	繭格	一千八百五十只	炮火	全毀	不能修復	二十六年十月	一仟八百五十元		
	繭匾	一萬五千只	炮火	全毀	不能修復	二十六年十月	一仟五百元		
	扛籃	六十只	炮火	全毀	不能修復	二十六年十月	九十元		
	稱籃	三十五只	炮火	全毀	不能修復	二十六年十月	五十五元		
	大小秤	十四桿	炮火	全毀	不能修復	二十六年十月	一百元		
	長檯	八十五張	炮火	全毀	不能修復	二十六年十月	一百元		
	全部生財一切物件	全部	炮火	全毀	不能修復				

備註

共計損毀總計洋壹萬捌仟[illegible]百玖拾伍元

繭行代表人 鮑文餘（印）

土地所有代表人 鮑文餘（印）

新瀆橋鴻聚繭行（印）

177　176

117

江蘇省無錫縣協昌繭行戰時直接遭受損毀情形報告表

事件　　時期　　地點　　字第　　號

行名	協昌
所在地	無錫北鄉八士橋
通訊處	〃　〃
行主	過昂千
佔地面積	三畝
地主	過昂千
資產總值	15,100元
戰前全年收繭量	約計乾繭1000担
戰時情况	戰時曾住有三十六師官兵並堆存軍需用品在內，至敵迫時遭敵軍全部焚毀

員工傷亡	年月	事由	人數

戰前設備概況			
烘繭機	繭灶	式　號　座	
		式　號　座	
	鍋爐設備		
	進水設備		
	動力設備		
土灶	單乘		
	雙乘	15乘	
	繭架	2800只	
房屋及堆繭室		33间	
堆繭用具		扒籃40只 蚕匾1000只	
其他		賬桌八仙桌 拾只	
備註		凳34張 大小秤17枚 棕梯8付 铺板10付 秤篮34只	

損毀數量	損毀原因	損毀程度：全毀	損毀程度：可能修復	損毀年月	損毀總值	現況：可能使用	現況：可能修復
同左	遭敵軍焚毀	全毀	不能修復 須重建	民國廿六年十一月十二日（此係古曆）	13180元		已重建

繭行代表人　過昂千（印）
土地所有代表人

183　182

118

江蘇 省無錫 縣源益繭行戰時直接遭受損毀情形報告表

源益繭行（印）

事件　　時期　　地點　　字第　　號

行名	源益繭行
所在地	錫澄路陳家橋蘇家橋
通訊處	同上
行主	夏貳輝
佔地面積	三畝
地主	夏貳輝
資產總值	壹万二千元
戰前全年收繭量	春繭840担秋300担
戰時情況	不顧租借與敵僞，暫停營業八年。

戰前設備概況			損毀數量	損毀原因	損毀程度：全毀	損毀程度：可能修復	損毀年月	損毀總值	現況：可能使用	現況：可能修復
烘繭	繭灶	式號座								
		式號座								
	鍋爐設備									
機	進水設備									
	動力設備									
土灶	單乘	16座	4座	被焚			26年11月	800元		
	雙乘									
	繭架	1200架隻	400隻	仝上			仝上	212元		
房屋及堆繭室		26間	4間	仝上			仝上	720元		
堆繭用具		繭籃壹万杠籃60	杠籃60只 繭籃6000只	仝上			仝上	36元(下) 24元(上)		
其他		秤 大3桿 小4桿	全數	仝上			仝上	12元		

員工傷亡

年月	事由	人數

備註：

損毀物品	損毀原因	損毀數量	損毀總值	損毀年月
推造板	毀焚	3丈	30元	廿六年十一月
柵门	仝上	10件	58元	廿六年十一月
玻窗	仝上	16付	48元	仝上
鋪板	仝上	10副	15元	仝上
枱櫈	仝上	43件	34元	仝上
棕梯架	仝上	10副	60元	仝上
鍋子	仝上	6只	18元	仝上
梗柴	仝上	150担	100元	仝上
碗盞	仝上	300只	30元	仝上
床被帳	仝上	3副	150元	仝上

繭行代表人 夏貳輝（印）

土地所有代表人 夏貳輝（印）

185　184

和

江蘇省無錫縣協和祥繭行戰時直接遭受損毀情形報告表

事件 一式叁張　　時期 由民國廿六起叁拾弍年止 被日軍　　地點 無錫縣蕩口區[illegible]塘鄉小橋頭　　字第　　號

行名	協和祥繭行
所在地	小橋頭
通訊處	無錫南鄉小章家橋[illegible]
行主	凌雲亭
佔地面積	弍畝三分
地主	協和祥
資產總值	壹萬弍仟元
戰前全年收繭量	鮮繭柒佰伍拾担
戰時情況	

員工傷亡

年月	事由	人數

戰前設備概況			損毀數量	損毀原因	損毀程度 全毀	損毀程度 可能修復	損毀年月	損毀總值	現況 可能使用	現況 可能修復
烘繭機	繭灶	式　號　座								
		式　號　座								
	鍋爐設備									
	進水設備									
	動力設備									
土灶	單乘									
	雙乘	八乘	半毀	日軍拆毀	半毀	可能修復	民國廿六年至卅二年	壹仟伍佰元 四仟元	不能使用	房屋修復
	繭架	八佰隻	半毀	當作燃料	半毀	可能修復				
房屋及堆繭室		弍拾弍间	半毀	日軍拆毀	半毀	可能修復				
堆繭用具		繭簞伍仟隻	半毀	當作燃料	半毀	可能修復				
其他		台橙具全	半毀	當作燃料	半毀	可能修復				

備註

繭行代表人 凌雲亭

土地所有代表人 凌雲亭

（印：協和祥繭行）

122

江蘇省無錫縣元康繭行戰時直接遭受損毀情形報告表

事件　　時期　　地點　　字第　　號

行名	元康
所在地	自治實驗鄉禮社鎮
通訊處	本邑光復門外桃水弄五十八号
行主	薛望暹
佔地面積	二畝
地主	即行主
資產總值	三萬一千四百五十元
戰前全年收繭量	春鮮繭五百担、秋鮮繭二百五十担、
戰時情況	僅開五次、因土匪滋擾勒捐、不能招商順利開收、

戰前設備概況			損毀數量	損毀原因	損毀程度：全毀	損毀程度：可能修復	損毀年月	損毀總值	現況：可能使用	現況：可能修復
烘繭灶	繭灶	式號座								
		式號座								
烘繭機	鍋爐設備									
	進水設備									
	動力設備									
土灶	單乘									
	雙乘	六乘	四乘	日寇放火		可能修復	二十六年舊十一月	弍千元	可以使用	已經修復
	繭架	六百三十隻	全燬	〃			〃	五百〇四元	〃	已經購置
房屋及堆繭室		行面八間、堆繭舍弍間、	堆繭室燬十四間半	〃			〃	八千七百元	〃	尚未修復
堆繭用具		芦蓆、竹墻、舖蓋、杠、大小蒲袋、木板、板凳、磅秤、秤、	全燬	〃			〃	六百九十元	〃	重行購置
其他		水缸、水槍、藤榻、椅櫈、長床架、飯鍋、零件尚多、	〃	〃			〃	一千〇九十一元	〃	〃

員工傷亡

年月	事由	人數
廿六年十一月	因日寇破門而入擊傷、醫治兩月	二人

備註：此行地址本極妥、後因錫武公路築成、距離祇數十步、自二十六年舊十月念六日日寇入境後、日夜在公路上過兵運砲、行主率眷遠避、僅令長工二人看守、即于某夜被寇打門而入、因烘灶搶物、將後屬十四間半之屋與全部生財盡付一炬、甚為痛心、皆因逼近公路、遭此浩劫也、

共計損失總值臨戰前幣制為壹萬弍千九百八十五元、尚有烘勝硬柴五十七担、每担八角、值洋四十六元、

繭行代表人　薛望暹

土地所有代表人　薛望暹

183　182

江蘇省無錫縣李芳繭行戰時直接遭受損毀情形報告表

事件：日本侵略全部被毀於兵火　時期：民國二十六年　地點：無錫縣第八區玉祁鎮　字第　號

行名	李芳繭行
所在地	無錫玉祁
通訊處	同上
行主	李汝楫
佔地面積	壹畝三分
地主	李汝楫
資產總值	伍萬壹千叁百元
戰前全年收繭量	春秋鮮繭七百四百餘担
戰時情況	

戰前設備概況			損毀數量	損毀原因	損毀程度：全毀	損毀程度：可能修復	損毀年月	損毀總值	現況：可能使用	現況：可能修復
烘繭機	繭灶	式　號　座								
		式　號　座								
	鍋爐設備									
	進水設備									
	動力設備									
土灶	單乘	十四乘			全毀	不能		壹萬四千元		不能
	雙乘									
	繭架	六百五十餘隻			全毀	〃〃		六百元		不能
房屋及堆繭室		平房六間樓房十一間瓦棚七間			全毀	〃〃		叁萬五千元		不能
堆繭用具		繭籃五千餘隻扛籃七十餘隻			全毀	〃〃		壹千五百元		〃
其他		繭秤大小六支秤籃八隻			全毀	〃〃		弍百元		〃

員工傷亡	年	月	事由	人數

備註：先毀於兵火所餘灶脚碎磚於民國二十八年日兵在玉祁設立警備隊部被日兵全部拆除

繭行代表人：李芳繭行（印）

土地所有代表人：李汝楫（印）

126

江蘇省無錫縣謙復泰繭行戰時直接遭受損毀情形報告表

事件　　時期　　地點　　字第　　號

行名	謙復泰
所在地	禮社鎮
通訊處	仝上
行主	薛鴻昌
佔地面積	柒分二厘六毫
地主	薛鴻昌
資產總值	
戰前全年收繭量	三百伍拾餘担
戰時情況	灶均毁怀不堪應用，至繭時修理双乘二具，由家庭製絲社合作收繭或寄南收繭或保烘等情亦未間斷

員工傷亡	年月	事由	人數

戰前設備概況		
烘繭	繭灶	式　號　座
		式　號　座
機	鍋爐設備	
	進水設備	
	動力設備	
土灶	單乘	
	雙乘	四具
	繭架	七十六架
房屋及堆繭室		四開間八造進深
堆繭用具		繭格720只 繭籃3000
其他		大小秤八支

遭受損失情形						現況	
損毁數量	損毁原因	損毁程度：全毁	損毁程度：可能修復	損毁年月	損毁總值	可能使用	可能修復
損壞三具 焚毁二具	被敵馬隊	二具	三具	二十六年十一月	一千二万餘元	不可	一半可修

備註：敝行之損失被敵馬隊焚毁双灶壹具，四面墻壁亦被損怀，其餘生財如繭格用具被及用具均被敵焚失之用，至二十七年春修理双乘灶三具，復勝利降臨至本年五月修竣二具，双乘四具均已可用

繭行代表人　薛鴻昌（印）

土地所有代表人　薛鴻昌（印）

禮社謙復泰繭行（印）

201

201

江蘇省無錫縣范祥和繭行戰時直接遭受損毀情形報告表

事件　　時期　　地點　　字第　　號

行名	范祥和繭行
所在地	無錫縣第七區興塘鄉興塘
通訊處	無錫查家橋轉興塘
行主	范魯齋
佔地面積	叁畝伍分壹厘
地主	范魯齋
資產總值	貳萬陸千玖百捌拾貳元
戰前全年收繭量	鮮繭壹千五百担
戰時情況	敵偽時常下鄉摟捕地下工作之抗戰志士，敵人認本繭行有抗戰志士潛匿，遂藉端放火焚燬

員工傷亡

年月	事由	人數

戰前設備概況			損毀數量	損毀原因	損毀程度：全毀	損毀程度：可能修復	損毀年月	損毀總值	現況：可能使用	現況：可能修復
烘繭	繭灶	式　號　座								
		式　號　座								
	機	鍋爐設備								
		進水設備								
		動力設備								
土灶	單乘									
	雙乘	拾肆副	14副	敵偽認本行有潛匿抗戰志士，遂藉端放火焚燬	全燬		27年8月	$7000	無	
	繭架	貳千只	2000只		仝上		仝上	$4000	無	
房屋及堆繭室		樓房念柒幢平屋拾捌間	樓房27幢 平屋18間		仝上		仝上	$12000	無	
堆繭用具		繭籃貳萬捌仟只扛籃五百只	繭籃28000 扛籃500	全部	仝上		仝上	$1750	無	
其他		稻籃壹百只大水缸十只以及一切應用生財			仝上		仝上	$1530	無	

備註：合計損失26280元這是民國27年的指數價值

繭行代表人　范魯齋（印：范魯齋印）

土地所有代表人　范魯齋（印：范魯齋印）

（印：無錫縣下興塘范祥和繭行之章）

128

207　206

111

130

江蘇省無錫縣恒源生繭行戰時直接遭受損毀情形報告表

事件　　時期　　地點　　字第　　號

行名	恒源生繭行
所在地	張缪舍
通訊處	城中中山路一百十四号
行主	程世申
佔地面積	八分
地主	程世申
資產總值	陸萬元正
戰前全年收繭量	鮮繭壹千弍百担
戰時情況	戰後停止收繭

員工傷亡 年月	事由	人數

戰前設備概況		
烘繭灶	式　號　座	
	式　號　座	
繭機	鍋爐設備	
	進水設備	
	動力設備	
土灶	單乘	
	雙乘	四乘
	繭架	八百只
房屋及堆繭室		拾間
堆繭用具		蠶匾壹萬只
其他		抬欓生財等

損毀數量	損毀原因	損毀程度 全毀	損毀程度 可能修復	損毀年月	損毀總值	現況 可能使用	現況 可能修復
廠门八扇	駐軍拆毀	全毀	不能修復	民國二十九年	二百元		
樓板三间	〃	〃	〃	〃	三百元		
篩夾五百二十只	〃	〃	〃	〃	六百元		
蠶匾九千只	〃	〃	〃	〃	四百元		
蚕灶二副	〃	〃	〃	〃	一千四百元		
抬欓四十九張	〃	〃	〃	〃	六百元		
床架六副	〃	〃	〃	〃	一百元		
秤杆蓋三十只	〃	〃	〃	〃	一百元		
秤大小六支	〃	〃	〃	〃	一百五十元		
樓窗十二扇	〃	〃	〃	〃	三百元		
時鐘一只	〃	〃	〃	〃	五十元		
灶门八扇	〃	〃	〃	〃	一百六十元		
硬柴九十担	〃	〃	〃	〃	一百元		
蠶箔五十件	〃	〃	〃	〃	五十元		
篠椅四張	〃	〃	〃	〃	五十元		

備註：損失生財零星不計

繭行代表人　程世申（印）

土地所有代表人　程世申（印）

（印：恒源生繭行）

209　208

江蘇省無錫縣九豐繭行戰時直接遭受損毀情形報告表

事件 日本侵境　　時期 26年11月　　地點 無錫張村鎮　　字第　　號

行名	九豐
所在地	無錫縣張村鎮
通訊處	〃　〃
行主	徐柏椿
佔地面積	1.8畝
地主	
資產總值	$8000.00
戰前全年收繭量	乾繭二百餘担
戰時情況	因内部設備全毀無力修復而停辦

員工傷亡	年月	事由	人數

戰前設備概況			損毀數量	損毀原因	損毀程度 全毀	損毀程度 可能修復	損毀年月	損毀總值	現況 可能使用	現況 可能修復
烘繭灶	繭灶	式　號　座								
		式　號　座								
繭機	鍋爐設備									
	進水設備									
	動力設備									
土灶	單乘									
	雙乘	捌副	被毀設備詳下表	敵兵取暖被焚		可	26年11月			業已修復一部份
	繭架	288根 @$1.00	全毀	〃　〃	〃　〃			$288.00		
房屋及堆繭室		繭格648只@$.80 摃簋51只@$.50 蔑簋3200只@$.05 秤簋6只@$.40	〃　〃	〃　〃	〃　〃			$706.30		
堆繭用具		灶門8副@$10.00 脚踏板64塊@$1.00 脚門板2.6丈共$36.00 窗4扇@$1.60	〃　〃	〃　〃	〃　〃			$186.40		
其他		舖板6副共$20.00 八仙桌3張@$5.00 条櫈32張@$.33 高櫈3張@$1.50 賬枱1張@$8.00 鉄箱1只@$7.00 骨牌櫈6張@$.80 玻璃燈8只@$.80	〃　〃	搗毀	〃　〃			$76.26		

備註	全部損失總值$1256.24	繭行代表人 徐柏椿	土地所有代表人

134

江蘇省無錫縣義昌繭行戰時直接遭受損毀情形報告表

事件　　時期　　地點　　字第　號

行名	義昌繭行
所在地	東亭大東橋
通訊處	城中新生路光門牌一九八号
行主	陳子寬
佔地面積	自租乙畝四分貳厘四毫
地主	陳子寬
資產總值	拾萬元正
戰前全年收繭量	鮮繭貳千担
戰時情況	被炸停止營業

員工傷亡	年月	事由	人數

戰前設備概況		
烘灶	繭	式　號　座
	灶	式　號　座
繭機	鍋爐設備	
	進水設備	
	動力設備	
土灶	單乘	
	雙乘	碑灶拾陸乘
	繭架	叁千貳百只
房屋及堆繭室		[illegible]拾肆間
堆繭用具		
其他		

損毀數量	損毀原因	全毀	可能修復	損毀年月	損毀總值	可能使用	可能修復
凉棚十间	被炸	全毀	不能	民國廿六年	七萬元		
樓房四间	〃	〃	〃	〃	六千元		
三層樓六间	〃	〃	〃	〃	貳萬元		
松板八丈	〃	〃	〃	〃	三百元		
[illegible]廿九乘	〃	〃	〃	〃	四萬八千元		
茧簦四万只	〃	〃	〃	〃	叁千貳百元		
籮二千餘只	〃	〃	〃	〃	叁千元		

備註：被炸门窗不計數

繭行代表人　端木康（印）

土地所有代表人　陳子寬（印）

（印：義昌繭行）

217　216

江蘇省無錫縣榕大繭行戰時直接遭受損毀情形報告表

事件　　時期　　地點　　字第　　號

行名	榕大繭行
所在地	無錫第四區積塘橋
通訊處	無錫洛社新豐盛麪粉廠葛映斗轉
行主	匡仲謀
佔地面積	二畝
地主	匡仲謀
資產總值	三萬元
戰前全年收繭量	乾繭四百五十担
戰時情況	無錫淪陷前本行年收繭二次迨敵寇陷錫留守員工避難他鄉至廿七年三月返行據聞曾駐敵兵繭灶為敵拆建工事生財除一部被搶外餘均與繭架為敵焚毀嗣於三十年修復灶四座添置什物應用迄今

員工傷亡

年月	事由	人數

戰前設備概況			遭受損失情形：損毀數量	損毀原因	損毀程度：全毀	損毀程度：可能修復	損毀年月	損毀總值	現況：可能使用	現況：可能修復
烘繭機	繭灶	式　號　座								
		式　號　座								
	鍋爐設備									
	進水設備									
	動力設備									
土灶	單乘									
	雙乘	十四座	十四座	拆毀	十座	四座	廿七年一月	四千元	四座修復	
	繭架	一千五百只	一千五百只	燒毀	一千五百只		廿七年一月	一千二百元		
房屋及堆繭室										
堆繭用具		繭籃八千只	八千只	燒毀	八千只		廿七年一月	八百元		
其他		硬柴三百五十担 生財二百五十二件	三百五十担 二百五十二件	燒毀 搶毀	三百五十担 二百五十二件		廿七年一月	五百元		

備註		
生財計：大扛籃一五〇只 秤籃二〇只 大秤四枝 小秤六枝 八仙枱四張 四仙枱三張 賬枱三張 長凳四十張 高凳六張 床十架 時鐘三只 錢箱一只 元枱二張	繭行代表人葛映斗［印］	土地所有代表人葛映斗［印］

［印：榕大繭行］

138

江蘇省無錫縣 繭行戰時直接遭受損毁情形報告表

事件　　時期　　地點　　字第　　號

行名	同福昌繭行
所在地	無錫南門棉花巷
通訊處	仝上
行主	余炳文
佔地面積	壹畝四分四里
地主	余炳文
資產總值	弍億元
戰前全年收繭量	壹仟壹百担左右
戰時情況	敵寇侵入駐紮鳥隊，拆屋作燃料，取媛，連全生財亦如上述

員工傷亡	年月	事由	人數

戰前設備概況			
烘繭機	繭灶	南式陸號拾弍座	
		北式五號拾座	
	鍋爐設備		
	進水設備		
	動力設備		
土灶	單乘	念弍乘	
	雙乘	拾壹乘	
	繭架	弍百四拾弍架	
房屋及堆繭室		念弍间	
堆繭用具		全備	
其他			

遭受損失情形						現況	
損毁數量	損毁原因	損毁程度 全毁	損毁程度 可能修復	損毁年月	損毁總值	可能使用	可能修復
拾弍乘	日軍拆取		暫能復	二十六年十一月廿三日	九十三百五拾萬元	可能用	可能修復

備註：
戰前土灶拾四乘 雙乘單乘念捌乘 繭格壹仟叁百五拾只 繭籃叁仟只 扛籃玖拾只
日軍燒毁繭格捌百只 繭籃弍仟叁百只
自拆繭灶三雙乘單陆乘

繭行代表人 同福昌繭行（印） 徐家正（印）

土地所有代表人 余炳文（印）

江蘇省無錫縣同威繭行戰時直接遭受損毀情形報告表

事件一式叁張　　時期由民國弍拾捌年起叁拾弍年止駐敵軍地　點無錫縣第六區張涇橋鎮西街　　字第　　號

行名	同威繭行
所在地	張涇橋西街
通訊處	無錫虹橋灣壹號
行主	丁頌年
佔地面積	弍畝四分
地主	丁啟秀堂
資產總值	壹萬弍千元
戰前全年收繭量	鮮繭柒百五拾担
戰時情況	

員工傷亡		
年月	事由	人數

戰前設備概況			遭受損失情形：損毀數量	損毀原因	損毀程度：全毀	損毀程度：可能修復	損毀年月	損毀總值	現況：可能使用	現況：可能修復
烘繭	繭灶	式　號　座								
		式　號　座								
機	鍋爐設備									
	進水設備									
	動力設備									
土灶	單乘									
	雙乘	六乘	全毀	駐軍拆毀	全毀		民國二十八年	弍千四百元	不能使用	
	繭架	六百隻	全毀	當作燃料	全毀		由民國二十八年至三十二年止	四百元	不能使用	
房屋及堆繭室		弍拾壹间	半毀	駐軍拆壞	半毀		由民國廿八年至三十二年止	叁千元	樓屋五间要倒拆去	餘九间可修
堆繭用具		繭籃四千隻	全毀	當作燃料	全毀		由二十八年至三十二年止	叁百元	不能使用	
其他		松檯傢具	全毀	當作燃料	全毀		由二十八年至三十二年止	五百元	不能使用	

備註：附呈同威繭帖四寸照壹張
第六區張涇橋鎮公所証明書壹張

繭行代表人　丁頌年（印）

土地所有代表人　丁頌年（印）

147

江蘇省無錫縣錦記繭行戰時直接遭受損毀情形報告表

事件　　時期　　地點　　字第　　號

行名	錦記繭行
所在地	無錫第四區新瀆橋
通訊處	仝上
行主	錢和慶
佔地面積	家丈玖分
地主	錢仁壽堂
資產總值	壹萬玖仟伍佰元
戰前全年收繭量	乾繭三百五十担
戰時情況	戰前本行每年春秋二次收繭營業尚佳淪陷後行主本人避難在外未曾營業行內派員守望及民三十一年春日寇寺頭警備中隊部下衛詩鄉以下行房屋實徵送被侵佔所有灶六副均被拆毀築防禦工程生財亦損失殆盡

員工傷亡

年月	事由	人數

戰前設備概況			遭受損失情形：損毀數量	損毀原因	損毀程度：全毀	損毀程度：可能修復	損毀年月	損毀總值	現況：可能使用	現況：可能修復
烘繭機：繭灶	式號座									
烘繭機：繭灶	式號座									
烘繭機：鍋爐設備										
烘繭機：進水設備										
烘繭機：動力設備										
土灶：單乘										
土灶：雙乘	八副		六副	被日寇拆毀	六副		三十一年春	二千二百元	二副	
土灶：繭架	八百只		八百只	日寇取去充作燃料	八百只		三十一年春	七百元		
房屋及堆繭室										
堆繭用具	蚕匾三千只		[illegible]千只	日寇取去充作燃料	三千只		三十一年春	三百六十元		
其他										

備註：其他生財什物如方桌、長櫈、靠背椅、賬抬、大小秤、扛篮、床架及一切應用家物均被日寇駐紮時拖散殆盡，百無一存。

繭行代表人　錢和慶

土地所有代表人　錢仁壽堂

江蘇省無錫縣同威繭行戰時間接遭受損失情形報告表

事件一弍叁張　　時期由民國弍拾捌年起叁拾六年止　　地點無錫第六區張涇橋西街　　字第　號

間接損失概況		時期	可能生產額減少：數量	可能生產額減少：原因	可獲純利額減少：金額	可獲純利額減少：原因	費用之減少：拆遷費	費用之減少：防空費	費用之減少：救濟費	費用之減少：撫卹費	費用之減少：其他	備註
間接損失概況	九一八以後	二十年九月下旬起										戰前每年產額鮮繭柒百五拾担
		二一年份										
		二二年份										
		二三年份										
		二四年份										
		二五年份										
		二六年七七止										
	七七以後	二六年七七起										
		二七年份										
		二八年份	約五百担	戰事関係	七百五拾元							
		二九年份	四百担	戰事関係	八百元							
		三十年份	叁百担	戰事関係	弍千四百元							
		三一年份	叁百担		壹萬弍千元							
		三二年份	叁百担		六萬元							
		三三年份	弍百担	戰事関係	叁拾萬元							
		三四年日寇降止	弍百担		五拾萬元							
	勝利以後	三四年勝利後										
		三五年份	弍百担		弍百萬元							
		三六年份	約叁百担		叁百萬元							

填報人丁公百年（印）　　民國三十六年四月叁拾日

镇江裕民蚕种制造场关于报送战时直间接损失致江苏省蚕业改进管理委员会的呈（一九四七年十二月）

案准鎮江蠶種業同業公會函知以奉 令轉飭填具各場戰時遭受直間接損失報告表限期送會彙報等由前來自應遵辦惟本場因主管人員在外未回不及遵限呈報茲謹將本場戰時遭受戰時損失情形據寔造具報告表備文逕呈行政院賠償委員會外理合繕具上項報告表二份備文呈送仰祈

鑒賜備查定為公便

謹呈

江蘇省蠶業改進管理委員會兼主任委員董

附呈送本場戰時直間接遭受損失報告表各二份

鎮江裕民蠶種製造場經理陳灝泉

206

代理人李文娟

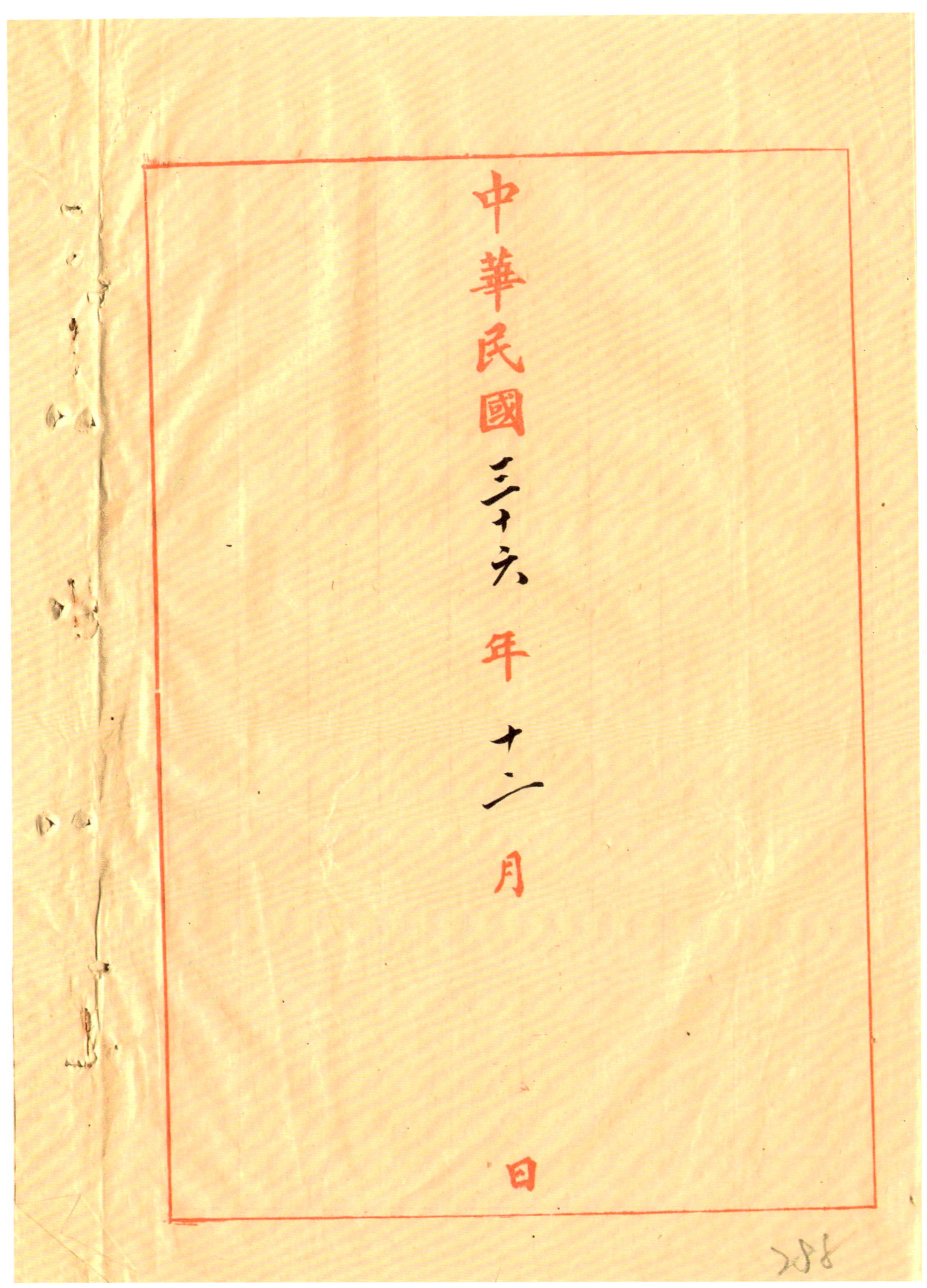

中華民國三十六年十二月日

288

附：镇江裕民蚕种制造场战时直间接遭受损失情形报告表（一九四七年十二月）

江蘇省鎮江裕民蠶種場戰時間接遭受損失情形報告表

事件　　時期　　地點 鎮江 四擺渡　　字第　　號

間接損失概況	時期		可能生產額減少 數量	可能生產額減少 原因	可獲純利額減少 金額	可獲純利額減少 原因	費用之減少 拆遷費	防空費	救濟費	撫卹費	其他	備註
	九一八以後	二十年九月下旬起										間接總損失達戰前法幣叁叁伍貳伍拾元
		二一年份										
		二二年份										
		二三年份										
		二四年份										
		二五年份										
		二六年七七止										
	七七以後	二六年七七起										
		二七年份	152000	悉被敵佔用	37250							
		二八年份	152000		37250							
		二九年份	152000		37250							
		三十年份	152000		37250							
		三一年份	152000		37250							
		三二年份	152000		37250							
		三三年份	152000		37250							
		三四年日寇投降止	152000		37250							
	勝利以後	三四年勝利後			大部房屋被毀生產停頓加蠶種銷路亦受影響故仍純利137250元以戰前計算							
		三五年份	8000									
		三六年份										

填報人 陳灝泉　　36年12月

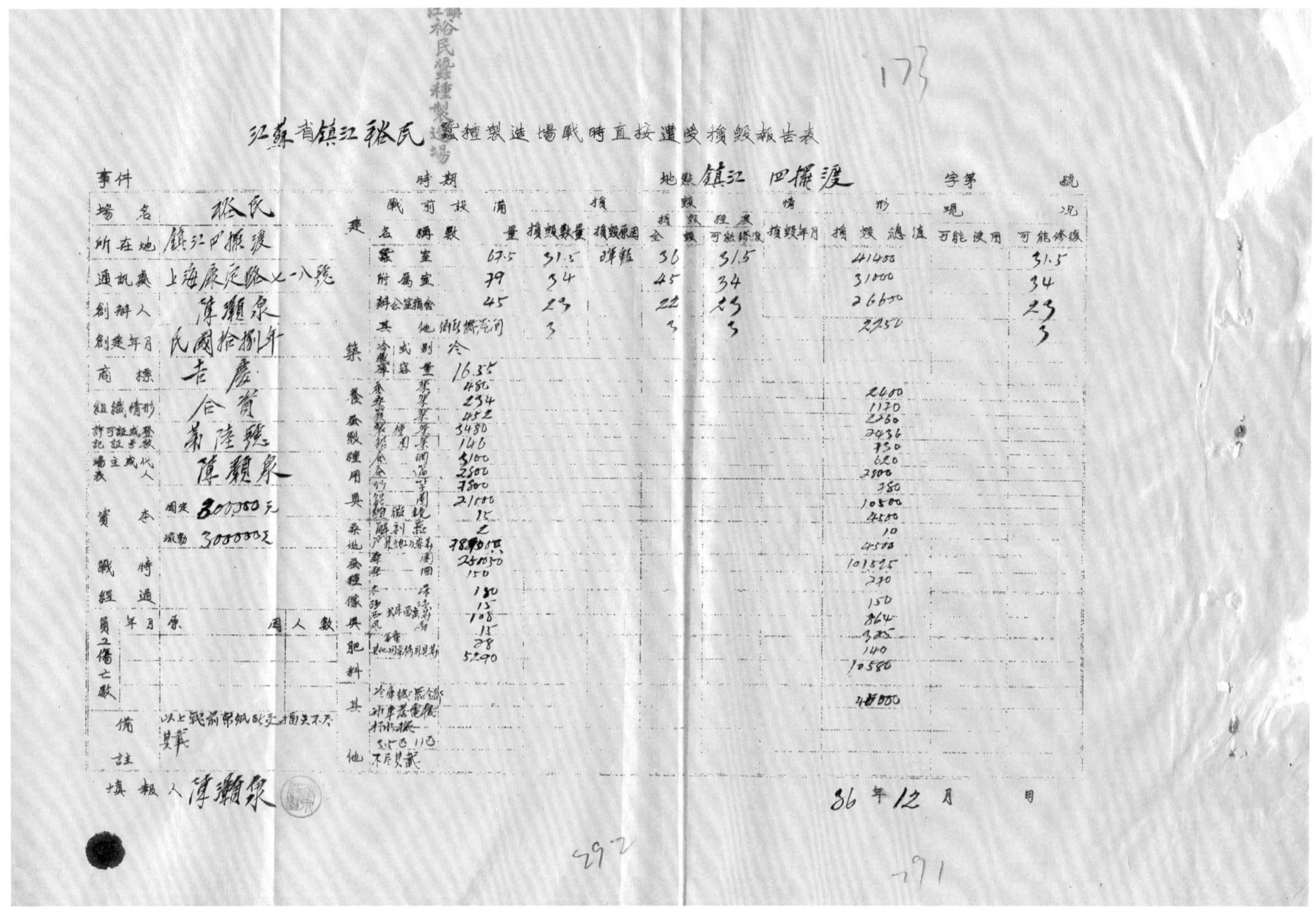

江苏省镇江裕民蚕种製造场战时直接遭受损毁报告表

事件　　时期　　地点 镇江 四摆渡　　字第　　号

场名	裕民
所在地	镇江四摆渡
通讯处	上海康定路七一八号
创办人	陈灏泉
创建年月	民国拾捌年
商标	吉庆
组织情形	合资
许可证或登记证号数	第陆号
场主或代表人	陈灏泉
资本	固定 300000元；流动 300000元
战时经过	
员工伤亡数	年月　原因　人数
备注	以上战前部份所受损失不尽具载

类别	战前设备 名称	数量	损毁数量	损毁原因	损毁程度 全毁	损毁程度 可能修复	损毁年月	损毁总值	现况 可能使用	现况 可能修复
建筑	蚕室	67.5	31.5	炸毁	36	31.5		41400		31.5
建筑	附属室	79	34		45	34		31000		34
建筑	办公室宿舍	45	23		22	23		26650		23
建筑	其他 [illegible]		3		3	3		2250		3
冷藏库	式别	冷								
冷藏库	容量	16.55								
养蚕制种用具	[illegible]	480						2400		
养蚕制种用具	[illegible]	234						1170		
养蚕制种用具	[illegible]	452						2260		
养蚕制种用具	[illegible]	3480						2436		
养蚕制种用具	[illegible]	140						730		
养蚕制种用具	[illegible]	3100						620		
养蚕制种用具	[illegible]	2800						2800		
养蚕制种用具	[illegible]	7800						780		
养蚕制种用具	[illegible]	21000						10500		
养蚕制种用具	显微镜	15						4500		
养蚕制种用具	解剖器	2						10		
桑地蚕种家具	[illegible]	78000只						4500		
桑地蚕种家具	[illegible]	251050						101525		
桑地蚕种家具	[illegible]	150						270		
桑地蚕种家具	[illegible]	180						150		
桑地蚕种家具	[illegible]	15								
桑地蚕种家具	[illegible]	108						864		
桑地蚕种家具	[illegible]	15						325		
肥料	[illegible]	28						140		
肥料	其他用器特用具	5290						10580		
其他	冷库械、[illegible]、[illegible]、[illegible] 不尽具载							48000		

填报人 陈灏泉

36年12月　日

173

292

291

镇江县蚕种业同业公会关于补送江东蚕种场战时遭受直间接损失报告表致江苏省蚕业改进管理委员会的呈
（一九四八年一月十一日）

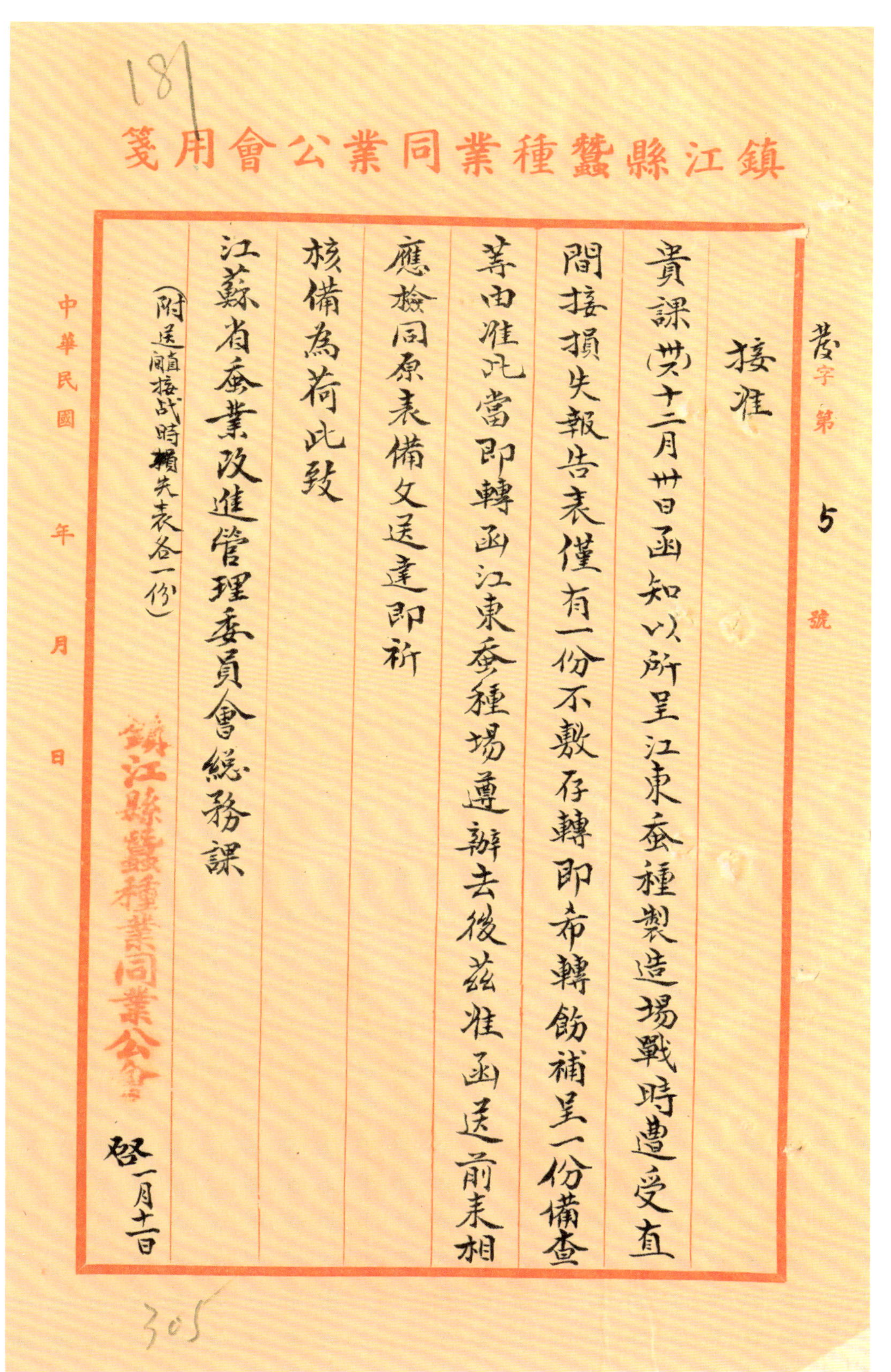

181

鎮江縣蠶種業同業公會用箋

蚕字第5號

接准

貴課（卅六）十二月卅日函知以所呈江東蠶種製造場戰時遭受直間接損失報告表僅有一份不敷存轉即希轉飭補呈一份備查等由准此當即轉函江東蠶種場遵辦去後茲准函送前來相應檢同原表備文送達即祈

核備為荷此致

江蘇省蠶業改進管理委員會總務課

（附送直間接戰時損失表各一份）

中華民國　年　月　日

鎮江縣蠶種業同業公會

啓　一月十一日

305

附：江东蚕种场战时直间接遭受损失报告表（一九四七年十二月二十六日）

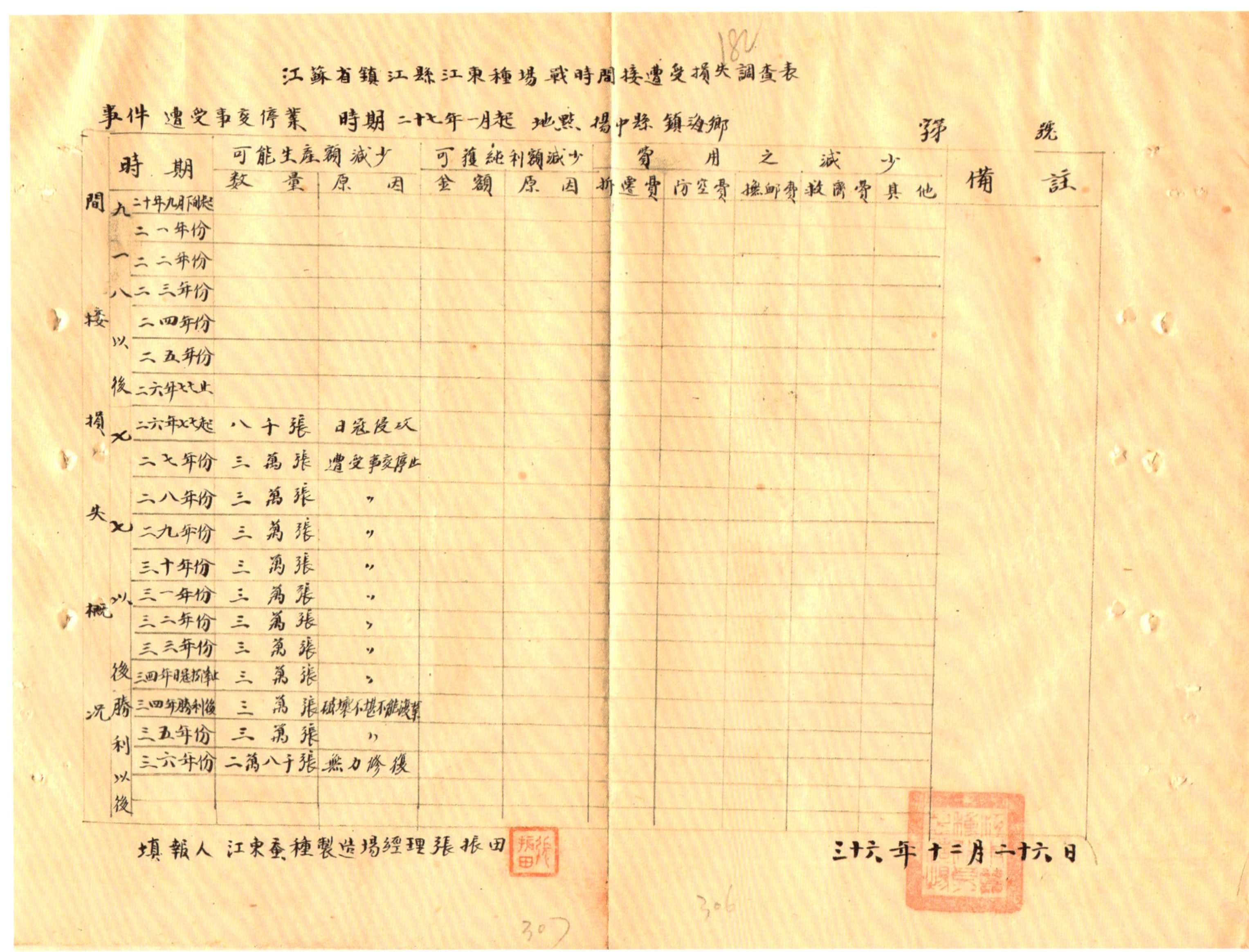

江蘇省鎮江縣江東種場戰時間接遭受損失調查表

事件 遭受事变停業　時期 二十七年一月起　地點 揚中縣鎮海鄉　　號

	時期	可能生產額減少 數量	可能生產額減少 原因	可獲純利額減少 金額	可獲純利額減少 原因	費用之減少 拆遷費	防空費	撫卹費	救濟費	其他	備註
間接損失概況 九一八以後	二十年九月份起										
	二一年份										
	二二年份										
	二三年份										
	二四年份										
	二五年份										
	二六年七七止										
七七以後	二六年七七起	八千張	日寇侵攻								
	二七年份	三萬張	遭受事变停止								
	二八年份	三萬張	〃								
	二九年份	三萬張	〃								
	三十年份	三萬張	〃								
	三一年份	三萬張	〃								
	三二年份	三萬張	〃								
	三三年份	三萬張	〃								
	三四年日投降止	三萬張	〃								
勝利以後	三四年勝利後	三萬張	破壞不堪不能復業								
	三五年份	三萬張	〃								
	三六年份	二萬八千張	無力修復								

填報人 江東蚕種製造場經理張振田（印）　　三十六年十二月二十六日

江蘇省鎮江縣江東蚕種製造場戰時直接遭受損失報告表

事件日軍駐防圻水師營府　時期二十九年十二月　地点揚中縣(舊名)鳴鳳鄉　183　字第　號

場名	江東
所在地	揚中縣鎮海鄉
通訊處	鎮江姚家橋
創辦人	張猷之
創建年月	二十三年二月
商標	長壽
組織情形	合資
許可証或登記証号數	一五〇號
場主或代表人	張振田
資本	固定五萬元 流動五千元
戰時經過	日軍駐防破壞

員工傷亡數目	年月	原因	人數

備註	

	戰時設備		損毀情形						現況	
	名稱	數量	損毀數量	損毀原因	損毀程度 全毀	損毀程度 可能修復	損毀年月	損毀總值	可能使用	可能修復
建築	蚕室	一三間	八間	破壞	-	八間	二十九年十二月	四仟元	五間	八間
	附屬室	二九間	二九間	〃	連附屬室在內	十二間	〃	八仟五百元		一二間
	辦公室宿舍	十間	十間	〃		十間	〃	五仟元		十間
	其他									
	冷藏庫 式別									
	冷藏庫 容量									
養蚕製種用具	蚕網	七仟張	七仟張	〃	七千張		〃	一仟四百元		
	蚕匾	五仟張	三仟張	〃	三千張		〃	一千八百元		
	製種板	二仟块	壹仟伍百块	〃	一千五百块		〃	九百元		
	桑籃	二百只	一八〇只	〃	一八〇只		〃	一百四十四元		
	桑簍	五十只	三〇只	〃	三〇只		〃	二十四元		
	鋁圈	壹萬只	五仟只	〃	五仟只		〃	二仟元		
	竹竿	一千根	八百根	〃	八百根		〃	一百二十元		
	蘆簾	一百張	一百張	〃	一百張		〃	五十元		
	顯微鏡	三架	三架	〃	三架		〃	九百元		
	桑樹	三萬株	一萬株	〃	一萬株		〃	一萬元		
	給桑架	四〇組	二〇組	〃	二〇組		〃	七十元		
	蚕架	二一〇組	八〇組	〃	八〇組		〃	三百二十元		
	製種架	五〇組	三〇組	〃	三〇組		〃	一百八十元		
桑地	四八〇公畝									
蚕種										
傢具	辦公桌	五張	二張	〃	二張		〃	九十元		
	舖板	一百付	一百付	〃	一百付		〃	二百元		
	棕棚床	二十張	二十付	〃	二十付		〃	一百六十元		
	洋磁椅	三十張	三十張	〃	三十張		〃	一百三十元		
	脚踏車	二部	二部	〃	二部		〃	一百元		
肥料	豆餅	五仟片	五仟片	〃	五千片		〃	二仟元		
	黄豆	二十担	二十担	〃	二十担		〃	一百六十元		
其他	福尔馬林	一仟磅	一仟磅	〃	一仟磅		〃	二仟元		
	鹽酸	一仟磅	一仟磅	〃	一仟磅		〃	二仟元		
	昇汞	三百磅	三百磅	〃	三百磅		〃	六百元		
	噴霧器	三只	三只	〃	三只		〃	四十五元		

填報人江東蚕種製造場經理張振田（印：張振田）　三十六年十一月二十六日

305　308

江苏省蚕业改进管理委员会、镇江蚕种业商业同业公会等关于明明等种场损失报告表重行填报的往来公文（一九四八年一月二十七日至三月六日）

江苏省蚕业改进管理委员会致镇江蚕种业商业同业公会等单位的通知、训令（一九四八年一月二十七日）

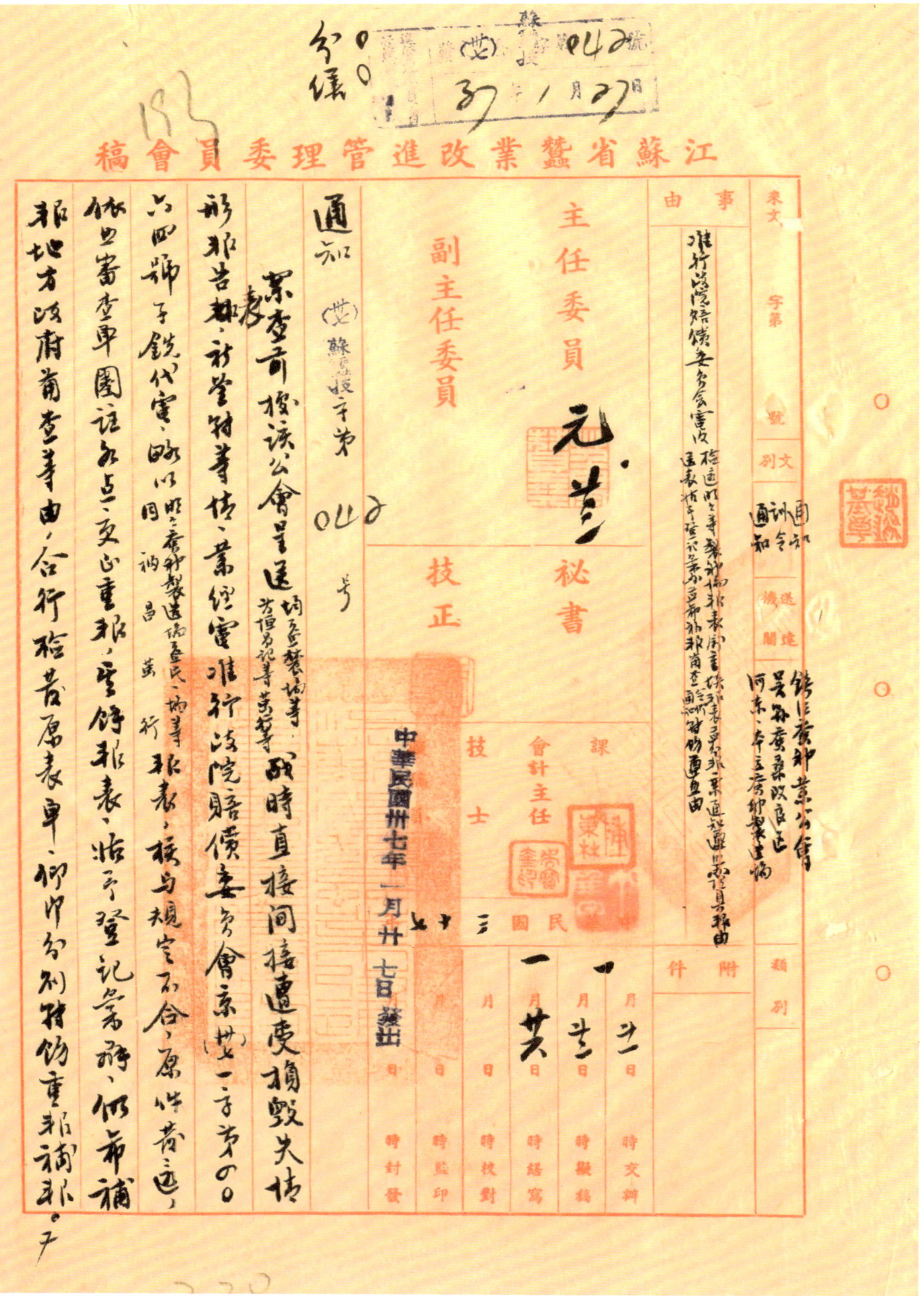
江苏省蚕业改进管理委员会稿

事由：准行政院赔偿委员会代电检送明明等种场损失报表，饬重报补报由

来文：镇江蚕种业商业同业公会、吴县蚕桑改良区、河东、齐主蚕种制造场

文别：通知、训令

主任委员 元芳

中华民国卅七年一月廿七日发出

通知（卅七）苏蚕技字第0418号

案查前据该公会呈送（均益蚕种场等）战时直接间接遭受损毁失情形报告表、财产损失报告表等情，业经汇案呈准行政院赔偿委员会京（卅七）一字第〇〇六四号代电，略以：（明明等蚕种制造场、吴县蚕民、均益等行）报表核与规定不合，原件发还，依照审查范围注意各点更正重报，并须报表、始于登记等项，俟再补报地方政府备查等由，合行检发原表单，仰即分别转饬重报补报。此

通知稿卅一〇二

计發送附件等物（損失報告表）原表一份、審查書一紙（審查書須畢仍繳備查）

右通知 鎮江蠶桑業商業同業公會
無錫蠶業行商業同業公會

訓令 蘇建字第 號

令吳縣蠶桑改良區

案查前據該區呈送瑞祖蠶行戰時遭受損失情形報告表，請核辦等情，業經電准行政院賠償委員會京（卅一）字第〇〇六四號（子）銑代電，略以是項報表，暫予登記，希轉飭補報地方政府簡查等由，

分传

合行令仰特饬遵照。〇〇二

此令

通知　字第　号

案查前据该协会呈送战时遭受直间接损毁失情形报告表暨上文敬悉

仰希补报地方政府备查等由，合行通知遵照

右通知河东

本立康缠制造协

镇江蚕种业商业同业公会致江苏省蚕业改进管理委员会的呈（一九四八年二月七日）

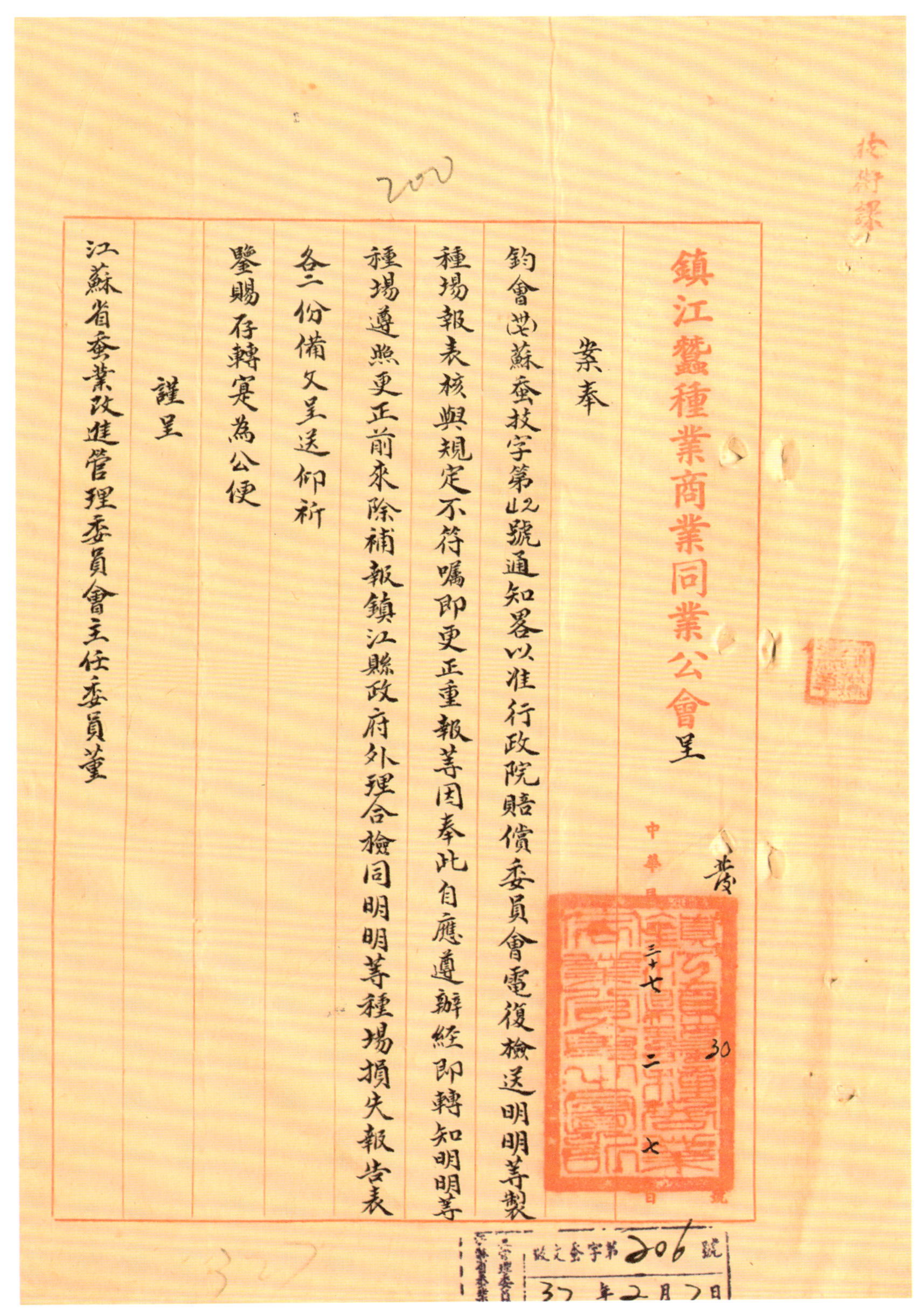

鎮江蠶種業商業同業公會呈

中華民國三十七年二月七日

案奉

鈞會(卅七)蘇蠶技字第[illegible]號通知略以准行政院賠償委員會電復檢送明明等製種場報表核與規定不符囑即更正重報等因奉此自應遵辦經即轉知明明等種場遵照更正前來除補報鎮江縣政府外理合檢同明明等種場損失報告表各二份備文呈送仰祈

鑒賜存轉寔為公便

謹呈

江蘇省蠶業改進管理委員會主任委員董

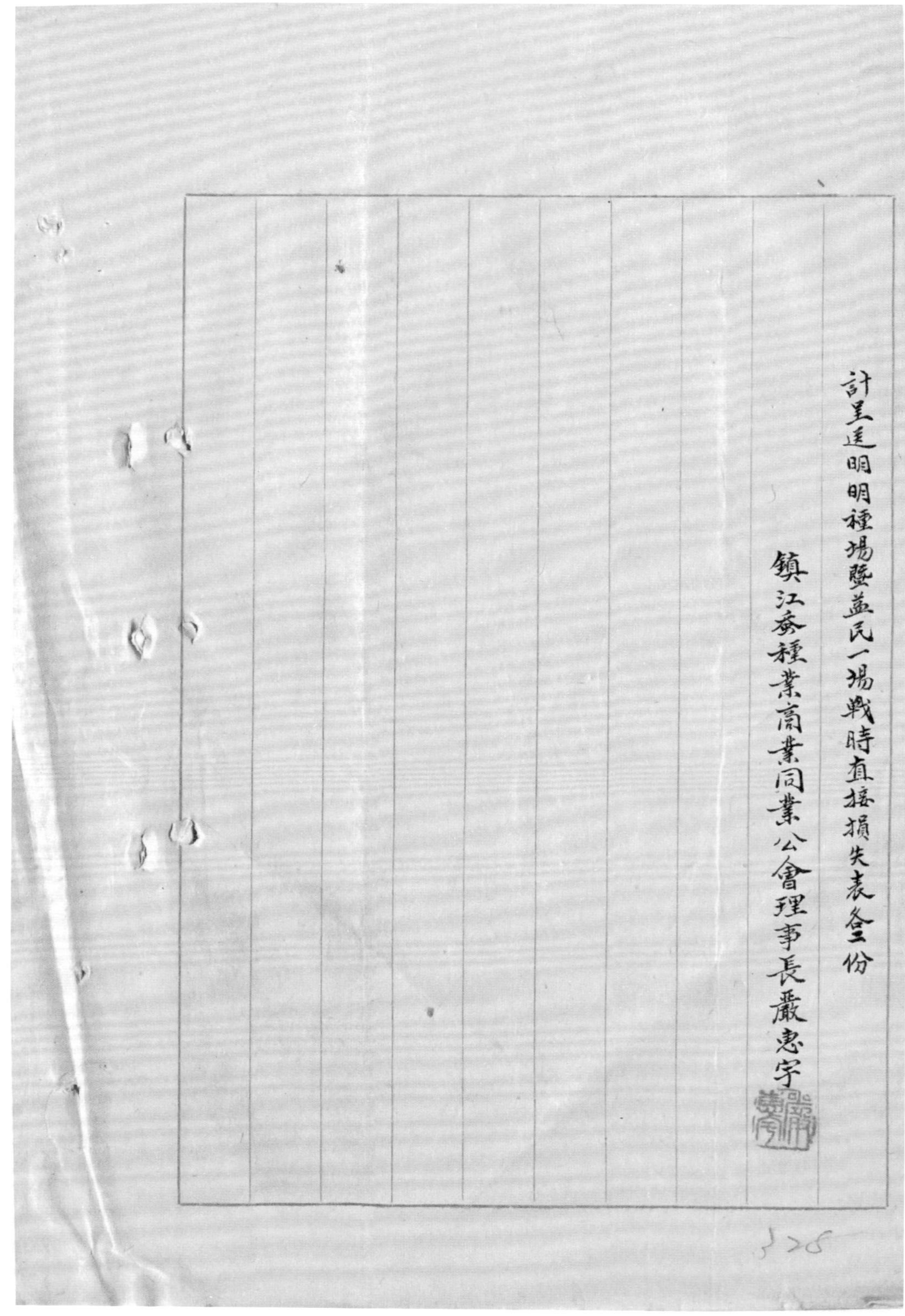
計呈送明明種場暨益民一場戰時直接損失表叁份

鎮江蔴種業商業同業公會理事長嚴忠孚

328

附：镇江县明明蚕种制造场战时直接遭受损毁报告表（一九四七年十二月）

江苏省镇江县明明蚕种制造场战时直接遭受损毁报告表

事件　　时期　　地点　　字第　　号

场名	明明蚕种制造场
所在地	镇江四摆渡
通讯处	〃 〃
创办人	胡咏絮
创办年月	民国二十年
商标	日月牌
组织情形	合资经营
许可证编号数	蚕字149号
场主	胡咏絮
资本	固定 80,000.$\frac{00}{XX}$ 流动 80,000.$\frac{00}{XX}$
战时经过	停办
员工伤亡数目	年月　原因　人数
备注	间接损失无从估计未缺

类别	名称	数量	损毁数量	损毁原因	损毁程度：全毁	损毁程度：可能修复	损毁年月	损毁价值	现况：可能修复	现况：可能使用
建筑	蚕室	28间	28间	炮火	28间		26年12月	3,500.—		
	附房	28〃	28〃	〃	28〃		〃	2,800.—		
	办公室宿舍	12〃	12〃	〃	12〃		〃	1,200.—		
	其他	10〃	10〃	〃	10〃		〃	750.—		
	冷库 式别	阿莫尼亚冷库								
	冷库 容量	71.58立方尺		〃	机件被拆		〃	875.—		
养蚕制种用具	蚕匾	4500只	4500只	〃	4500只		〃	3,600.—		
	蚕架簇架	450片	450片	〃	450片		〃	1,800.—		
	大小蚕网	17000个	17000个	〃	17000个		〃	3,400.—		
	蚕架作	5000支	5000支	〃	5000支		〃	750.—		
	簇[illegible]	1500条	1500条	〃	1500条		〃	750.—		
	贮桑架	100片	100片	〃	100片		〃	320.—		
	给〃〃	150只	150只	〃	150只		〃	225.—		
	贮桑篮	600只	600只	〃	600只		〃	420.—		
	挑桑篓	200付	200付	〃	200付		〃	160.—		
	[illegible]	80只	80只	〃	80只		〃	120.—		
	蚁圈	15000盘	15000盘	〃	15000盘		〃	6,000.—		
	制种架	75付	75付	〃	75付		〃	1,500.—		
	显微镜	4架	4架	〃	4架		〃	600.—		
	其他							2,000.—		
桑地	700亩									
	湖桑	240,000株	240,000株	被砍	240,000株		〃	48,000.—		
蚕种										
家具	长凳	100只	100只	炮火	100只		〃	100.—		
	方桌	30只	30只	〃	30只		〃	120.—		
	床铺	120付	120付	〃	120付		〃	360.—		
	办公桌椅	15只	15只	〃	15只		〃	225.—		
	玻璃橱	6只	6只	〃	6只		〃	120.—		
	其他							1,000.—		
肥料	人粪	2,000担	2000担		2000担		〃	400.—		
其他	豆饼							600.—		
	[illegible]酸							450.—		
	图书							500.—		
	[illegible]							1,500.—		
	[illegible]							500.—		

填报人　明明蚕种制造场　　　36年12月　日

江苏省蚕业改进管理委员会致行政院赔偿委员会的代电（一九四八年二月十八日）

150

江蘇省蠶業改進管理委員會稿

發文（丑）蘇蠶技字第108號
37年2月18日

來文字第　號

文別：代電

送達機關：行政院賠償委員會

事由：為電送明明蠶种製造場等呈填報表請查照核办由

主任委員

副主任委員

秘書

技正

課長　會計主任　技士

中華民國三十七年

二月十六日擬稿

代電（丑）蘇蠶技字第108號

行政院賠償委員會公鑒：前准京（丑）一字第四六四號子銑代電敬悉。並附發述表合原件等一案，准經飭據無錫蠶種行商業同業公會呈據明明蠶种製造場、吳民協同祥昌蠶行等填報表格，特請前來。相應檢同原表一份，電請查照核轉為荷。江蘇省蠶業改進管理委員會丑皓印

計附送明明蠶种製造場、吳民協同祥昌蠶行戰時直接遭受損毀財產損失報告表一式二份

中華民國卅七年二月拾八日發

547

附：明明蚕种场、同福昌茧行等单位战时直间接遭受损失报告表（一九四七年）

□□□□□□□□益民蠶種場戰時直接遭受損毀報告表

時期　　地點　　字第　　號

場名	益民一場
所在地	鎮江四擺渡
通訊處	鎮江江邊121號四益農場
創辦人	陸小波　嚴惠宇
創建年月	二十一年
商標	松鶴
組織情形	合資
許可證或登記證號數	許可証13號
場長或代表人	陸小波　嚴惠宇
資本	固定200,000元 流動200,000元
戰時經過	初由敵華中公司利用，翻被改營酒精廠

員工傷亡數目 年月	原因	人數
	槍殺（[illegible]）	一人
	虐待而死（[illegible]）	一人

備註：直接總損失達269.131（戰前法幣）

類別	名稱	數量	損毀數量	損毀原因	損毀程度 全毀	損毀程度 可能修復	損毀年月	損毀總值	現況 可能使用	現況 可能修復
建築	蠶室	75間	56間	轟炸燒毀	30間	26間	二十八年三月	30,100元	19	26
	附屬室	65間	20間	✓	20間			12,000	45	
	辦公室宿舍	32間	13間	✓		13間		3,900	19	13
	其他	6間	6間	✓	6間			3,600		
養蠶製種用具	桑架	200只	125只		110	15		600	75	15
	蠶架	380只	234		214	20		1070	146	20
	蠶種板	2700塊	1803		1503	300		1332	897	300
	蔟架	350只	208		158	50		890	142	50
	[illegible]架	120只	70		33	37		200	50	37
	蠶匾	7100只	3350		4205	1145		3820	1750	1145
	蠶網	2000只	2,000		2000			400		
	[illegible]	17000隻	13,000		13,000			6500		
	[illegible]	12架	12架		12			3000		
	竹竿	6200根	6200		6200			1240		
	[illegible]	2100只	2100		2100			1650		
	芦席	2000条	2000		2000			1000		
	合計	39800件	30552件		[illegible]	9052		24500	8	9052
桑地蠶種	桑園	[illegible]株	204,302株		204,302			107,442	698	
傢俱	風扇	12架	6		6			150	6	
	[illegible]	10架	4		4			20	6	
	木床	120	70		70			105	50	
	棚床	40	31		31			310	9	
	[illegible]	60	33		21	12		162	27	12
	[illegible]	5508件	2205		1855	350		4060	3303	350
肥料其他	自來水[illegible]		損			可修		1000		可修復

填報人　嚴惠宇　　　36年12月　日

江蘇省鎮江縣光華蚕種製造場戰時直接遭受損毀報告表

時期　　地點　　字第　　號

事件	
場名	光華第一蠶種製造場
所在地	鎮江城内萬古一人街
通訊處	鎮江城内萬古一人光華蚕種場
創辦人	徐蘊蘭王毓琦王鍾琦
創建年月	民國十五年一月
商標	太陽牌
組織情形	合資
許可證或登記証號數	許可證蚕字第拾號
場主或代表人	代表人徐蘊蘭
資本	固定六千元
	流動五千元
戰時經過	廿六年秋期停辦
	廿七年全年停辦
員工傷亡數目	年月 原因
備註	1.戰前許可証蠍量為280x分 2.現在製造蠍量為98x分 3.本場蚕具多因有二場合併[illegible]

戰時設備	名稱	數量	損毀數量	損毀原因	損毀程度 全毀	損毀程度 可能修復	損毀年月	損毀總值	現況 可能使用	現況 可能修復
建築	蚕室									
	附屬室									
	辦公室宿舍									
	其他									
	冷藏室 式別									
	冷藏室 容量									
養蚕製種用具	蚕架竹	700根	400根	敵人燒燬			26年12月	120元		
	聚種板及架	25組	2組	仝上			仝上	60元		
	蚕箔	1500隻	200隻	仝上			仝上	160元		
	浴種箱	1組	1組	敵人劫掠去			仝上	80元		
	蚕架	[illegible]00隻	40隻	敵人燒燬			仝上	200元		
	浴種缸	8隻	3隻	敵人洗浴打破			仝上	30元		
	顯微鏡	2架	1架	敵人取去			仝上	300元		
	鐵沙籮	40隻	20隻	敵人燒燬			仝上	65元		
桑地	桑樹		15000株	敵人拼除障碍	全部		27年8月	8000元		
蚕種	春種		7000張	散失	全部		27年3月	7000元		
傢具	包車		2輛	敵人取用			26年12月	400元		
	床板		20付	仝上			仝上	100元		
	板櫈		40条	仝上			仝上	40元		
	桌子		4張	仝上			仝上	30元		
	鐵釘鈀		13把	仝上			仝上	26元		
	鋤頭		5把	仝上			仝上	10元		
肥料										
其他	食米		30石	敵人取用	全部		26年12月	240元		
	桑枝		300担	仝上	仝上		仝上	300元		
	桑園工房		3間	敵人燒去	仝上		仝上	600元		
	合計							1776元		

填報人 王毓琦（印）　　36年12月26日

152

251　250

江蘇省鎮江縣本立蠶種製造場戰時之損失調查報告表

事業 時期 地點 字第 號

場名	本立蠶種製造場
所在地	鎮江黃墟
通訊處	仝上
創辦人	殷敬文
創建年月	十八年二月
商標	鷹球牌
組織情形	獨資
許可證或登記號數	六十號
場主或代表人	殷敬文
資本	固定一萬元
	流動一萬元
戰時經過	二十七年停製二十八年至三十六年飼育量※戰前之三分之一
員工傷亡數目	年月 / 原因 / 人數
備註	直接損失戰前法幣共計捌千元整

類別	名稱	數量	損毀數量	損毀原因	損毀程度 全毀	損毀程度 可能修複	損毀年月	損毀價值	現況 可能使用	現況 可能修復
建築	蠶室	五間							五間	
	附房室	一十五間							十五間	
	辦公室宿舍	七間							七間	
	其他									
	[illegible]									
養蠶製種用具	蠶架	四十							四十	
	上簇架	三十							三十	
	蠶簋	八百							八百	
	製種架	十四付							十四付	
	製種板	五百六十塊							五百六十塊	
	蠶圈	二千八百							二千八百	
	竹竿	七百							七百	
	顯微鏡	一架							一架	
	乳鉢	六組							六組	
桑地蠶種職	自有	三十畝	二十畝	被砍去	二十畝		二十七年十二月	桑樹八千株值洋計八千元	十畝	
其他										

填報人本立蠶種製造場經理殷敬文（印）

三十六年十二月 日

154

本立蚕种制造场

江苏省镇江县本立种场战时间接遭受损失情形报告表

事件　　时期　　地点　　字第　　号

间接损失概况	时期	可能生产额减少 数量	可能生产额减少 原因	可获纯利额减少 金额	可获纯利额减少 原因	费用之减少 拆迁费	费用之减少 防空费	费用之减少 救济费	费用之减少 抚恤费	费用之减少 其他	备注
九一八以后	二十年九月间起										间接损失战前法币共贰万贰千柒百元正
	二一年份										
	二二年份										
	二三年份										
	二四年份										
	二五年份										
	二六年七七止										
七七以后	二六年七七起					一千二百元	五百元				
	二七年份	12,000张	避乱在外，停制	3000元	根据以上三年计算		五百元				
	二八年份	8000张	桑园被锯毁三分之二	2000元	〃　〃						
	二九年份	8000张	〃　〃	2000元	〃　〃						
	三十年份	8000张	〃　〃	2000元	〃　〃						
	三一年份	8000张	〃　〃	2000元	〃　〃						
	三二年份	8000张	〃　〃	2000元	〃　〃						
	三三年份	8000张	〃　〃	2000元	〃　〃						
	三四年敌投降止	8000张	〃　〃	2000元	〃　〃						
胜利以后	三四年胜利后										
	三五年份	8000张	被毁桑园补植尚未能用	2000元	〃　〃						
	三六年份	8000张	〃　〃	2000元	〃　〃						

填报人本立蚕种制造场经理殷敬文（印）　　三十六年十二月　日

255　254

江蘇省鎮江縣世芳蚕种製造場战時直接遭受損毀報告表(1)

事件為請求勤令賠償損失事　時期抗战時期　地點江蘇省鎮江縣　字第　號

場名	世芳蚕种製造場
所在地	鎮江中山橋西河边
通訊處	仝上
創办人	馮岳英
創建年月	中華民國十六年
商標	龍頭牌
組织情形	獨資
許可证或登記证号数	六十六號
場主或代理人	馮岳英
資本	固定 115,000元 流動 45,000元
戰時經过	一切建築與設備于寇兵过境時摧毁殆尽
員工傷亡数目	年月　原因　人数
備註	表内金額系以戰前通用之銀元為单位

類別	名称	数量	損失数量	損毀程度	全毀	可修	損毀年月	損毀價值	可能使用	可能修復
建築	蚕室	17间	17间	[illegible]	2间	15间	26年	6,100元		15间
	附属室	[illegible]	52	[illegible]	5..			6,240元		
	办公室宿舍	21间	21	[illegible]	16	5间		9,000元		5间
	其他	竹籬笆700丈	700丈		700丈			560元		
蚕業製种用具	蚕匾	1400只	全数		1400只			960元		
	蚕網	2500付	〃	〃	2500付		〃	500元		
	蚕簟	1600只	〃	〃	1600只		〃	640元		
	[illegible]	508只	〃	〃	508只		〃	2,286元		
	〃 板	406塊	〃	〃	406塊		〃	365元		
	〃 [illegible]	49只	〃	〃	49只		〃	43元		
	〃 [illegible]箱	550付	〃	〃	470付		〃	358元		
	〃 竹竿	1200根	〃	〃	1200根		〃	220元		
	[illegible]	400斤	〃	〃	400根		〃	140元		
	[illegible]	6架	〃	〃	30架		〃	1,440元		
	[illegible]	30只	〃	〃	6架		〃	36元		
	[illegible]	60只	〃	〃	60只		〃	96元		
	[illegible]	2付	〃	〃	2付		〃	30元		
	[illegible]	4只	〃	〃	4只		〃	6元		
	[illegible]	50付	〃	〃	52斤		〃	120元		
	[illegible]	23架	〃	〃	23架		〃	63元		
	[illegible]	12架	〃	〃	12架		〃	600元		
	[illegible]	440件	〃	〃	440付		〃	90元		
	[illegible]	194部86	〃	〃	194部86		〃	58,458元		
	[illegible]	30部	〃	〃	20部		〃	9,000元		
	[illegible]	163件	〃	〃	163件		〃	164元		
	[illegible]	45件	〃	〃	45件		〃	75元		
	[illegible]	156件	〃	〃	156件		〃	65元		
	床	104件	〃	〃	104件		〃	564元		
	[illegible]	12座	〃	〃	12座		〃	158元		
	[illegible]	1只	〃	〃	1只		〃	32元		
	[illegible]	424件	〃	〃	424件		〃	57元		
其他	[illegible]		全部		全部			1,200元		
	共合							99,588元		

填報人　馮岳英

36年12月25日

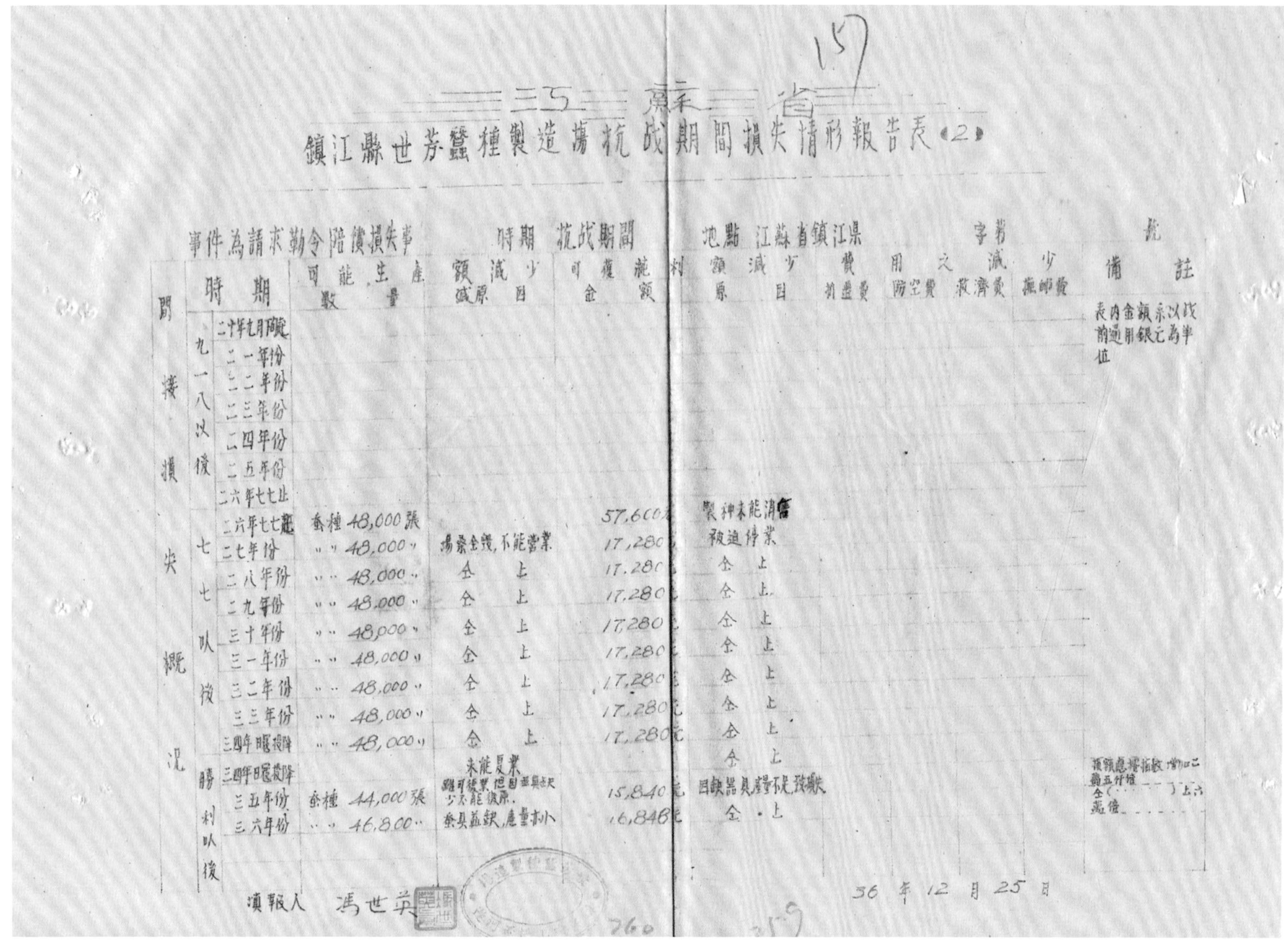

157

江蘇省

鎮江縣世芳蠶種製造場抗戰期間損失情形報告表（2）

事件為請求勒令賠償損失事　時期　抗戰期間　地點　江蘇省鎮江縣　字第　號

	時期	可能生產額減少 數量	可能生產額減少 減少原因	可獲純利額減少 金額	可獲純利額減少 減少原因	費用之減少 拆遷費	費用之減少 防空費	費用之減少 救濟費	費用之減少 撫卹費	備註
間接損失概況 九一八以後	二十年九月以後									表內金額系以戰前通用銀元為單位
	二一年份									
	二二年份									
	二三年份									
	二四年份									
	二五年份									
	二六年七七止									
七七以後	二六年七七起	蠶種48,000張		57,600元	製種未能消售					
	二七年份	〃〃48,000〃	場桑全毀，不能營業	17,280元	被迫停業					
	二八年份	〃〃48,000〃	仝上	17,280元	仝上					
	二九年份	〃〃48,000〃	仝上	17,280元	仝上					
	三十年份	〃〃48,000〃	仝上	17,280元	仝上					
	三一年份	〃〃48,000〃	仝上	17,280元	仝上					
	三二年份	〃〃48,000〃	仝上	17,280元	仝上					
	三三年份	〃〃48,000〃	仝上	17,280元	仝上					
	三四年日寇投降	〃〃48,000〃	仝上	17,280元	仝上					
勝利以後	三四年日寇投降		未能復業		仝上					損額應增指數增加二萬五千倍 仝（　　）上六萬倍
	三五年份	蠶種44,000張	雖可復業，但因器具缺少不能恢原。	15,840元	因缺器具產量不足致虧欠					
	三六年份	〃〃46,800〃	蠶具並缺，產量減小	16,848元	仝上					

填報人　馮世英（印）

36年12月25日

260　319

江蘇省鎮江永安蠶種製造場戰時直接遭受損毀報告表

事件　　　　時期　　　　地點　　　　字第　　號

場名	永安蠶種製造場
所在地	宰豐黃墟鎮高頭山
通訊處	同上
創辦人	冷謨
創建年月	民國十七年二月
商標	輪船牌
組織情形	獨資
許可證或登記證書數	蘇蠶字一一七八号證明書
場主或代表人	冷福田
資本	固定 220000元 流動 20000元
戰時經過	在抗戰期間停辦
員工傷亡數	年月 | 原因 | 人數
備註	直接損失合戰前法幣190750元

類別	名稱	數量	損毀數量	損毀原因	全毀	可能修復	損毀年月	損毀總值	可能使用	可能修復
建築	蠶室	蠶室一座 5間		拆毀	5間		表列物品均在二十七年以後被毀	4000.0元		
建築	附屬室	二座 10間		〃		10間		7000.0元		10間
建築	辦公室宿舍	一座 5間		〃		5間		2000.0元		5間
建築	其他	工房二處 8間		〃	8間			4800.0元		
建築	冷藏庫 式別									
建築	冷藏庫 容量	45000張	一座		一座			3500.0元		
養蠶製種用具	蠶匾	2000只	2000只		2000只			1300.0元		
養蠶製種用具	蠶架	320只	320只		320只			1800.0元		
養蠶製種用具	大小蠶網	10000只	10000只		10000只			1000.0元		
養蠶製種用具	竹簾	4000根	4000根		4000根			800.0元		
養蠶製種用具	製種蛾板	1600塊	1600塊		1600塊			1000.0元		
養蠶製種用具	蛾圈	10000只	10000只		10000只			3500.0元		
養蠶製種用具	製種桌	40付	40付		40付			200.0元		
養蠶製種用具	顯微鏡	7架	7架		7架			1500.0元		
桑地	300畝	湖桑108000株 辭80000株	188000株		188000株			1128000.0元		
蠶種	春製春	20000張	35000張		35000張			420000.0元		
蠶種	秋製春	15000張								
傢具		大小150件	150件		150件			900.0元		
肥料										
其他	育蠶附件	約十餘件	十餘件		十餘件			1000.0元		
其他	製種附件	約1500件	1500件		1500件			1500.0元		
其他	蠶具附件	約百餘件	百餘件		百餘件			150.0元		

填報人冷福田

36年12月24日

159

江蘇省鎮江永安蠶種場戰時間接遭受損失情形報告表

事件　　時期　　地點　　字第　　號

		時期	可能生產額減少 數量	可能生產額減少 原因	可獲純利額減少 金額	可獲純利額減少 原因	費用之減少 拆遷費	費用之減少 防空費	費用之減少 救濟費	費用之減少 撫卹費	費用之減少 其他	備註
間接損失概況	九一八以後	二十年九月下旬起										間接損失合戰前法幣拾玖萬柒仟壹百元整
		二一年份										
		二二年份										
		二三年份										
		二四年份										
		二五年份										
		二六年七七止										
	七七以後	二六年七七起										
		二七年份	蠶種45000張	場址被毀	20250.0元	依據生產減少情形及根據前三年營業平均計算						
		二八年份	〃	〃	〃	〃						
		二九年份	〃	〃	〃	〃						
		三十年份	〃	〃	〃	〃						
		三一年份	〃	〃	〃	〃						
		三二年份	〃	〃	〃	〃						
		三三年份	〃	〃	〃	〃						
		三四年八月敵投降止										
	勝利以後	三四年勝利後										
		三五年份	43000張	未能全部恢復	19350.0元							
		三六年份	35000張	〃	15750.0元							

填報人　俞福田（印）　　　　36年12月24日

764　　263

江蘇省鎮江三益蠶種場戰時間接遭受損失情形報告表

事件　　時期　　地點　　字第　　號

間接損失概況	時期	可能生產額減少：數量	可能生產額減少：原因	可獲純利額減少：金額	可獲純利額減少：原因	費用之減少：折遷費	費用之減少：防空費	費用之減少：救濟費	費用之減少：撫卹費	費用之減少：其他	備註
九一八以後	二十年九月下旬起										全部間接損失合戰前法幣四拾捌萬六千五百元整
	二一年份										
	二二年份										
	二三年份										
	二四年份										
	二五年份										
	二六年七七止										
七七以後	二六年七七起						2500元				
	二七年份	蚕種105000張	場址為敵據毀	42000.0元	根據前三年營業平均計算						
	二八年份	〃	〃	〃	〃						
	二九年份	125000張	〃	50000.0元	根據前三年營業平均計算及所有減產之數額合併計算						
	三十年份	〃	〃	〃	〃						
	三一年份	〃	〃	〃	〃						
	三二年份	〃	〃	〃	〃						
	三三年份	〃	〃	〃	〃						
	三四年日寇投降止	〃	〃	〃	〃						
勝利以後	三四年勝利後										
	三五年份	12500張	〃	〃	〃						
	三六年份	〃	〃	〃	〃						

填報人　冷適

36年　12月　24日

161

江苏省镇江三益蠶種製造場戰時直接遭受損毁報告表

借鈐地點　　　　字第　　號

事件　　時期

場名	三益蠶種製造場
所在地	京滬線橋頭鎮
通訊處	鎮江西府街女子職業學校
創辦人	冷遹
創建年月	民國十八年
商標	三葉牌
組織情形	合資
許可證或登記證號數	民國二十年實業部蠶桑字第65號
場主或代表人	潘慰欣
資本	固定 350000元 流動 40000元
戰時經過	在抗戰時期停辦後因房屋設備大都被毁迄今尚未恢復生產
員工傷亡數	年月　原因　人數
備註	直接總損失合戰前法幣289080元

類別	名稱	戰前設備數量	損毁數量	損毁原因	損毁程度：全毁	損毁程度：可能修復	損毁年月	損毁總值	現況：可能使用	現況：可能修復
建築	蠶室	樓房15間	15間	拆毁		15間	全部物品均在二十七年該場址被敵人盤踞後損毁	10000.0元		15間
建築	附屬室	平房67間	67間	〃	20間	47間		30000.0元		47間
建築	辦公室宿舍	平房15間	15間	〃	15間			10000.0元		
建築	其他	碉樓電機間三間草房5間	同左	〃	電機間及草房	碉樓可修		5000.0元		碉樓可修
建築	冷藏庫 式別									
建築	冷藏庫 容量	約1000立方呎	1間	〃	1間			4500.0元		
養蠶製種用具	蠶匾	8000只	8000只		7600只	400只		4600.0元		400只
養蠶製種用具	蠶架	960只	960只		960只			4800.0元		
養蠶製種用具	大小蠶網	24000只	24000只		24000只			3000.0元		
養蠶製種用具	竹簟	5000根	5000根		5000根			750.0元		
養蠶製種用具	製種板	6000塊	6000塊		6000塊			3600.0元		
養蠶製種用具	蛾圈	30000隻	30000隻		30000隻			12000.0元		
養蠶製種用具	製種架	150付	150付		150付			750.0元		
養蠶製種用具	顯微鏡	17架	17架		17架			3400.0元		
桑地	375畝	湖桑92500株 嵊溪20000株	72500株 17000株		89500株			62650.0元	23000株	
蠶種儀與肥料	春製春 秋製春	70000張 35000張	105000張		105000張			126000.0元		
蠶種儀與肥料		大小350件	350件		350件			1750.0元		
其他	育蠶附件	約3200件	3200件		3200件			2560.0元		
其他	製種附件	約4400件	4400件		4400件			3520.0元		
其他	全部裝具	約250件	250件		250件			200.0元		

填報人 冷遹　　　　36年12月24日

268　　267

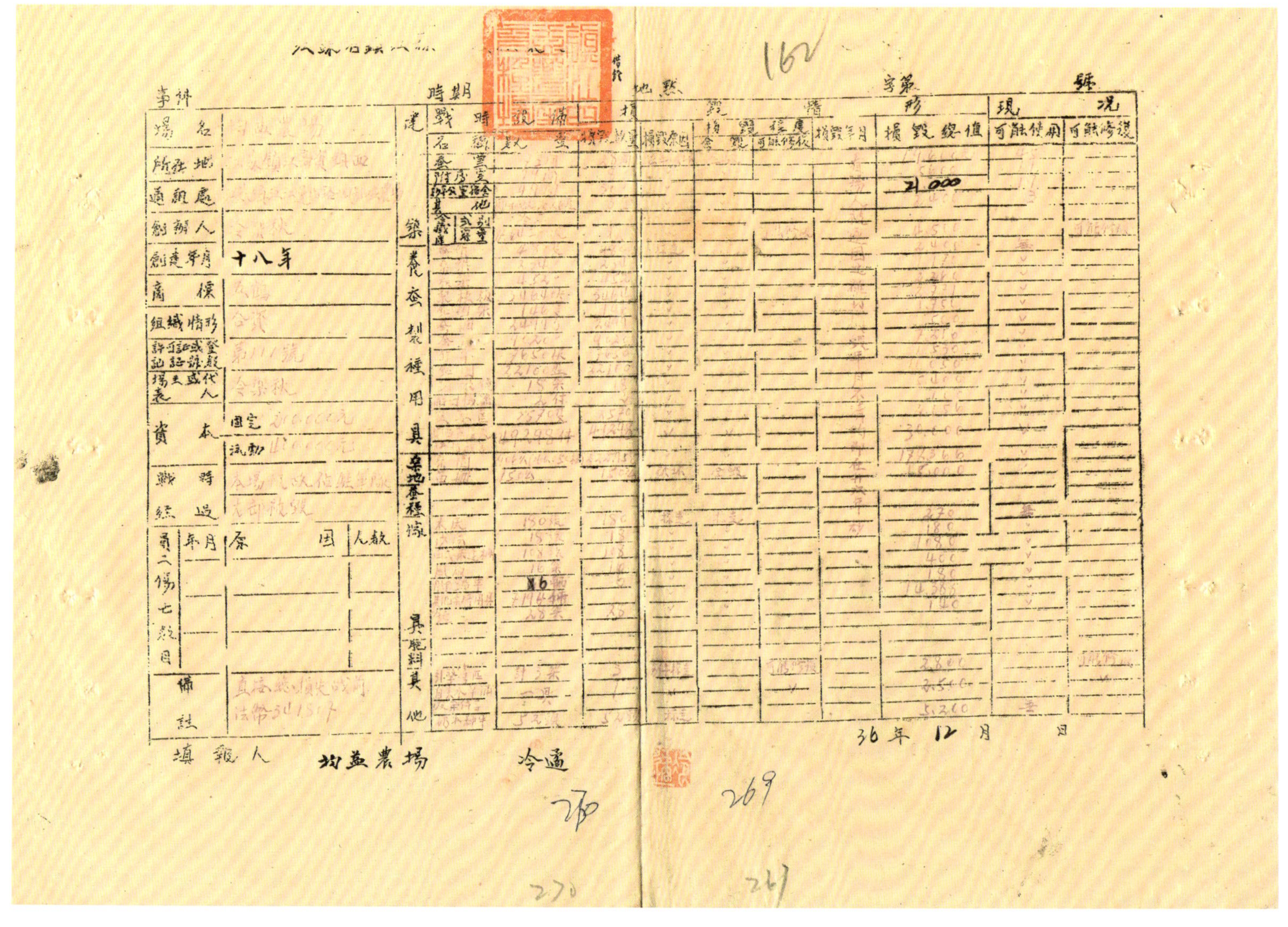

事件　時期　地點　字第　號

場名	[illegible]
所在地	[illegible]
通訊處	[illegible]
創辦人	[illegible]
創建年月	十八年
商標	[illegible]
組織情形	[illegible]
許可証或登記証字號	[illegible]
場主或代表人	[illegible]
資本	固定 [illegible] 流動 [illegible]
戰時經過	[illegible]
員工人數	年月 / 原因 / 人數
備註	[illegible]

戰時損毀情形							損毀總值	現況	
名稱	數量			損毀原因	損毀程度	損毀年月	損毀總值	可能使用	可能修復
建築	[illegible]						21,000		
養蠶	[illegible]						[illegible]		
製種用具	[illegible]						[illegible]		
桑地	[illegible]						[illegible]		
桑苗	[illegible]						[illegible]		
其他	[illegible]						[illegible]		

填報人　圳益農場　冷遍

36年 12月 日

江蘇省鎮江縣均益種場戰時間接遭受損失情形報告表

事件　　日期　　地點　　填送日期　　字第　　號

	時期	可能生產額減少 數量	可能生產額減少 原因	可獲純利額減少 金額	可獲純利額減少 原因	費用之減少 拆遷費	費用之減少 防空費	費用之減少 救濟費	費用之減少 撫卹費	費用之減少 其他	備註
間接損失概況 九一八以後	二〇年九月一八日起										間接總損失造成前法幣三八六000元
	二一年份										
	二二年份										
	二三年份										
	二四年份										
	二五年份										
	二六年七七止						3000元			4000元	
七七以後	二六年七七起										
	二七年份	162000張	場址被佔	40000元	根據七三計算						
	二八年份	162000張	〃	40000元	〃						
	二九年份	162000張	〃	40000元	〃						
	三十年份	162000張	〃	40000元	〃						
	三一年份	162000張	〃	40000元	〃						
	三二年份	162000張	〃	40000元	〃						
	三三年份	162000張	〃	40000元	〃						
	三四年勝利以前	162000張	〃	40000元	〃						
勝利以後	三四年勝利後				〃						
	三五年份	162000張	整理期間未能生產	40000元	〃						
	三六年份	77000張	未能完全恢復	19000元							

填報人　均益農場　令遜

36年12月　日

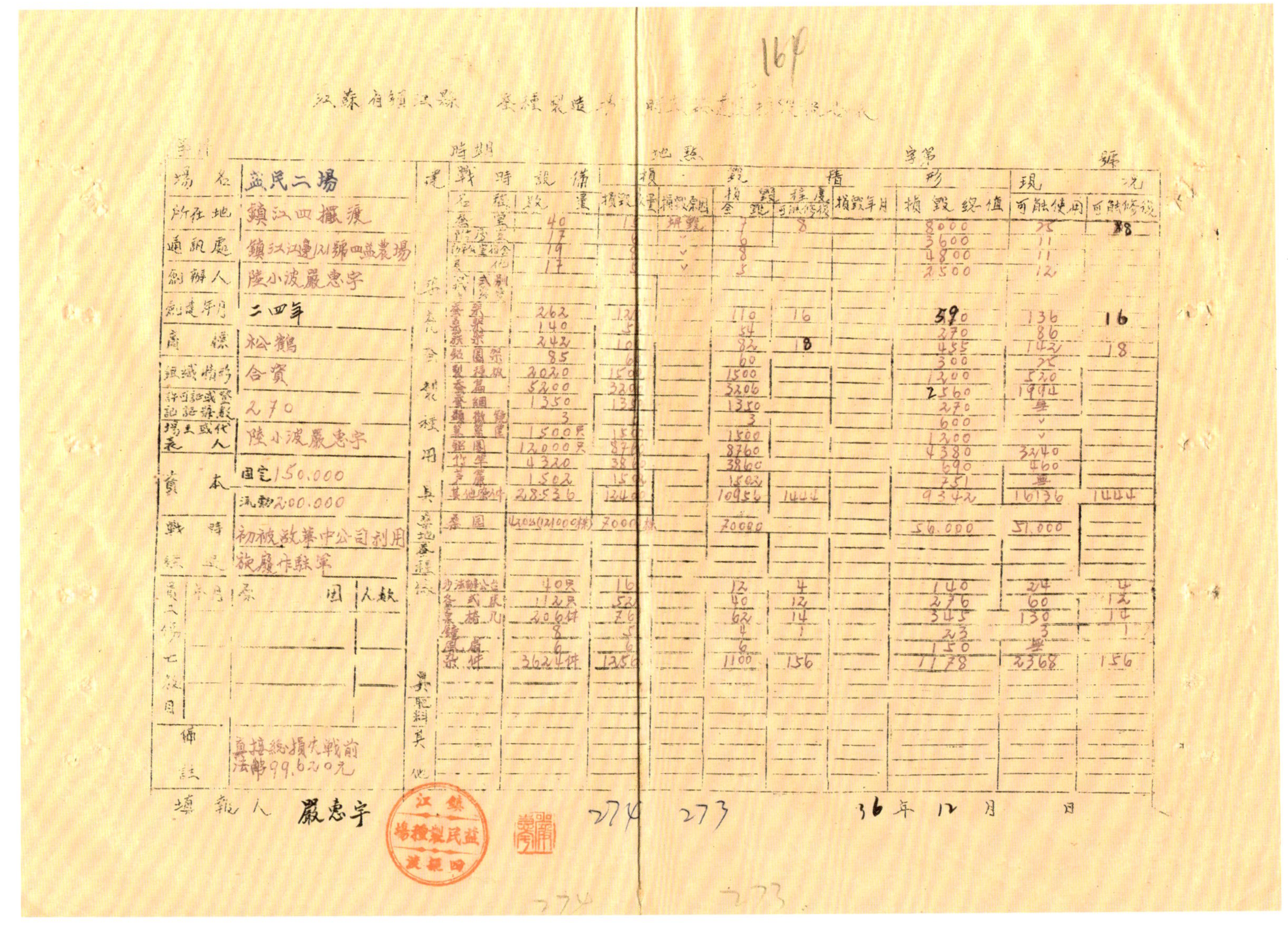

168

江蘇省鎮江縣 蠶種製造場[illegible]

場名	益民二場
所在地	鎮江四擺渡
通訊處	鎮江江邊四擺渡益農場
創辦人	陸小波 嚴惠宇
創建年月	二四年
商標	松鶴
組織情形	合資
許可証或登記証號數	270
場主或代表人	陸小波 嚴惠宇
資本	固定150,000 流動200,000
戰時狀況	初被敵華中公司利用 旋廢作駐軍
戰前人員傷亡	系 因 人數
備註	直接總損失戰前法幣99,620元

時期　　地點　　字第　　號

類別	名稱	戰時設備數量	損毀數量	損毀範圍	損毀程度 全毀	損毀程度 可能修復	損毀年月	損毀總值	現況 可能使用	現況 可能修復
建築	蠶室	40	1[illegible]	拆毀	7	8		8000	25	8
	貯桑室	17	6	〃	6			3600	11	
	辦公室宿舍	19	8	〃	8			4800	11	
	其他	17	5	〃	5			2500	12	
蠶種製造用具	蠶架	262	12[illegible]		110	16		590	136	16
	桑架	140	5[illegible]		54			270	86	
	蠶簇	242	10[illegible]		82	18		455	142	18
	鉛圓架	85	6[illegible]		60			300	25	
	製種紙	2020	150[illegible]		1500			1200	520	
	蠶匾	5200	320[illegible]		3206			2560	1994	
	蠶網	1350	13[illegible]		1350			270	無	
	顯微鏡	3	[illegible]		3			600	〃	
	葉篦	1500只	15[illegible]		1500			1200	〃	
	鋸圈	12000只	87[illegible]		8760			4380	3240	
	竹竿	4320	38[illegible]		3860			690	460	
	蘆簾	1502	150[illegible]		1502			751	無	
	其他零件	28536	124[illegible]		10956	1444		9342	16136	1444
桑地蠶種	桑園	4204(121000株)	7000[illegible]株		70000			56,000	51,000	
器具	沙法辦公台	40只	16		12	4		140	24	4
	各式床	112只	52		40	12		276	60	12
	桌椅几	206件	76		62	14		345	130	14
	鐘	8	5		4	1		23	3	1
	風扇	6	6		6			150	無	
	雜件	3624件	1256		1100	156		1178	2368	156
肥料其他										

填報人 嚴惠宇　　　　36年12月　日

江蘇益民製種場鎮江四擺渡

274　273

165

江蘇省鎮江縣益民蠶種場戰時間接遭受損失情形報告表

事件　　時期　　地點　　字第　　號

間接損失概況

時期		可能生產額減少 數量	原因	可獲純利額減少 金額	原因	費用之減少 拆遷費	防空費	救濟費	撫卹費	其他	備註
九一八以後	二十年九月十八日起										間接總損失戰前法幣一八八.000元
	二一年份										
	二二年份										
	二三年份										
	二四年份										
	二五年份										
	二六年七七止										
七七以後	二六年七七起						2000元			3000元	
	二七年份	86000張	場址被佔用	22000元	根據三年計算						
	二八年份	86000張	〃	22000元							
	二九年份	86000張	〃	22000元							
	三十年份	86000張	〃	22000元							
	三一年份	86000張	〃	22000元							
	三二年份	86000張	〃	22000元							
	三三年份	86000張	〃	22000元							
	三四年日寇投降止	86000張	〃	22000元							
勝利後	三四年勝利後										
	三五年份										
	三六年份										

填報人　嚴忠宇　（印：鎮江益民蠶種場 四號渡）（印）

276　　275

36年　12月　日

江蘇省鎮江縣益民襪場戰時間接遭受損失情形報告表

事件　　時期　　地點　　字第　　號

	時期		可能生產額減少 數量	可能生產額減少 原因	可獲純利額減少 金額	可獲純利額減少 原因	費用之增加 拆遷費	費用之增加 防空費	費用之增加 救濟費	費用之增加 撫卹費	費用之增加 其他	備註
間接損失概況	九一八以後	二十年九月十八日起										間接損失達戰前法幣二〇六八〇〇元
		二一年份										
		二二年份										
		二三年份										
		二四年份										
		二五年份										
		二六年七七止										
	七七以後	二六年七七起						2800元		4000元	200000元	
		二七年份	120,000張	場址被敵佔據	30,000元	根據戰前平常計算						
		二八年份	120,000張	〃	30,000元							
		二九年份	120,000張	〃	30,000元							
		三十年份	120,000張	〃	30,000元							
		三一年份	120,000張	〃	30,000元							
		三二年份	120,000張	〃	30,000元							
		三三年份	120,000張	〃	30,000元							
		三四年日寇投降止	120,000張	〃	30,000元							
	勝利以後	三四年勝利後										
		三五年份	120,000張	本廠被災失產	30,000元	仍以戰前推算						
		三六年份	120,000張	〃	30,000元							

填報人　嚴忠宇　（印：鎮江益民製襪場四號）

36年12月　日

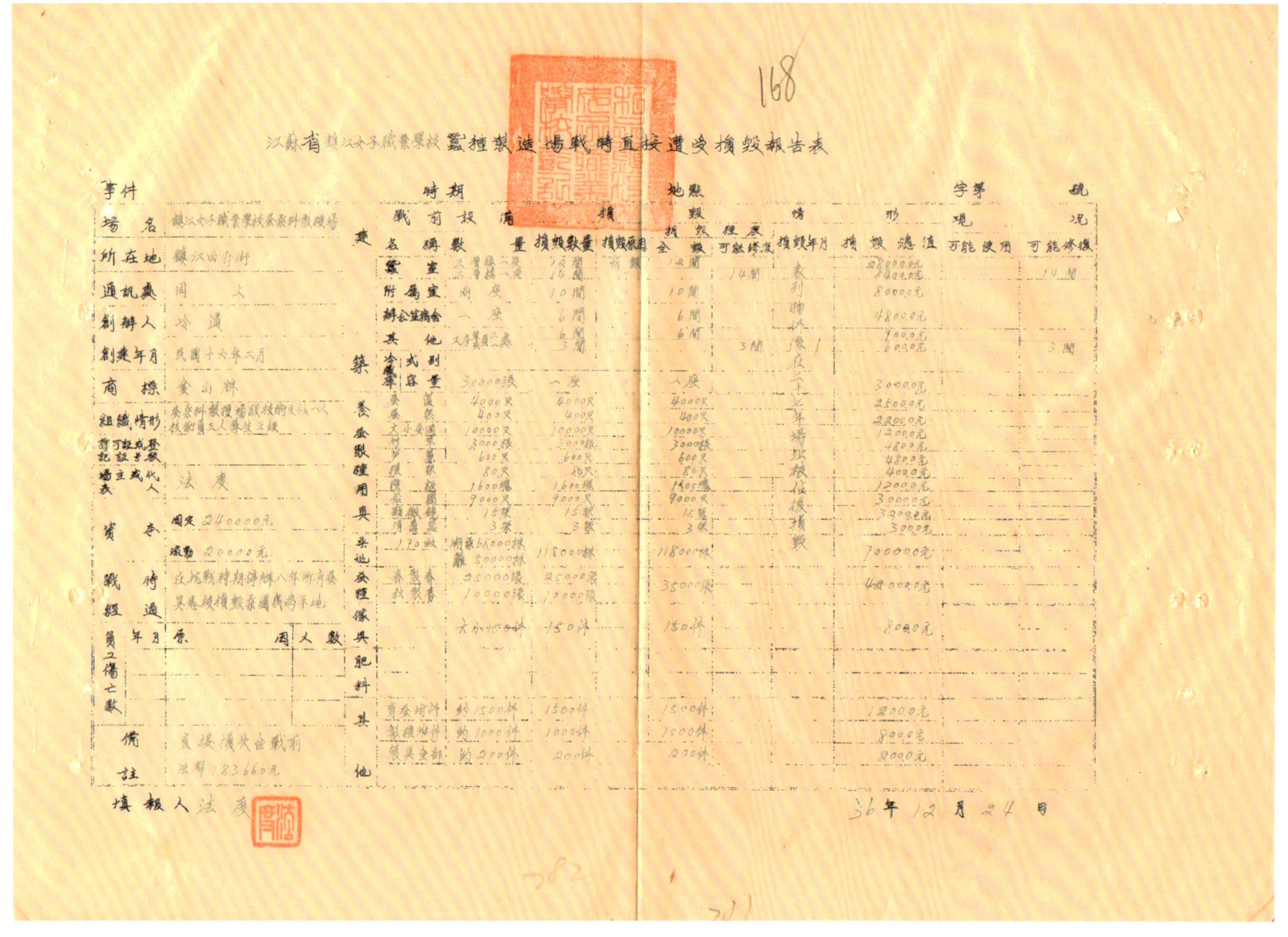

江蘇省鎮江女子職業學校蠶種製造場戰時直接遭受損毀報告表

事件　　時期　　地點　　字第　　號

場名	鎮江女子職業學校蠶桑科製種場
所在地	鎮江西府街
通訊處	同上
創辦人	冷遹
創建年月	民國十六年二月
商標	金山牌
組織情形	蠶桑科製種場設技術主任一人 技術員三人 學生三級
許可證或登記證號數	
場主或代表人	法度
資本	固定 240000元 流動 20000元
戰時經過	在抗戰時期停辦八年，所有蠶具悉被損毀，桑園成為平地
員工傷亡數	年月 / 原因 / 人數
備註	直接損失合戰前法幣183660元

類別	名稱	數量	損毀數量	損毀原因	全毀	可能修復	損毀年月	損毀總值	可能使用	可能修復
建築	蠶室	三層樓二座	12間	拆毀	12間		表列物件係在二十七年場址被[illegible]機損毀	28000.0元		
	蠶室	二層樓一座	14間			14間		8400.0元		14間
	附屬室	兩座	10間		10間			8000.0元		
	辦公室宿舍	一座	6間		6間			4800.0元		
	其他	大房屋二座	6間		6間			900.0元		
			3間			3間		600.0元		3間
	冷藏庫 式別/容量	30000張	一座		一座			3000.0元		
養蠶製種用具	蠶箔	4000只	4000只		4000只			2500.0元		
	蠶架	400只	400只		400只			2200.0元		
	大小蠶匾	10000只	10000只		10000只			1200.0元		
	竹竿	3000根	3000根		3000根			480.0元		
	蠶簇	600只	600只		600只			480.0元		
	[illegible]	80只	80只		80只			400.0元		
	桑剪	1600把	1600把		1600把			1200.0元		
	桑板	9000只	9000只		9000只			3000.0元		
	顯微鏡	15架	15架		15架			3200.0元		
	消毒器	3架	3架		3架			300.0元		
桑地	170畝	湖桑68000株 雜 50000株	115000株		118000株			70000.0元		
蠶種	春製種	25000張	25000張		35000張			48000.0元		
	秋製種	10000張	10000張							
傢具		大小150件	150件		150件			800.0元		
肥料										
其他	育蠶附件	約1500件	1500件		1500件			1200.0元		
	製種附件	約1000件	1000件		1000件			800.0元		
	傢具全部	約200件	200件		200件			800.0元		

填報人 法度（印）

36年12月24日

江蘇省鎮江女子職業學校遭受戰時間接遭受損失情形報告表

事件　　時期　　地點　　字第　　號

間接損失概況

時期		可能生產額減少 數量	可能生產額減少 原因	可獲純利額減少 金額	可獲純利額減少 原因	費用之減少 拆遷費	費用之減少 防空費	費用之減少 救濟費	費用之減少 撫卹費	費用之減少 其他	備註
九一八以後	二十年九月十八日起										間接損失按照戰前法幣合二十壹萬柒千元整
	二一年份										
	二二年份										
	二三年份										
	二四年份										
	二五年份										
	二六年七七止										
七七以後	二六年七七起						30000元				
	二七年份	蠶種35000張	場址被毀	17500.0元	依照前三年營業平均計算						
	二八年份	40000張	〃	20000.0元	依據生產退增情形並參攷三年前盈餘平均計算之						
	二九年份	45000張	〃	22500.0元	〃						
	三十年份	45000張	〃	22500.0元	〃						
	三一年份	45000張	〃	22500.0元	〃						
	三二年份	45000張	〃	22500.0元	〃						
	三三年份	45000張	〃	22500.0元	〃						
	三四年日寇投降止	45000張	〃	22500.0元	〃						
勝利以後	三四年勝利後										
	三五年份	44000張	場址被毀未能全部恢復	22000.0元	〃						
	三六年份	39000張	〃	19500.0元	〃						

填報人　法　庚

36年12月24日

171

江苏省镇江县明明蚕种制造场战时直接间接受损损失报告表

事件 时期 地点 字第 号

场名	明明蚕种制造场
所在地	镇江四摆渡
通讯处	镇江四摆渡
创办人	胡咏絮
创办年月	民国二十年
商标	日月牌
组织情形	合资经营
许可登记注册执照	蚕字第149号
场主或代表人	胡咏絮
资本	固定 80,000.00
	流动 80,000.00
战时经过	停办
备注	关于损失总值均以法币计

员工绪士数目	年月	原因	人数

类别	名称	数量	损毁数量	损毁原因	损毁程度：全毁	损毁程度：可能修复	损毁年月	损毁总值	现况：可能使用	现况：可能修复
建筑	蚕室	28间	28间	炮火	28间		26年12月	14,000.00		
	附属室	28〃	28〃	〃〃	28〃		〃〃	11,200.00		
	办公室	12〃	12〃	〃〃	12〃		〃〃	4,800.00		
	其他	10〃	10〃	〃〃	10〃		〃〃	3,000.00		
	防空壕 式别	河塘及地下室								
	防空壕 容量	[illegible]		〃〃			〃〃	3,500.00		
蚕种制种用具	蚕匾	4500只	4500只	〃〃	4500只		〃〃	3,600.00		
	蚕匾架	450件	450件	〃〃	450件		〃〃	1,800.00		
	大小蚕网	17000个	17000个	〃〃	17000个		〃〃	3,400.00		
	蚕架竹	5000支	5000支	〃〃	5000支		〃〃	750.00		
	铁簇	1500条	1500条	〃〃	1500条		〃〃	750.00		
	蚕桑架	100件	100件	〃〃	100件		〃〃	300.00		
	给桑架	150只	150只	〃〃	150只		〃〃	225.00		
	种桑筐	600只	600只	〃〃	600只		〃〃	420.00		
	桑叶筐	200件	200件	〃〃	200件		〃〃	160.00		
	蚕沙网	80只	80只	〃〃	80只		〃〃	120.00		
	蚕团	15000盘	15000盘	〃〃	15000盘		〃〃	6,000.00		
	制种架	75件	75件	〃〃	75件		〃〃	1,500.00		
	显微镜	4架	4架	〃〃	4架		〃〃	600.00		
	其他						〃〃	2,000.00		
桑地	700亩									
	桑树	220,000株	220,000株	损砍	220,000株		〃〃	190,000.00		
器具	长凳	100只	100只	炮火	100只		〃〃	100.00		
	方桌	30只	30只	〃〃	30只		〃〃	120.00		
	床铺	120件	120件	〃〃	120件		〃〃	960.00		
	办公桌椅	15只	15只	〃〃	15只		〃〃	225.00		
	玻璃橱	6只	6只	〃〃	6只		〃〃	120.00		
	其他						〃〃	1,000.00		
肥料其他	人粪	2,000担	2000担		2000担		〃〃	400.00		
	豆饼						〃〃	600.00		
	盐卤						〃〃	450.00		
	面食						〃〃	500.00		
	纸张						〃〃	1,500.00		
	杂费						〃〃	500.00		

填报人 明明蚕种制造场

镇江 明明蚕种制造场 四摆渡

36年12月 日

218 217

江蘇省各地蠶種製造場遭受損毀情形報告表　　字　　號

場名	河東	場主或代表人	姓名	鄒廷鍸
所在地	武進萬塔河東鎮		通信處	武進萬塔河東鎮
創辦人	鄒廷鍸	資本	固定	30000元
創辦年月	20年2月		流動	10000元
商標	利市	製種量	戰前許可量	463公分
組織情形	合資		現可製種量	393公分
許可証或登記証號數	（許可證）蠶字七十九號			

		遭受損毀概況	損毀原因	損毀程度	損毀年月	損毀價值
房屋（間數及尺寸）	蠶室	本場双間蚕室兩間被敵機轟炸擊斷過海樑連屋倒下	由敵機在西湯湖誤擊民船以距離相近致遭損壞	兩间蚕室屋面倒下木料折斷	26年11月	損毀估計價值約5000元
	附屬室	門窗及玻璃等	敵偽住宿損毀	门窗窗上鐵條均被拆去玻璃等擊破	26年11月起至34年7月約八九次	400元
	貯藏室及雜室	仝上	仝上	仝上	仝上	200元
	冷藏室	式別 最大收容量				
養蠶製種用具（名稱及數量）	蠶架	12只	敵偽及地方不良份子損毀	以上物件均被毀滅	26年11月至34年7月止	72元
	蠶篇	86只	仝上	仝上	仝上	86元
	蠶網	1500張	仝上	仝上	仝上	150元
	給桑架	9副	仝上	仝上	仝上	18元
	蠶簾	83張	仝上	仝上	仝上	50元
	顯微鏡	1架	仝上	仝上	仝上	600元
	鉛圈	1200只	仝上	仝上	仝上	240元
	製種板 架	300塊 8副	仝上	仝上	仝上	150 84元
傢具（名稱及數量）	枱子	3張	仝上	仝上	仝上	30元
	凳	16張	仝上	仝上	仝上	40元
	舖板	26塊	仝上	仝上	仝上	70元
	銅茶壺	1只	仝上	仝上	仝上	8元
桑園		本場原有桑園65畝剩13畝	在事變期内被地方不良份子漸次損毀	剩13畝	約27年至32年	17220元（以三年成林計算）
蠶種		27年春季種8630張 26年秋種貼補費法幣808.51元 26年秋種769張由蚕管會收買	27年春種被敵偽住宿損毀 26年秋種貼補費未及領取 由蚕管會收買種價未及領取	27年春種除剩317張外餘損毀 全未領到 仝上	26年12月 26年11月 仝上	5819元（新品種） 808.51元 346元（除貼補費計算）
員工傷亡		工人孫寶銀在場看管	被敵偽毒打	遍體鱗傷	27年1月	130元（醫葯費）
戰期内經過		以看管場所及桑園無法維持不得已有時飼育原種數張或飼育綠繭			損毀總額	31501.51元
調查及審核意見						
備註		本場双間蠶室深7.62公尺寬9.34公尺高3.55公尺				

填表須知

1. 組織性質指獨資合夥公司而言
2. 有債務関係者須在備註欄内詳細說明
3. 損毀價值以二十六年當時價值為標準
4. 資本營業分開者須註明
5. 損毀欄内不足填寫時得另紙照式列表抄錄黏貼本表
6. 一律用毛筆正楷填寫

河東蠶種場　章

填表人

負責人　鄒廷鍸

中華民國三十六年　月　日

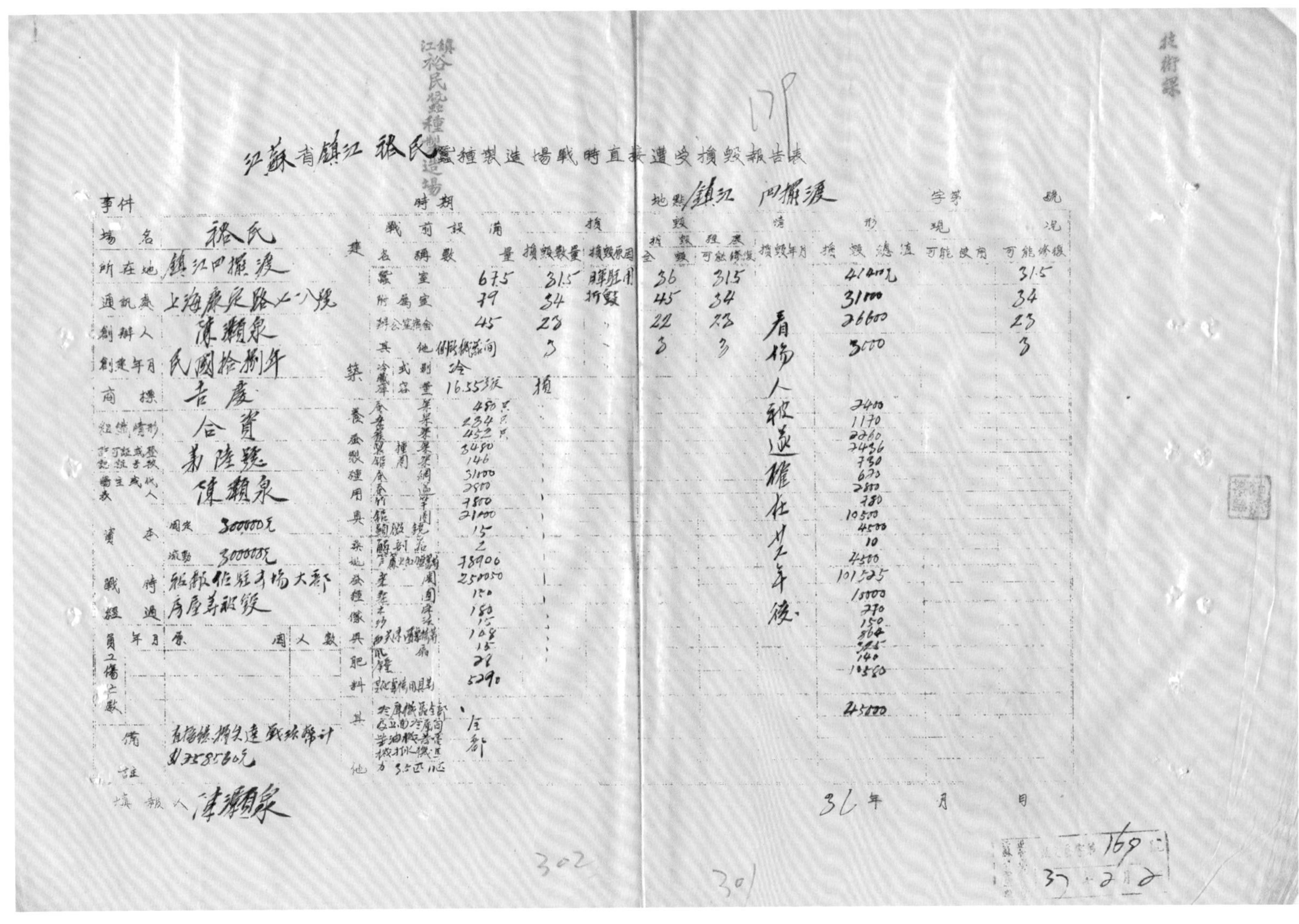

技術課

江蘇省鎮江 張氏蠶種製造場戰時直接遭受損毁報告表

事件 時期 地點 鎮江 四擺渡 字第 號

場名	張氏
所在地	鎮江四擺渡
通訊處	上海康定路七一八號
創辦人	陳瀬泉
創建年月	民國拾捌年
商標	吉慶
組織情形	合資
許可證或登記號數	第 陸號
場主或代表人	陳瀬泉
資本	固定 300000元；流動 300000元
戰時經過	被敵佔駐本場大部房屋等被毁
員工傷亡數	年月 / 原因 / 人數
備註	直接損失達戰前幣計 613585 0元

填報人 陳瀬泉

建築 名稱	戰前設備數量	損毁數量	損毁原因	全毁	可能修復	損毁年月	損毁總值	可能使用	可能修復
蠶室	67.5	31.5	日軍駐用	36	31.5		41400元		31.5
附屬室	79	34	折毀	45	34		31000		34
辦公室宿舍	45	23	〃	22	23	看倫人被逐離在卅年後	26600		23
其他	3		〃	3	3		3000		3

冷藏庫：式別 冷；容量 16.553 [illegible]

養蠶製種用具（數量）：480只、234只、452只、3480、146、31000、2800、7800、21000、15、2、78900、250050、150、180、15、108、15、28、5290

其他：冷庫機器全部、[illegible] 全部

損毁總值：2400、1170、2260、2436、730、670、2800、780、10500、4500、10、4500、101525、10000、770、150、864、385、140、10580、45000

36年 月 日

302　301

江蘇省鎮江裕民農種場戰時間接遭受損失情形報告表

180

事件　　　　時期　　　　地點　鎮江四擺渡　　　　字第　　　　號

間接損失概況

時期		可能生產額減少 數量	可能生產額減少 原因	可獲純利額減少 金額	可獲純利額減少 原因	費用之減少 拆遷費	防空費	救濟費	撫卹費	其他	備註
九一八以後	二十年九月下旬起										間接總損失達戰前法幣叁叁仟弍伍拾元
	二一年份										
	二二年份										
	二三年份										
	二四年份										
	二五年份										
	二六年七七止										
七七以後	二六年七七起										
	二七年份	152000	場地被佔用	37250							
	二八年份	152000		37250							
	二九年份	152000		37250							
	三十年份	152000		37250							
	三一年份	152000		37250							
	三二年份	152000		37250							
	三三年份	152000		37250							
	三四年日寇投降止	152000		37250							
勝利以後	三四年勝利後										
	三五年份	8000	大部房屋被毀生產不能如前仍儘新種以資補救，損計37250元	37250							
	三六年份	停辦									

填報人　陳灝泉　　　　36年　　月　　日

304　　303

行政院赔偿委员会致江苏省蚕业改进管理委员会的代电（一九四八年三月六日）

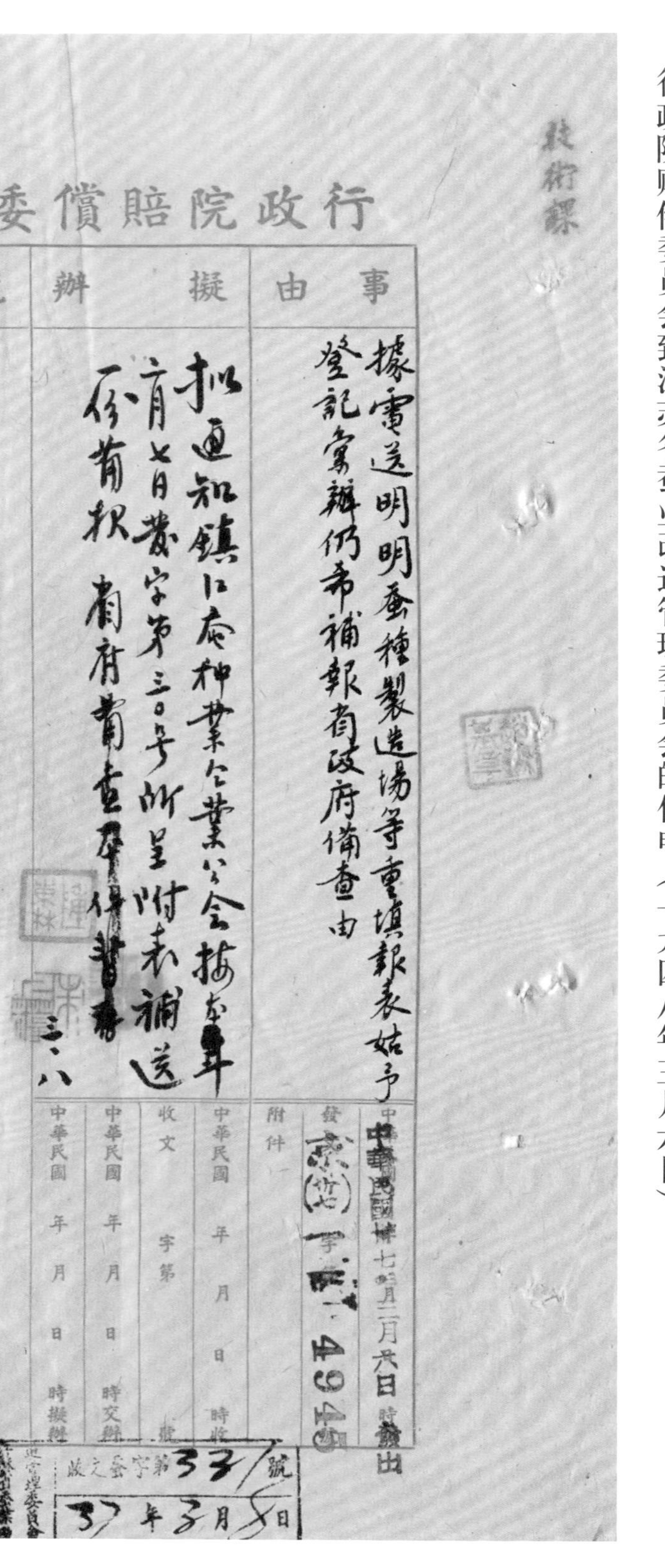

行政院賠償委員會（代電）

事由	擬辦	說明	批示
據電送明明蚕種製造場等重填報表姑予登記彙辦仍希補報省政府備查由	擬通知鎮江區种業公業公會據本年二月七日蚕字第三〇号所呈附表補送省府審[illegible]為荷 三、八		

發 京（伍）字第 4945 號

中華民國卅七年三月六日時發出

第 33 號 37 年 3 月 8 日

江蘇省蠶業改進管理委員會本年二月十八日(37)蘇蠶技字第一百八號
代電附送明明蠶種製造場等重填報表請核辦一案姑予登記彙
辦仍希補報省政府備查特復行政院賠償委員會京(37)一寅魚印

監印
校對
羅廷芬

武进县政府关于报送河东蚕种制造场战时财产损失报告表事致江苏省建设厅的呈（一九四八年六月十七日）

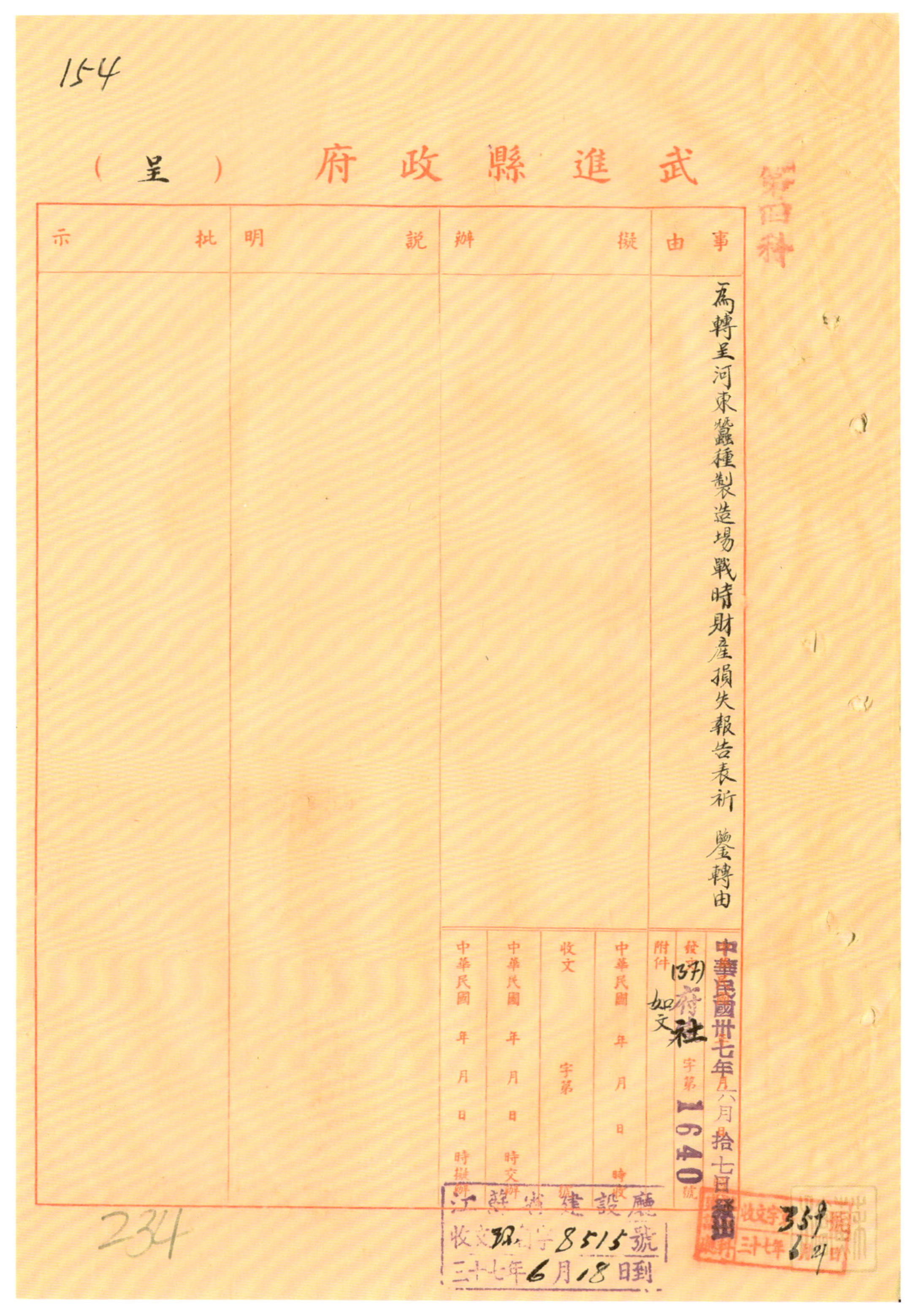

154

武進縣政府（呈）

事由	擬辦	說明	批示
爲轉呈河東蠶種製造場戰時財産損失報告表祈鑒轉由			

發文 中華民國卅七年六月拾七日發出 (37)府社字第1640號

附件 如文

江蘇省建設廳 收文建字8515號 三十七年6月18日到

234

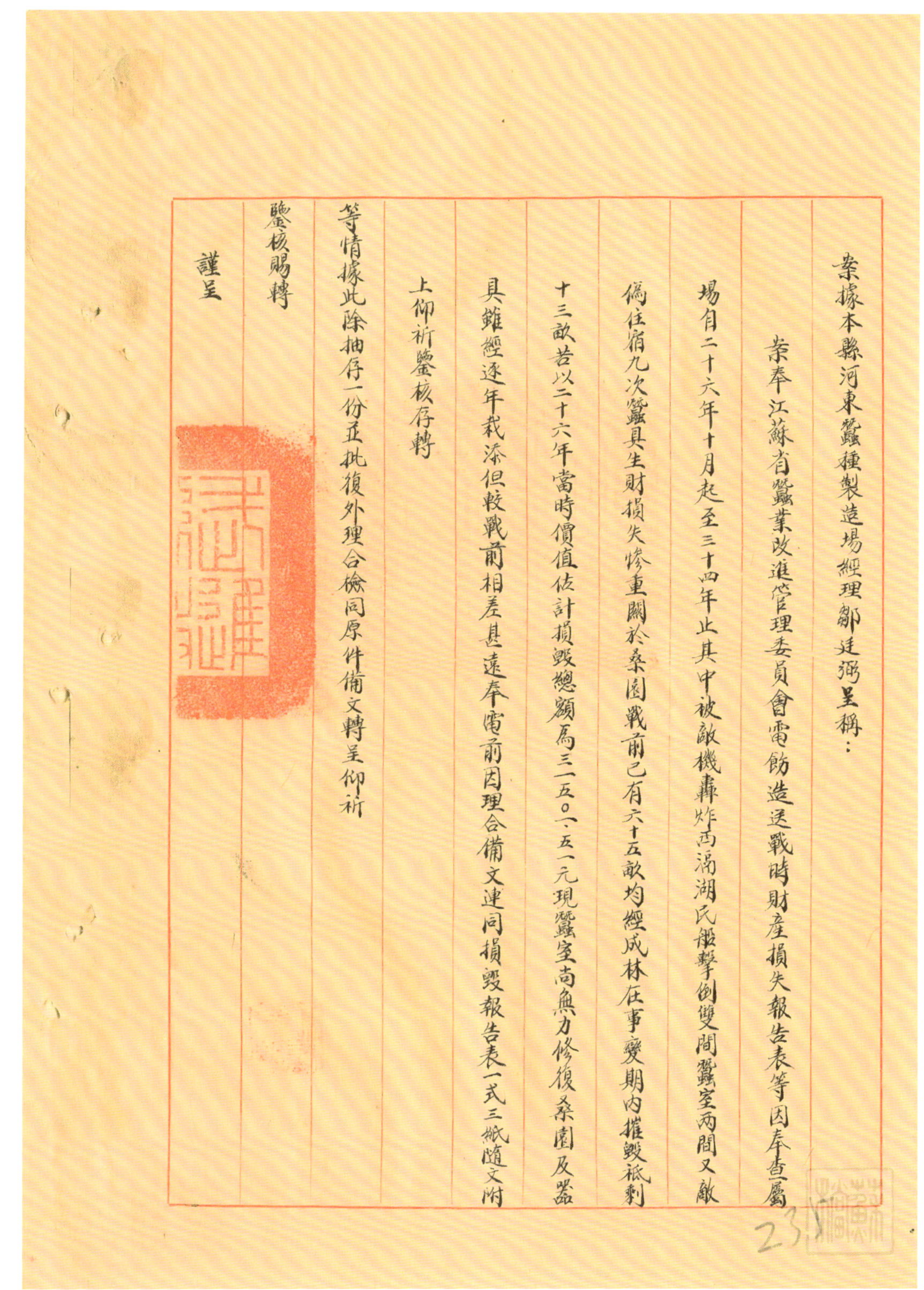

案據本縣河東蠶種製造場經理鄒廷弼呈稱：

案奉江蘇省蠶業改進管理委員會電飭造送戰時財產損失報告表等因奉查屬場自二十六年十月起至三十四年止其中被敵機轟炸西滆湖民船擊倒雙間蠶室兩間又敵僞住宿九次蠶具生財損失慘重關於桑園戰前已有六十五畝均經成林在事變期内摧毀祇剩十三畝若以二十六年當時價值估計損毀總額爲三一五〇、五一元現蠶室尚無力修復桑園及器具雖經逐年栽添但較戰前相差甚遠奉電前因理合備文連同損毀報告表一式三份隨文附上仰祈鑒核存轉

等情據此除抽存一份並批復外理合檢同原件備文轉呈仰祈

鑒核賜轉

謹呈

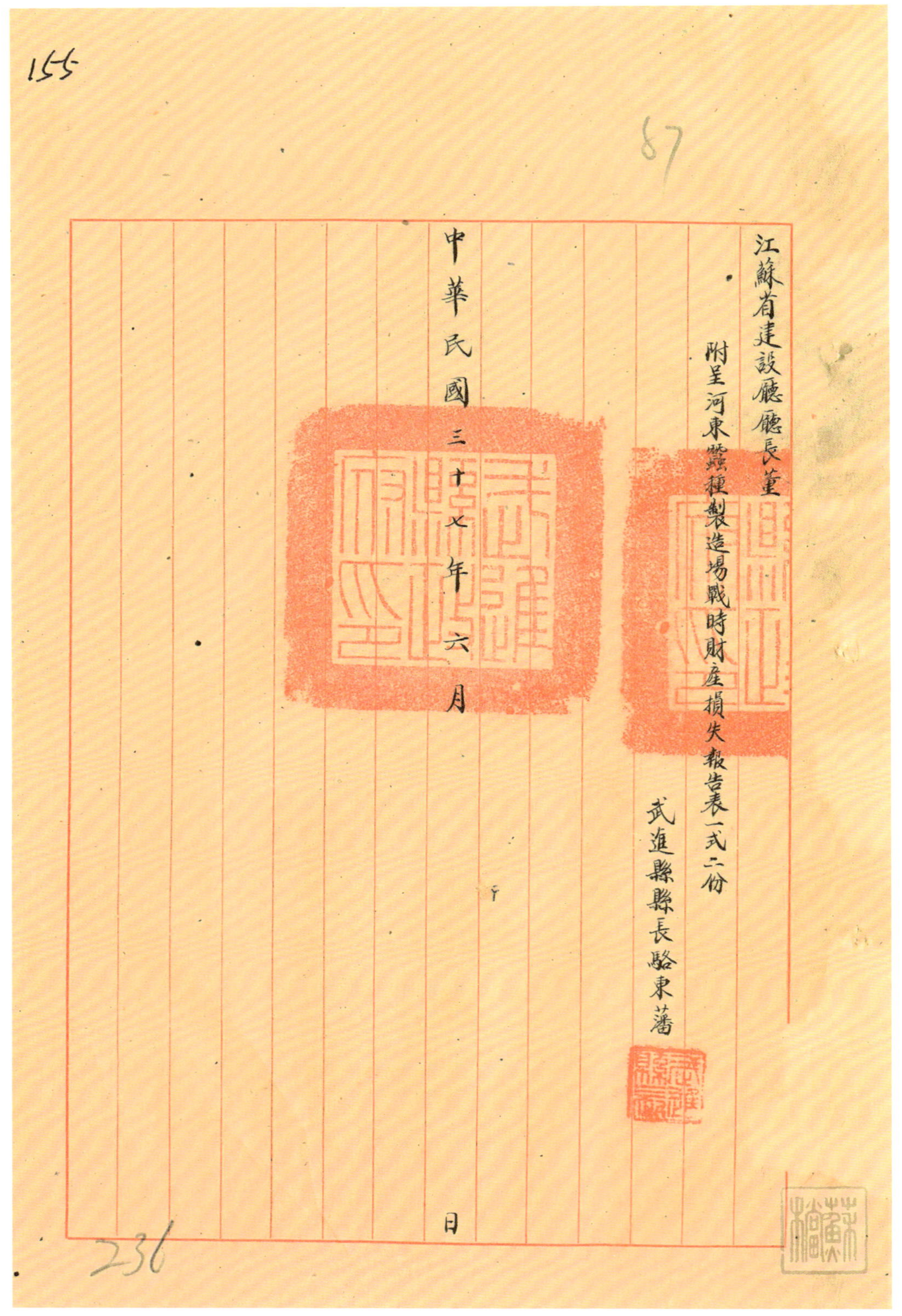

155

87

江蘇省建設廳廳長董

附呈河東鹽棧製造場戰時財產損失報告表一式二份

武進縣縣長駱東藩

中華民國三十七年六月　日

236

附：河东蚕种制造场遭受直接间接损毁情形报告表（一九四八年五月二日）

河東蠶種製造場遭受直接間接損毀情形報告表

號

場名	河東	場主或代表人	姓名	鄒廷猷
所在地	武進萬塔河東鎮		通信處	武進萬塔河東鎮
創辦人	鄒廷猷	資本	固定	30000元
創辦年月	二十年二月		流動	10000元
商標	利市	製種量	戰前許可量	463公分
組織情形	合資		現可製種量	393公分
許可證或登記證號數	（許可證）蠶字79號			

遭受損毀概況			損毀原因	損毀程度	損毀年月	損毀價值
房屋（間數及尺寸）	蠶室	本場雙間蠶室兩間被敵機轟炸震斷過海梁連屋倒下	由敵機在西滆湖襲擊民船以距離相近致遭損壞	兩間蠶室屋面倒下木料折斷	26年11月	損毀估計價值約5000元
	附屬室	門窗及玻璃等	敵偽住宿損毀	門窗上鐵條均被拆去玻璃等擊破	26年11月起至34年7月約八九次	400元
	貯藏室及雜室	仝上	仝上	仝上	仝上	200元
	冷藏庫	式別				
		最大收容量				
養蠶製種用具（名稱及數量）	蠶架	12只	敵偽及地方不良份子損毀	以上物件均被毀滅	26年11月起至34年7月止	72元
	蠶篇	86只	仝上	仝上	仝上	86元
	蠶網	1500張	仝上	仝上	仝上	150元
	給桑架	9副	仝上	仝上	仝上	18元
	蠶簾	83張	仝上	仝上	仝上	50元
	顯微鏡	1架	仝上	仝上	仝上	600元
	鉛圈	1200盃	仝上	仝上	仝上	240元
	製種板架	300塊 8副	仝上	仝上	仝上	150 64元
傢具（名稱及數量）	枱子	3張	仝上	仝上	仝上	30元
	櫈	16張	仝上	仝上	仝上	40元
	舖板	26塊	仝上	仝上	仝上	70元
	銅茶壺	1只	仝上	仝上	仝上	8元
桑園		本場原有桑園65畝剩13畝	在事變期內被地方不良份子漸次損毀	剩13畝	約29年至32年	17220元（以三年成林計算）
蠶種		27年春淨種8630張 26年秋種貼補費法幣808.51元 26年秋種769張由蠶管會收買	27年春種被敵偽住居損毀 26年秋種貼補費未及領取 由蠶管會收買種價未及領取	27年春種除剩317張餘損毀 全未領到 仝上	26年12月 26年11月 仝上	5819元（成本計） 808.51元 346元（除貼補費外）
員工傷亡		工人孫保銀在場看管	被敵偽毒打	遍體鱗傷	27年1月	130元（醫藥費）
戰期內經過		以看管場所及桑園無法維持不得已有時飼育原種數張或飼育綠繭			損毀總額	31501.51元
調查及審核意見						
備註		本場雙間蠶室深7.62公尺寬9.34公尺高3.55公尺				

填表須知

1. 組織性質指獨資合夥公司而言
2. 有債務關係者須在備註欄內詳細說明
3. 損毀價值以二十六年當時價值為標準
4. 實業營業分開者須註明
5. 損毀欄內不足填寫時另紙照式列表抄錄黏附本表
6. 一律用毛筆正楷填寫

河東蠶種場

負責人　鄒廷猷

中華民國37年5月2日

四、交通业战时损失调查

（一）征用车辆损失

锡沪长途汽车股份有限公司关于抗战期内公司车辆损失请求赔偿事致江苏省建设厅的呈（一九四六年一月三日）

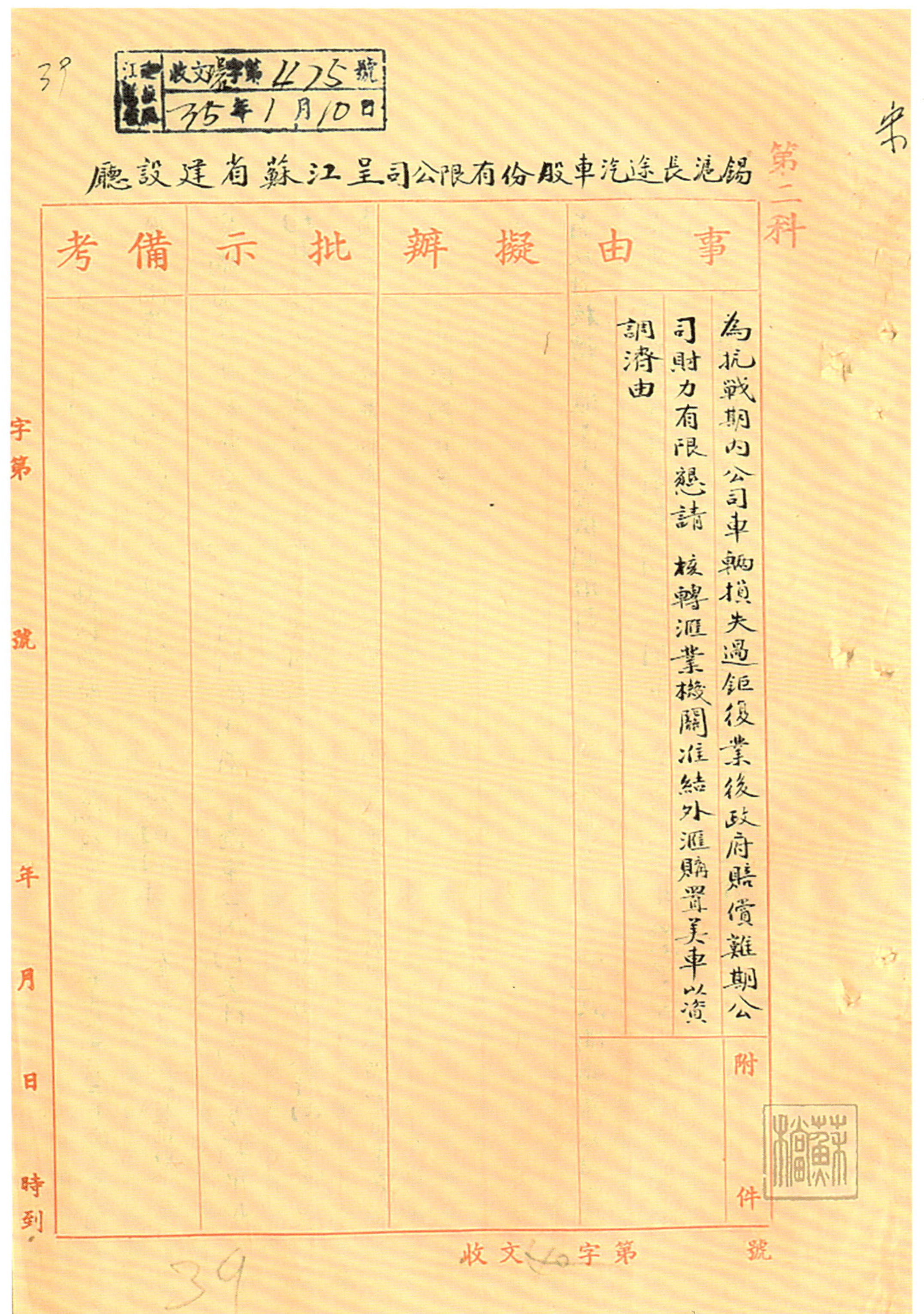
江苏省建设厅 收文第4275號 35年1月10日

第二科

錫滬長途汽車股份有限公司呈江蘇省建設廳

事由：為抗戰期內公司車輛損失過鉅復業後政府賠償難期公司財力有限懇請核轉滙業機關准結外滙購買美車以資調濟由

擬辦

批示

備考

附件

字第 號 年 月 日 時到

收文 字第 號

案查本公司因抗戰停業瀝陳經過歷史及準備復業情形業於一月二日備文呈請
鑒核備案在案竊思公路交通全恃汽車爲基礎回溯本公司全數車輛戰前裝
完備者達八十餘輛悉數爲 政府所徵用有 上海市公用局文件爲憑是項車輛
均在戰時毀失無一返還現在抗戰勝利公司復業前項損失當然由 政府向投降之敵
責令照數賠償無如遠水不救近火勢難坐待而股東能力有限無法增加資本在萬
無辦法之中擬勉集少數現金請求
鈞廳轉呈
省政府核轉 滙業主管機關准許本公司結定外滙美金二十萬元以備購置美國出品
卡車之用似此一轉移間在公司能以國幣較低之價格購進必需之車輛而 政府對於
民營公司因抗戰所受之損失亦得稍予彌補以示調濟

鈞廳主管道路交通關於公司因抗戰所受之絕大損失早在
洞鑒之中爲敢專案呈請仰祈
鑒核俯賜准行公德兩便
謹呈
江蘇省建設廳廳長董
錫滬長途汽車股份有限公司
總經理 王曉籟
經理 朱愷儔

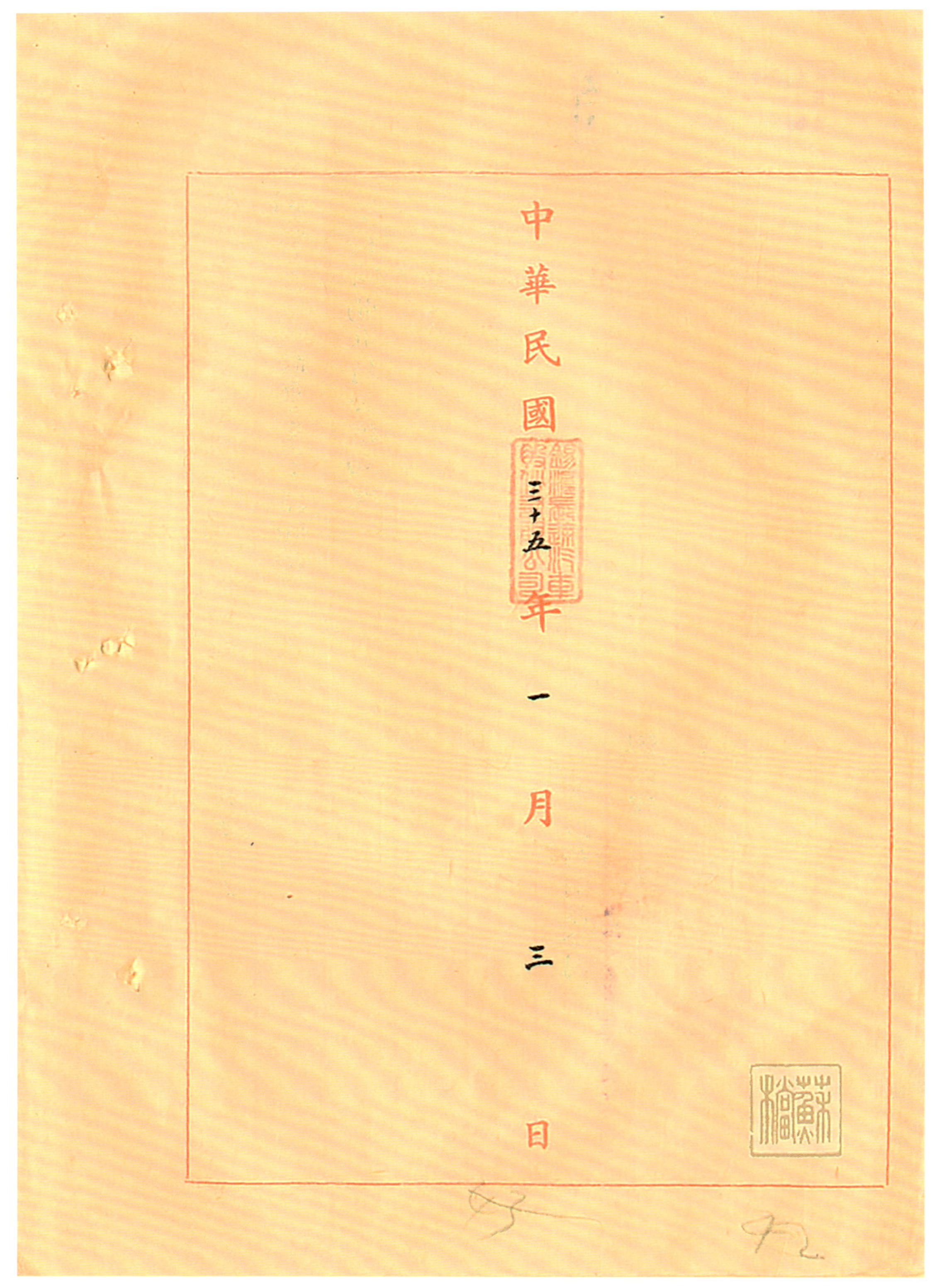

中華民國三十五年一月三日

西北公路管理局关于抗战初期江苏省政府征用车辆损失事致江苏省建设厅的函（一九四六年一月十七日）

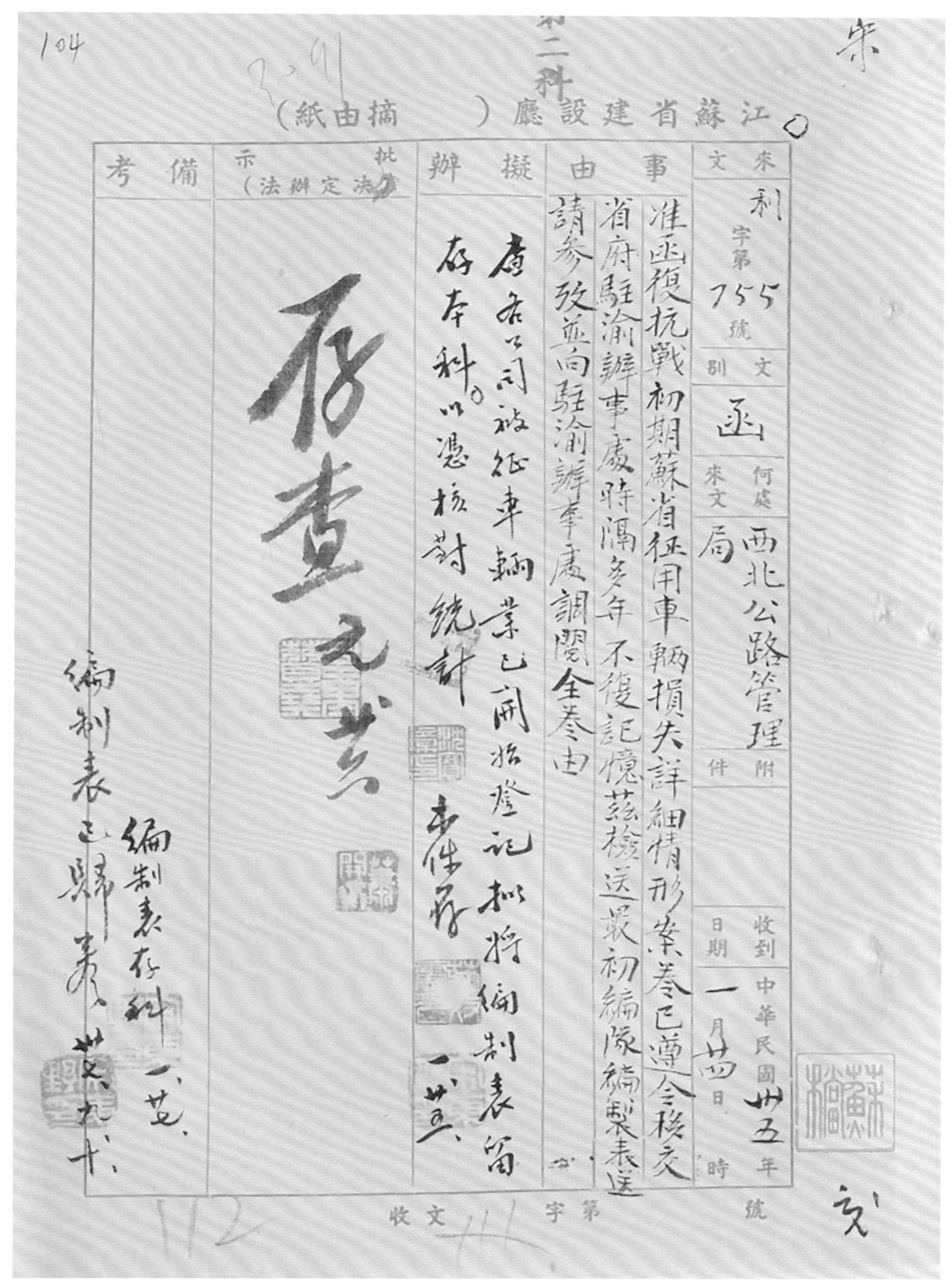
第二科

江蘇省建設廳（　　摘由紙）

來文：利字第755號

文別：函

何處來文：西北公路管理局

附件：

收到日期：中華民國卅五年一月廿四日　時

事由：准函復抗戰初期蘇省征用車輛損失詳細情形案，卷已遵令檢交省府駐渝辦事處，時隔多年，不復記憶，茲檢送最初編隊編製表，送請參考，並向駐渝辦事處調閱全卷由

擬辦：廣告公司被征車輛業已開始登記，擬將編制表留存本科，以憑核對統計

批示（決定辦法）：存查

備考：編制表存科　編制表已歸案

收文　字第　號

105

提呈 第二科

第二科

西北公路管理局用箋

利字第00755號

案准

貴廳卅四年十二月廿八日建字第二八四號公函以據民營長途汽車公司呈报車辆於抗戰時被征嘱查血見復等由准此查抗戰初期蘇省征用車辆担任軍事運輸係由汽車總隊部編隊歸後方勤務部及戰區兵站總監部调配應用嗣因軍事特進車辆損失殆尽徵車详细情形有案卷可查至是項

1000000.9.20　局紙印工每百60元

江蘇省建設廳收文建字第825號 35年1月24日

106

西北公路管理局用箋

案卷並經遵
令於廿八年六月移交省府駐渝辦事處接
管有案現查時隔多年當時詳細情形已
不復記憶惟尚存有最初編隊編制表一
冊雖所列車輛實際並未全部征用似尚可
供參攷准函前由用特檢附編制表一冊送請
詧收參閱並祈逕電省府駐渝辦事處調
閱全卷為荷

100000.[illegible].20　局紙印工每百60元

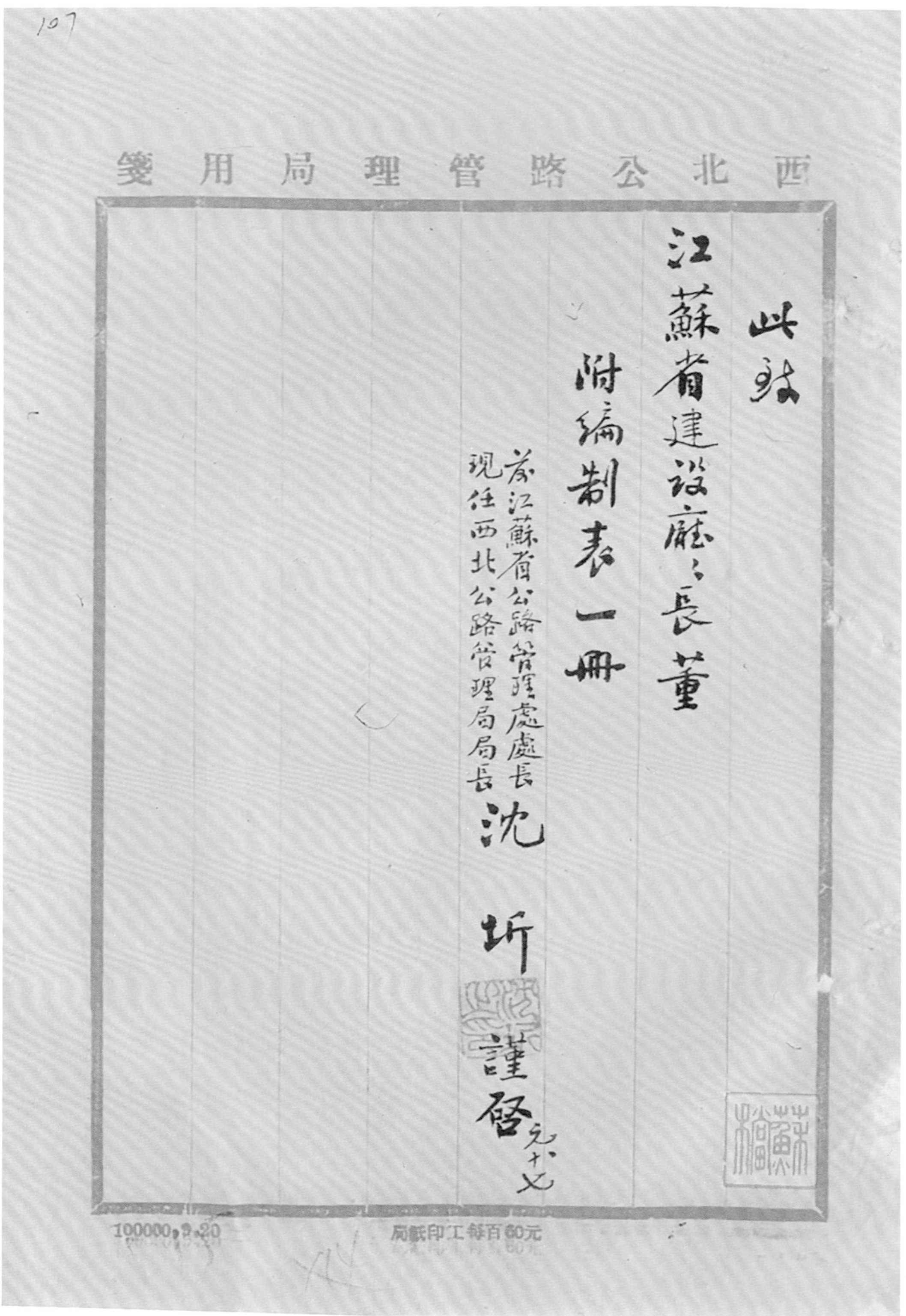

107

西北公路管理局用箋

此致

江蘇省建設廳〻長董

附編制表一冊

前江蘇省公路管理處處長
現任西北公路管理局局長 沈 圻 謹啓 九、十七

100000,9.20 局紙印工每百60元

苏福长途汽车股份有限公司关于抗战期间被征用车辆损失事致江苏省建设厅的呈（一九四六年一月二十四日）

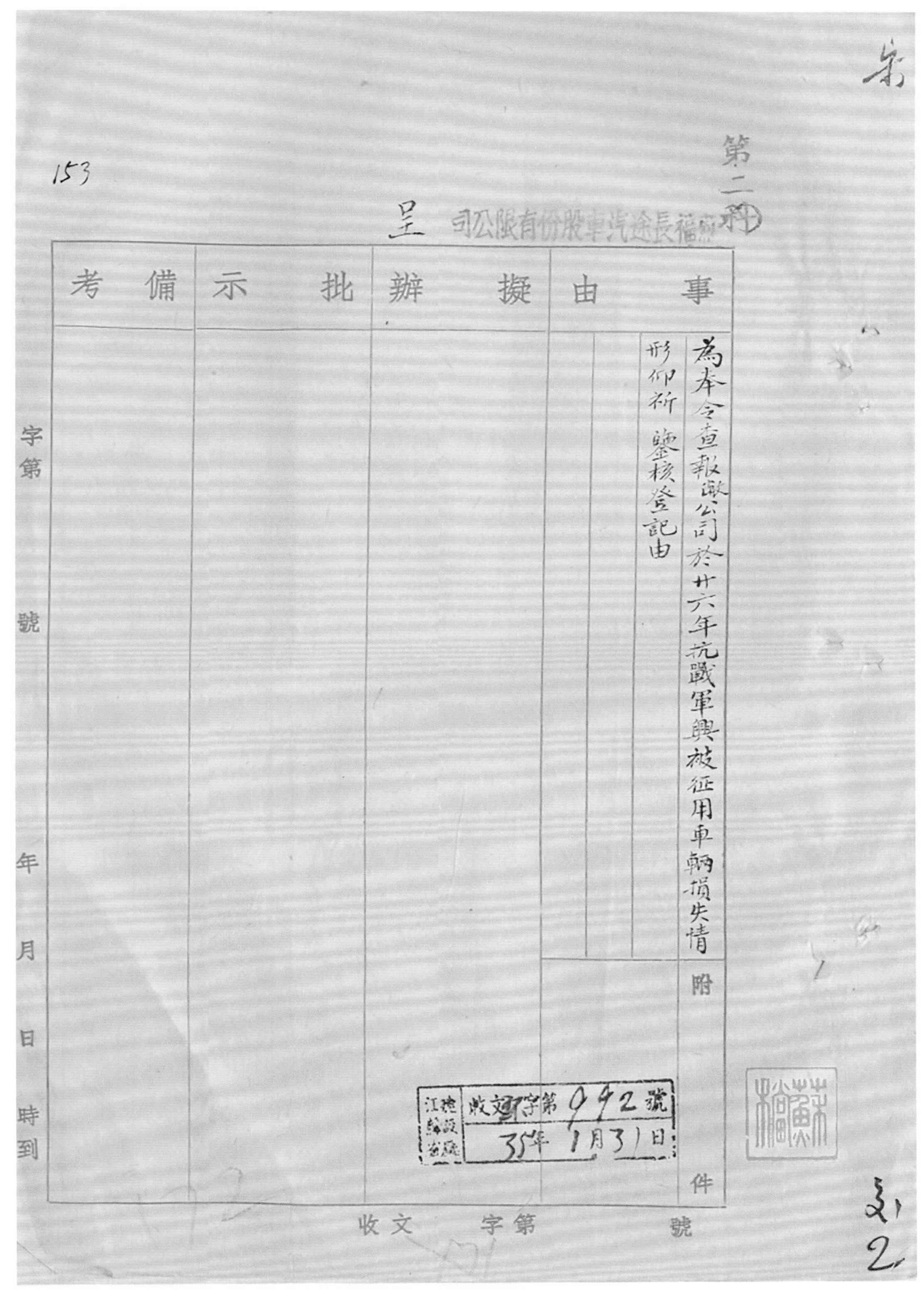

153

蘇福長途汽車股份有限公司 呈 第二〇一號

事由	擬辦	批示	備考
為奉令查報敝公司於廿六年抗戰軍興被征用車輛損失情形仰祈鑒核登記由			
附件			

江蘇省建設廳 收文建字第992號 35年1月31日

到 時 日 月 年 號 字第

收文 字第 號

案奉

鈞廳三十五年一月十四日建二字第四八四號通知內開：

“查民國二十六年八一三抗戰軍興江蘇省建設廳公路管理處曾奉

命向本省各商辦長途汽車公司征用各種車輛集中編隊供作軍運

以致各公司車輛損失甚多茲以抗戰勝利本廳對於上項征用車輛情形

殊有明瞭之必要為澈底清查起見除登鎮江省報新江蘇報通告外

合亟通知該公司在戰時車輛有被征用者仰速開具被征車輛種類

數量連同本省征用機關收據及其他証明文件來廳辦理登記為要”

等因，奉此。敝公司自當遵照辦理。查八一三抗戰軍興，敝公司車輛被本省汽車總

隊部被征用大客車九輛（其出廠牌號為司多華脫汽油車八輛、孟阿思柴油車

壹輛（此外尚有大客車拾輛小客車壹輛，係由京滬警備司令部征用由本省汽
車總隊部征用後轉交者）（內係孟阿恩柴油車叁輛飛爾特汽油車壹輛別克
小汽車壹輛大蒙天客車壹輛雪佛萊卡車壹輛司多華脫汽油車兩輛）前項征
用車輛俱經前經征機關備公函證件，所有車輛自經事變，盡行失踪，且敝公
司尚有司機及銅匠各壹名，在大場隨軍服務，被敵機轟炸，人車一併罹難被
燬，原有證件，存儲閘門外大馬路敝公司總辦事處鉄箱中，不幸於同年十月初
的，被敵機投彈轟炸，該處一帶，數十餘戶，俱遭兵燹，以致前項檔卷文件，盡
行被燬，事出無奈，無法補呈，奉令前因，理合將敝公司車輛損失詳細緣由，備文
呈報，仰祈
鈞廳鑒核，俯賜准予登記，寔為公便。謹呈

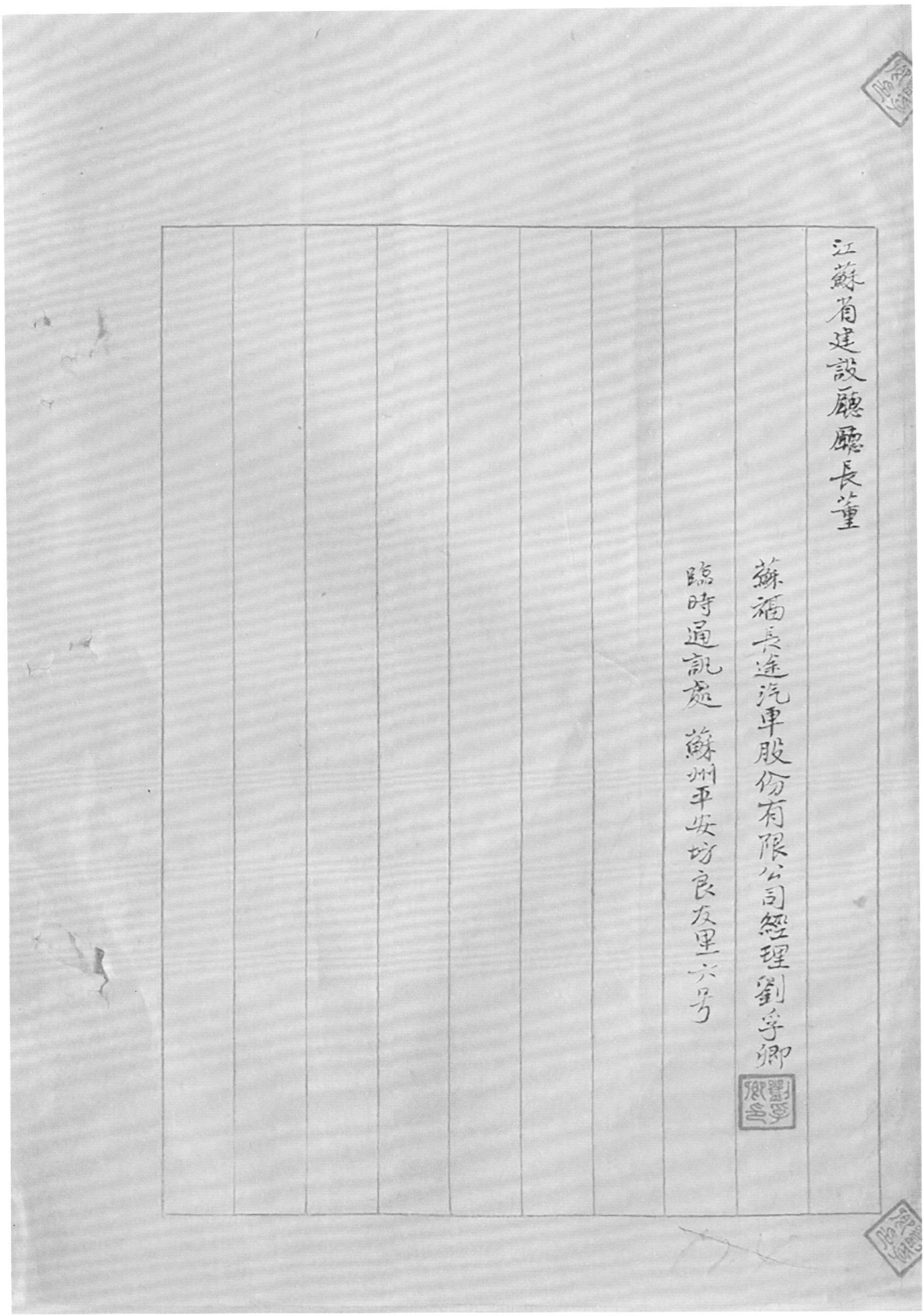

江蘇省建設廳廳長董

蘇福長途汽車股份有限公司經理劉孚卿

臨時通訊處 蘇州平安坊良友里六号

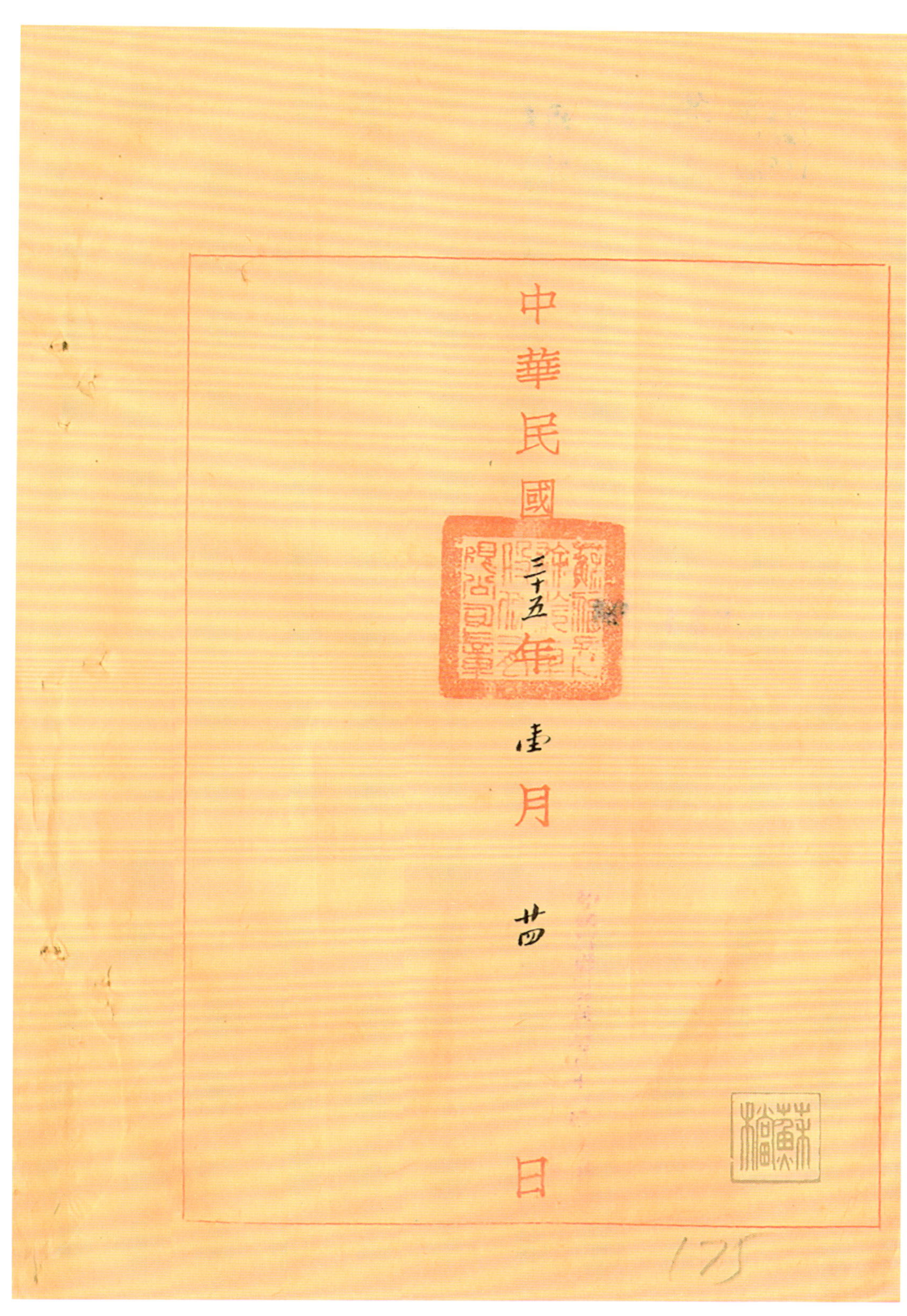

中華民國三十五年壹月廿四日

175

武进县武宜长途汽车股份有限公司关于战时财产损失请求赔偿事致江苏省政府的呈（一九四六年四月二十八日）

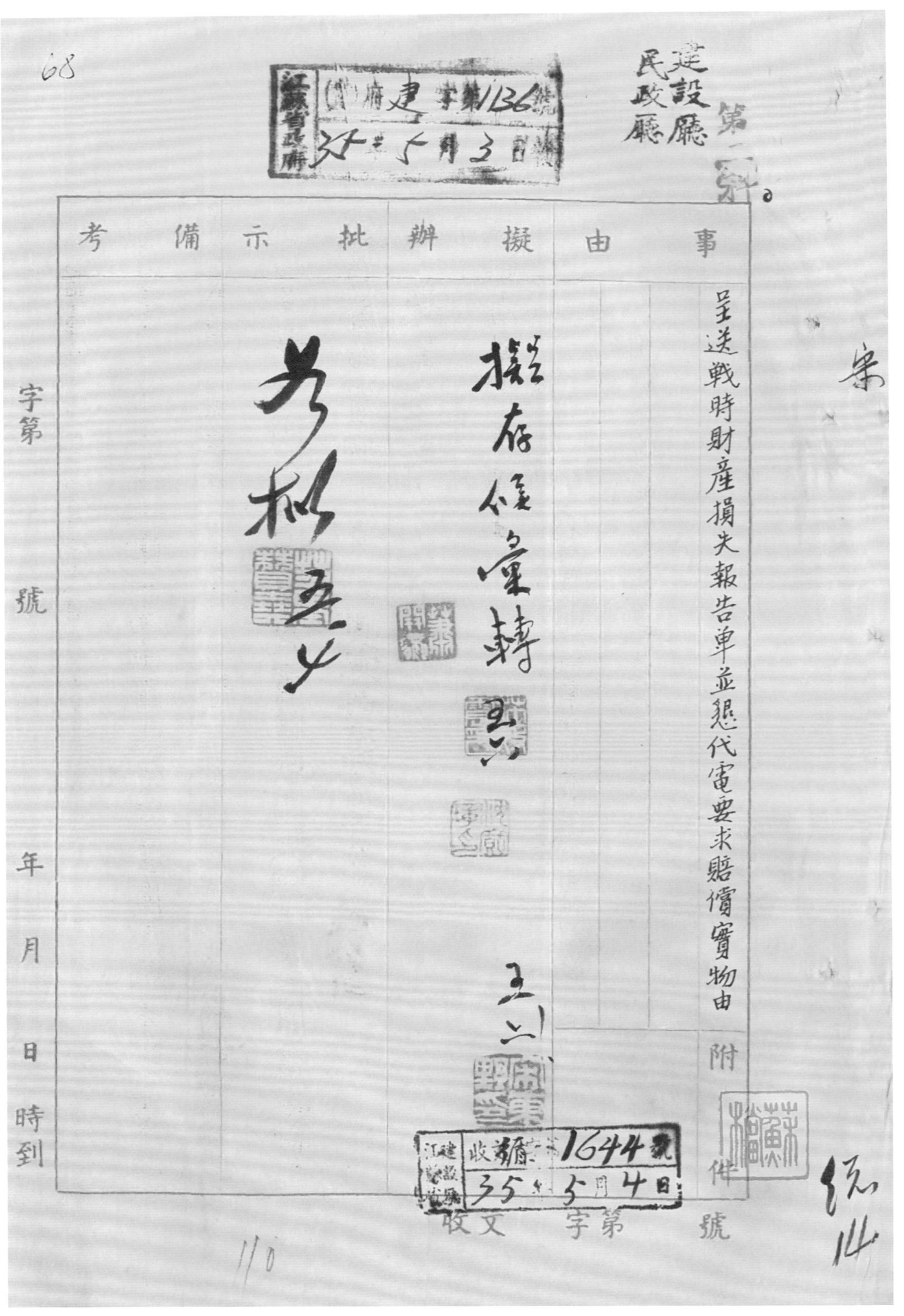

江蘇省政府 建 字第1136號 35年5月3日

建設廳 民政廳

事由	擬辦	批示	備考
呈送戰時財產損失報告單並懇代電要求賠償實物由	擬存候彙轉		

附件

字第 號 年 月 日 時到

江蘇省建設廳 收文 府字第1644號 35年5月4日

收文 字第 號

接奉三十五年三月二十八日

鈞府建二字第六〇〇號通知為檢發戰時財產損失報告单格式仰速依式詳細填造叁份呈候核轉等因奉此謹即依式詳細填造叁份呈請分別存轉並懇代電抗戰損失調查委員會如荷賠償請發給實物俾資應用而利交通實為公便

謹呈

江蘇省政府主席王

武宜長途汽車股份有限公司經理薛迪功

附財產損失報告单叁份

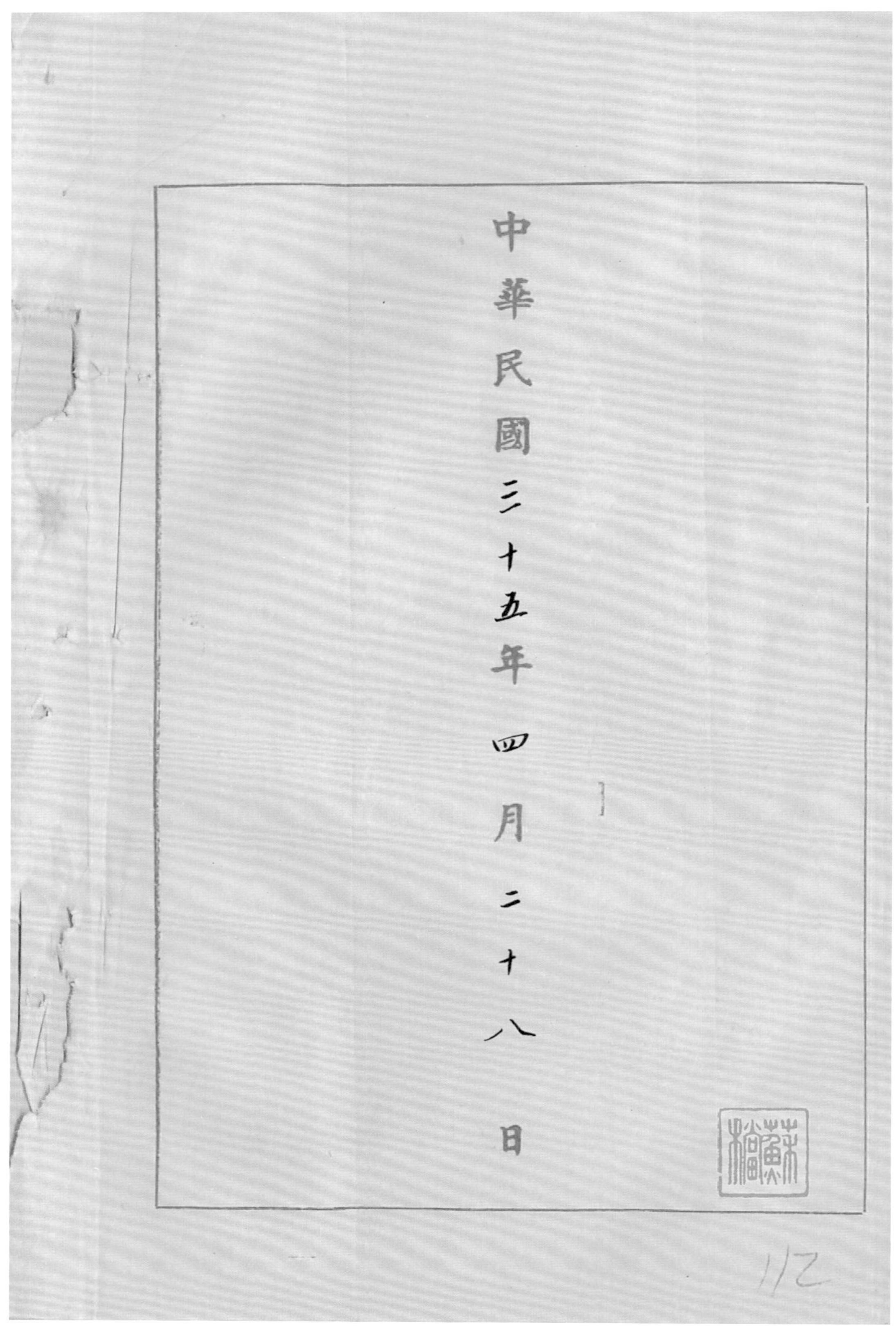

中華民國三十五年四月二十八日

112

附：财产损失报告单（一九四六年四月）

70

财產損失報告表　（表式2）

塡送日期　三十五年　四月　日

損失年月日	事件	地點	損失項目	購置年月	單位	數量	價值（國幣元）購置時價值	價值（國幣元）損失時價值	證件
二十六年八月十日	應征	鎮江	鵬馳柴油引擎二十六座横列客車	廿六年六月	輛	6	共58.80000	所購年未滿三年價值與購時相等以下均同	征用驗收憑單二件本公司所有文卷賬冊多數於民國二十八年二月四日敵机轟炸青陽時焚毁車輛牌照号數無從查考但前江蘇有公路總局或有案可稽另有民國二十五年五月二十五日京滬蘇民運長途汽車公司聯合會出版之長途月刊一卷二期記載欄武宜長途汽車公司概况一文可資參証
二十六年十一月	淪陷被掠	武進	鵬馳柴油引擎二十六座横列客車	廿三年十一月	〃	2	共19.600.00		
〃	〃	〃	雪佛蘭汽油引擎二十六座横列客車	同上	〃	4	共16.000.00		
〃	應征	〃	雪佛蘭汽油引擎長座位公共汽車	〃 〃	〃	2	共8.000.00		
〃	淪陷被掠	〃	雪佛蘭木炭代油炉二十六座客車	〃 〃	〃	1	4.000.00		
〃	〃	〃	司蒂倍克木炭代油炉二十六座客車	〃 〃	〃	1	4.000.00		
〃	〃	〃	雪佛蘭貨車	〃 〃	〃	1	4.000.00		
〃	〃	〃	司蒂倍克五人座轎車	〃 〃	〃	2	共10.000.00		
〃	〃	〃	修理設備擦汽缸機	〃 〃	具	1	價因年久記憶不清		
〃	〃	〃	修理設備冲電机	〃 〃	〃	1	同上		
〃	〃	〃	修理設備打輪胎汽電動机	〃 〃	〃	1	同上		
〃	〃	〃	六尺車床	〃 〃	架	1	同上		
〃	〃	〃	十匹馬達	〃 〃	具	1	同上		
〃	〃	〃	五寸電鑽	〃 〃	〃	1	同上		
〃	〃	〃	三寸電鑽	〃 〃	〃	1	同上		
〃	〃	〃	小千斤頂	〃 〃	隻	5	同上		
〃	〃	〃	油壓式大千斤頂	〃 〃	具	1	同上		
〃	〃	〃	噴漆器	〃 〃	套	1	同上		
〃	〃	〃	機油濾清器	〃 〃	隻	5	同上		
〃	〃	西門總站	各種配件			件數甚多賬冊被焚無從列舉	約計50.000.00		

直轄機關學校團体或事業　名稱　印信

受損失者　武宜長途汽車股份有限公司（武進西瀛里九十一号）

塡報者　薛廸功

姓名　服務處所與所任職務　與受損失者之關係　通信地址　蓋章

武宜長途汽車股份有限公司

513 ~~114~~ ~~113~~ 114

71

財產損失報告表（表式２）

填送日期 三十五年 四 月 日

損失年月日	事件	地點	損失項目	購置年月	單位	數量	價值（國幣元）購置時價值	價值（國幣元）損失時價值	證件
二十六年十一月	淪陷被掠	西門總站	各種修理工具			件數甚多賬冊被焚無從列計	約計50.000⁰⁰		
〃	〃	〃	修車廠平房	卅四年三月	間	10	5.000⁰⁰	5.000⁰⁰	
〃	〃	南門	站屋樓房	〃	〃	8	8.000⁰⁰	8.000⁰⁰	
〃	〃	湖塘橋	〃	〃	〃	3	3.000⁰⁰	3.000⁰⁰	
二十八年五月十五日	被敵拆毁	鳴凰	站屋平房	〃	〃	3	2.100⁰⁰	2100⁰⁰	
〃	〃	南夏墅	〃	〃	〃	3	2100⁰⁰	2100⁰⁰	
二十九年二月五日	〃	前黄	〃	〃	〃	5	5.000⁰⁰	5.000⁰⁰	
二十九年三月八日	〃	運村	〃	〃	〃	2	1.400⁰⁰	1.400⁰⁰	
二十六年十一月	淪陷時被焚	漕橋	〃	〃	〃	10	7.000⁰⁰	7.000⁰⁰	
〃	〃	〃	車棚	廿五年1月	〃	3	1.500⁰⁰	1.500⁰⁰	
〃	〃	西門前黄站	柴油		噸 桶	70 420	6.720⁰⁰	6.720⁰⁰	全面抗戰起奉令購储足敷半年應用之油料本公司遵令儲量購足未及一月即遭淪陷所有購置時票據賬冊均於二十八年二月四日敵机轟炸貴陽時焚毁故無证件
〃	〃	〃	汽油		介侖 听	2000 400	2.000⁰⁰	2.000⁰⁰	
〃	〃	西門油庫	機油		介侖 大桶	1000 20	3.000⁰⁰	3000⁰⁰	
〃	〃	〃	考邦油		介侖 桶	100 2	1.000⁰⁰	1000⁰⁰	
〃	〃	〃	煞車油		介侖 听	30 6	1.800⁰⁰	1800⁰⁰	
〃	〃	〃	黄牛油		大桶	2	800⁰⁰	800⁰⁰	

直轄機關學校團体或事業名称　印信

受損失者　武宜長途汽車股份有限公司（武進西瀛里九十一号）

填報者　薛迪功（印）　姓名　服務處所與所任職務　與受損失者之關係　通信地址　蓋章

（印：武宜長途汽車股份有限公司）

515 716

45116

72

財產損失報告表（表式七）

塡送日期 三十五 年 四 月 日

損失年月日	事件	地點	損失項目	購置年月	單位	數量	價值（國幣元）購置時價值	價值（國幣元）損失時價值	證件
二十六年八月十日	應征	鎮江	鵬馳柴油引擎二十六座橫列客車	廿六年六月	輛	6	共58800元	所辦未滿三年價值與購時相等以下均同	征用驗收憑單二件本公司所有文卷賬册多數於民國二十八年二月四日敵机轟炸青陽時焚毁車輛牌照号数無從查考但前江苏省公路総局或有案可稽另有民國二十五年五月二十五日京沪苏民運長途汽車公司聯益會出版之長途月刊一卷二期記載楓武宜長途汽車公司概况一文可資参証
二十六年十一月	淪陷被掠	武進	鵬馳柴油引擎二十六座橫列客車	廿三年十一月	〃	2	共19.600元		
〃	〃	〃	雪佛蘭汽油引擎二十六座橫列客車	〃	〃	4	共16.000元		
〃	應征	〃	雪佛蘭汽油引擎長座位公共載車	〃	〃	2	共8.000元		
〃	淪陷被掠	〃	雪佛蘭木炭代油爐二十六座客車	〃	〃	1	4.000元		
〃	〃	〃	司蒂倍克木炭代油爐二十六座客車	〃	〃	1	4.000元		
〃	〃	〃	雪佛蘭貨車	〃	〃	1	4.000元		
〃	〃	〃	司蒂倍克五人座轎車	〃	〃	2	共10.000元		
〃	〃	〃	修理設備搪汽缸机	〃	具	1	價因年久記憶不清		
〃	〃	〃	修理設備冲電方棚	〃	〃	1	同上		
〃	〃	〃	修理設備打輪胎汽電動机	〃	〃	1	同上		
〃	〃	〃	六尺車床	〃	架	1	同上		
〃	〃	〃	十匹馬達	〃	具	1	同上		
〃	〃	〃	五寸電鑽	〃	〃	1	同上		
〃	〃	〃	三寸電鑽	〃	〃	1	同上		
〃	〃	〃	小千斤頂	〃	隻	5	同上		
〃	〃	〃	油壓式大千斤頂	〃	具	1	同上		
〃	〃	〃	噴漆器	〃	套	1	同上		
〃	〃	〃	机油濾清器	〃	隻	5	同上		
〃	〃	西門總站	各種配件			件數甚多因原冊被焚無從列舉	約計50.000元		

直轄機關學校團体或事業 名稱　　印信

受損失者 武宜長途汽車股份有限公司（武進西瀛里九十一号）

塡報者 薛廸功　姓名　服務處所與所任職務　與受損失者之關係　通信地址　蓋章

（印：武宜長途汽車股份有限公司）

117 ~~118~~　~~117~~ 118

73

财产损失报告表 （表式之）

填送日期 三十五年 四 月 日

损失年月日	事件	地点	损失项目	购置年月	单位	数量	价值（国币元） 购置时价值	损失时价值	证件
二十六年十一月	沦陷被掠	西门总站	各种修理工具			件数甚多账册被焚无从列举	约计50,000元		
〃	沦陷被焚	〃	修车厂平房	廿四年三月	间	10	5,000元	5,000元	
〃	〃	南门	站屋楼房	〃	〃	8	8,000元	8,000元	
〃	〃	湖塘桥	〃	〃	〃	3	3,000元	3,000元	
二十八年五月十五日	被敌拆毁	鸣凰	站屋平房	〃	〃	3	2,100元	2,100元	
〃	〃	南夏墅	〃	〃	〃	3	2,100元	2,100元	
二十九年二月五日	〃	前黄	〃	〃	〃	5	5,000元	5,000元	
二十九年三月八日	〃	运村	〃	〃	〃	2	1,400元	1,400元	
二十六年十一月	沦陷时被焚	漕桥	〃	〃	〃	10	7,000元	7,000元	
〃	〃	〃	车棚	廿五年一月	〃	3	1,500元	1,500元	
〃	沦陷时被掠	西门前黄站	柴油		吨 桶	20 420	6,720元	6,720元	全面抗战起奉令购储足敷半年应用之油料未及一月即遭沦陷所有购置时原始单据账册均于二十八年二月四日敌机轰炸貢防时焚毁故无证件
〃	〃	〃	汽油		介仑 听	2000 400	2,000元	2,000元	
〃	〃	西门油库	机油		介仑 大桶	1000 20	3,000元	3,000元	
〃	〃	〃	考邦油		介仑 桶	100 2	1,000元	1,000元	
〃	〃	〃	煞车油		介仑 听	30 6	1,800元	1,800元	
〃	〃	〃	黄牛油		大桶	2	800元	800元	

直辖机关学校团体或事业 名称 印信

受损失者 武宜长途汽车股份有限公司（武进西沄里九十一号）

填报者 薛迪功 姓名 服务处所与所任职务 与受损失者之关系 通信地址 盖章

武宜长途汽车股份有限公司

119 120

（二）征用民船沉入江阴封锁长江损失

无锡县政府关于孙福泉等九人抗战期间损失船舶事致江苏省建设厅的呈（一九四六年二月十二日）

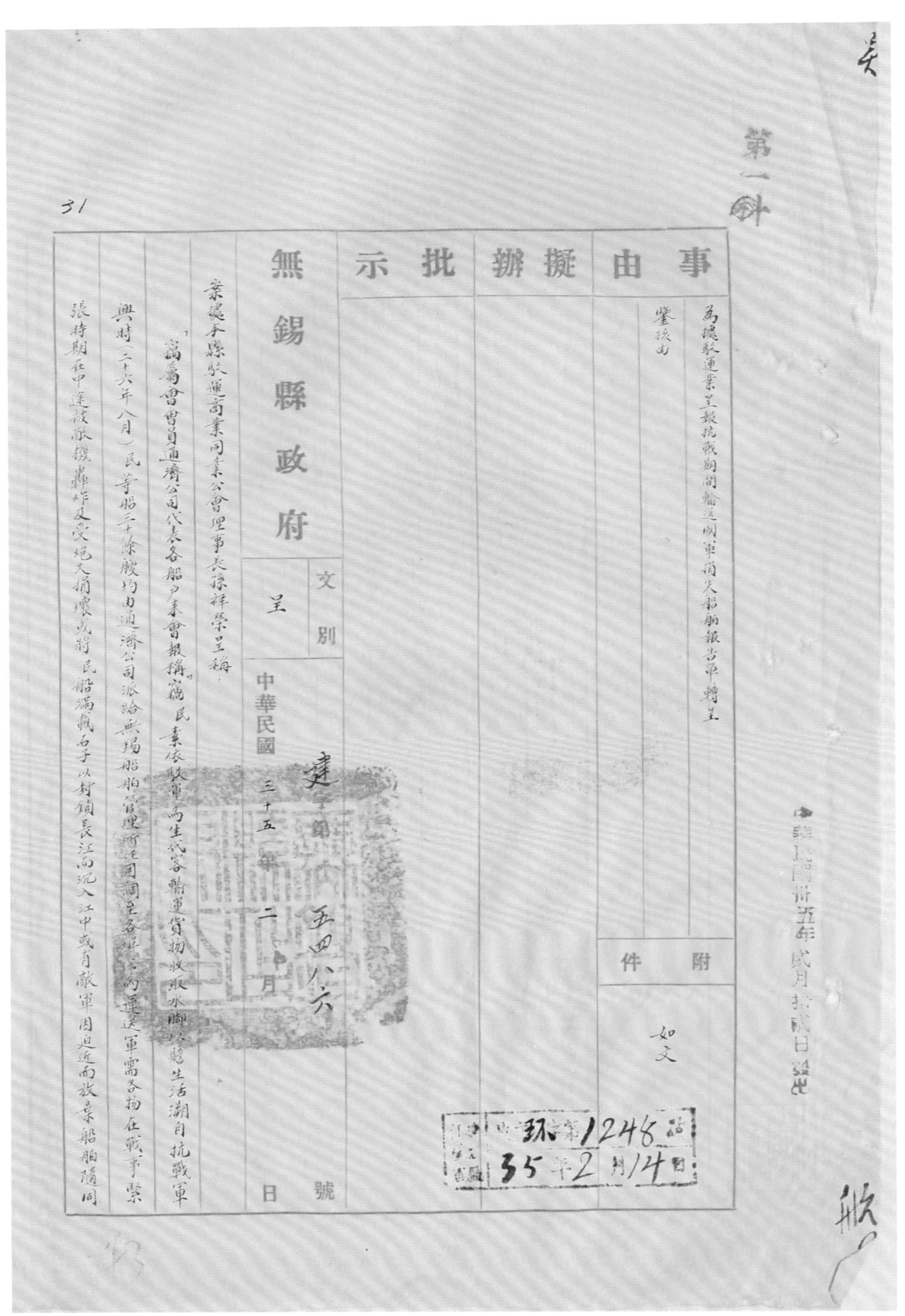

无锡县政府

文别：呈

中華民國三十五年二月　日　建字第五四八六號

事由：爲據駁運業呈報抗戰期間輸送國軍損失船舶報告單轉呈鑒核由

擬辦

批示

附件：如文

案據本縣駁運商業同業公會理事長孫祥榮呈稱：「竊屬會會員通濟公司代表各船户來會報稱：『竊民等素依駁運爲生，代客輸運貨物，收取水脚，以贍生活。溯自抗戰軍興時（二十六年八月），民等船三十餘艘均由通濟公司派給無錫船舶管理所征用，調至各埠以為運送軍需各物，在戰事緊張時期在中途被敵機轟炸及受炮火損壞，或將民船滿載石子以封鎖長江而沉入江中，或有敵軍因迫近而放棄船舶，隨同

中華民國卅五年貳月拾貳日發出

35年2月14日　環字第1248號

國軍改由陸路前進船上員工被國軍征爲伕子隨軍服役故民等出發之船三十餘艘安然返錫者極爲少數現我國家勝

利民間因戰爭而受之損害得依實報請償還業由政府明令公佈爲此遵照原由填具財産損失報告單九紙到會

等由查各該船户所具事實及受損情形確屬實在理合呈請鈞府鑒核准賜層轉請求請償以彰國令而維民權實爲

德便

等情附呈財産損失報告單九份據此理合檢附原報告單一併備文轉呈仰祈

鑒核實轉

謹呈

江蘇省建設廳廳長董

附呈財産損失報告單九份

無錫縣縣長范錫生

附：财产损失报告单

财产损失报告单　填送日期 35 年 1 月 30 日

损失年月日	事件	地点	损失项目	建筑或购置年月	单位	数量	价值（国币元）购置时价值	价值（国币元）损失时价值	证件
26年10月17日 阴历	该船由第三战区船舶管理所派给国军一百六十师在杨舍黄渡一带服务被敌军砲轰沉	在青浦县三江口	35吨木船壹只 全部生财什物	民国25年造	驳船	壹只	当时船身造费洋1200元 全部生财费洋400元	照此时购价值洋	1920元

填报机关名称（加盖印信）

主管长官职称及姓名（加盖官章）

受损失者（签名盖章）孙福泉［印］

填报者（签名盖章）理事长孙锦荣［印］ 无锡驳运商业同业公会

服务处所 通商公司 与职称 馆 店

与受损失者之关系 会员

通讯地址 无锡大河池街38号

32

財產損失報告單

填送日期 35年1月30日

損失年月日	事件	地點	損失項目	建築或購置年月	單位	數量	價值（國幣元）建築或購置時價值	價值（國幣元）損失時價值	證件
26年10月底陰曆	該船因軍36師征用在湖州杭州一帶服務後因敵機轟炸被迫放棄，船員位[illegible]	浙江湖州	財船全部四十噸	民國15年	財船	壹隻	船身製造費 1600元 生財什物 500元	總計損失時價值 25520元	證件隨船而棄。

填報機關名稱（加蓋印信）無錫縣航運商業同業公會

受損失者（簽名蓋章）錢阿泉（印：錢阿泉）

填報者（簽名蓋章）理事 孫祥[illegible]

服務處所與職務 [illegible]輪船公司 船戶

與受損失者之關係 會員

通訊地址 無錫大河池街38號

33

財產損失報告單

填送日期　　年　　月　　日

損失年月日	事件	地點	損失項目	建築或購置年月	單位	數量	價值（國幣元）建築或購置時價值	價值（國幣元）損失時價值	證件
該船自二六年八月間由通濟公司派給兵站服務，迄今八載消息全無	損失情形不明，船員迄今亦未返，恐被敵機炸沉		35噸駁船 船上全部生財什物	民國十七年	駁船	壹隻	船身造費幣1200元 船上生財什物幣500元	總計損失時價值幣2040元	證件無，可向通濟駁船公司調查證明（地址在長安路上孟淵弄內）

填報機關名稱（加蓋印信）

主管長官職稱及姓名（加蓋官章）

受損失者（簽名蓋章）楊金生 [印：楊金生印]

填報者（簽名蓋章）無錫縣運輸商業同業公會 理事長張祥榮 [印]

服務處所：通濟公司　與受損失者之關係：會員　通訊地址：無錫大河池沿38號

職務：船戶

[紅印：無錫縣運輸商業同業公會……通濟駁船公司]

36

財產損失報告單

填送日期 35 年 1 月 30 日

損失年月日	事件	地點	損失項目	建築或購置年月	單位	數量	價值(國幣元) 建築或購置時價值	價值(國幣元) 損失時價值	證件
26年12月10日(陰曆)	該船滿載手榴彈敵機追近被國軍八十八師軍部派員焚燬沉沒	在南京浦口	35噸財船壹隻 船上生財什物等	民國廿年造	財船	壹隻	船身 計 1000元 生財什物 計 500元	船身計 1200元 生財等計 600元 總計損失時價值計 1800元	證件船燬全無現有內無屬 通知公司調查證明

填報機關名稱(加蓋印信) 無錫縣船運商業同業公會

主管長官職稱及姓名(加蓋官章) 理事長 徐[illegible]

受損失者(簽名蓋章) 沈和根

填報者(簽名蓋章)

服務處所與職稱 [illegible]

與受損失者之關係 會員

通訊地址 無錫 大河池街38號

55

財產損失報告單

填送日期　　年　　月　　日

損失年月日	事件	地點	損失項目	建築或購置年月	單位	數量	價值(國幣元) 建築或購置時價值	價值(國幣元) 損失時價值	證件
26年12月8日(陰曆)	該船滿載炮彈，敵機追近，被國軍八十八師軍部命令焚燬沉沒	南京中華門	50噸駁船壹隻 全部生財	24年4月製造	駁船	壹隻	船身造價洋2000元 全部生財計洋700元	船身……洋2200元 生財計洋770元 總計損失時價值洋2970元	證件與船全燬，可向通濟公司調查證明

填報機關名稱(加蓋印信)　　　　主管長官職稱及姓名(加蓋官章)

受損失者(簽名蓋章)許根祥 [印]　　填報者(簽名蓋章)理事長孫祥榮 無錫縣駁運商業同業公會 [印]　　服務處所通濟公司 與職務船戶　　與受損失者之關係會員　　通訊地址無錫大河池街38號

36

財產損失報告單　填送日期 35 年 1 月 30 日

損失年月日	事件	地點	損失項目	建築或購置年月	單位	數量	價值（國幣元）		證件
							建築或購置時價值	損失時價值	
27年4月5日	戰事緊迫船隻被徵入敵手經國軍縱火燬壞船員鈕彥林子	安徽省亳縣東十里許公鎮	四十噸西式帆船一艘生財傢俱一切在內	民國十五年	駁船	壹隻	購置時價值 1200元 生財 500元	船本身時價值 1440元 生財什物 600元 總計損失數 2040元	損失者以船為家證件全燬可向通濟輪船公司調查

填報機關名稱（加蓋印信）　　　　主管長官職稱及姓名（加蓋官章）

受損失者（簽名蓋章）錢嘉壽

填報者（簽名蓋章）理事長孫祥榮　無錫縣輪船運商業同業公會

服務處所通濟公司船舶　與受損失者之關係 會員

通訊地址 大河池街38號

37

財產損失報告單

填送日期35年1月30日

損失年月日	事件	地點	損失項目	建築或購置年月	單位	數量	價值(國幣元)		證件
							建築或購置時價值	損失時價值	
民國三十年八月	敵機大隊轟炸被迫放棄	湖南省衡陽	四十噸油渣船連及生財傢俱什物一切在內	民國拾四年	駁船	壹隻	船身購置時價值洋1500元 生財傢俱什物洋500元	船身……洋1800元 生財傢……洋600元 總計損失時價值洋2400元	證件可向通濟公司調查

填報機關名稱(加蓋印信)　　主管長官職稱及姓名(加蓋印章)

受損失者(簽名蓋章) 許祥生 [印]

填報者(簽名蓋章) 理事長[illegible] 無錫縣駁運商業同業公會　服務處所與職務 通濟公司駁船　與受損失者之關係 會員　通訊地址 大河池街38號

[印] 無錫縣駁運商業同業公會……通濟駁船公司

38

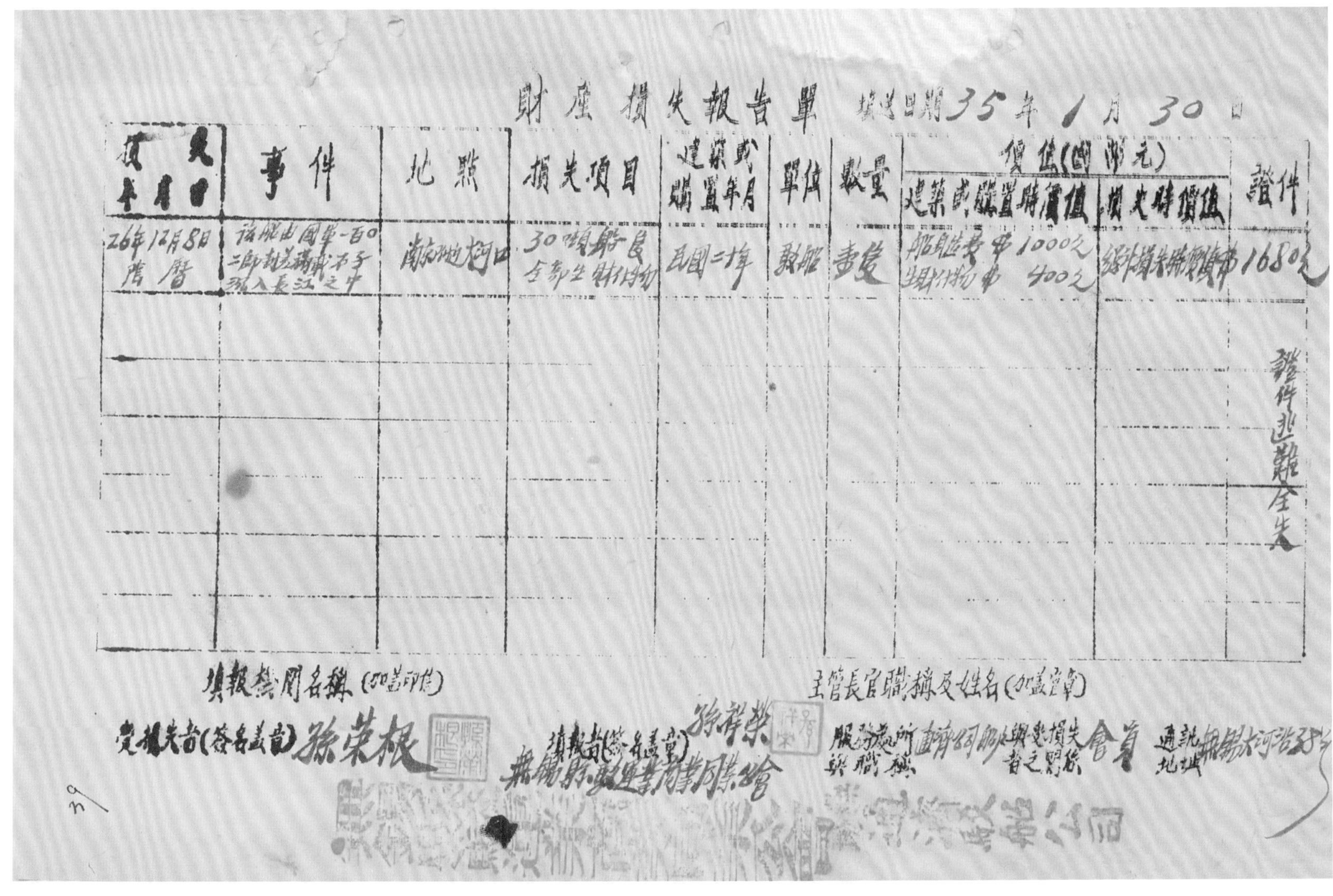

財產損失報告單　填送日期35年1月30日

損失年月日	事件	地點	損失項目	建築或購置年月	單位	數量	價值(國幣元) 建築或購置時價值	價值(國幣元) 損失時價值	證件
26年12月8日 陰曆	該船由國軍一百〇二師封[illegible]沉入長江之中	南京[illegible]大河口	30噸船隻 全部生財什物	民國二十年	駁船	壹隻	船隻每 1000元 生財什物每 400元	總計損失時價值每 1680元	證件逃難全失

填報機關名稱(加蓋印信)　無錫縣駁運業商業同業公會

主管長官職稱及姓名(加蓋官章)

受損失者(簽名蓋章)　孫榮根

填報者(簽名蓋章)　孫祥榮

服務處所與職務　通濟公司船户

與受損失者之關係　會員

通訊地址　無錫大河池38號

39

財產損失報告單

填送日期 35 年 1 月 20 日

損失年月日	事件	地點	損失項目	建築或購置年月	單位	數量	價值(國幣元) 建築或購置時價值	價值(國幣元) 損失時價值	證件
民國廿六年十二月	該船由國軍封塞满裝石子沉入長江之中	江都縣施桥鄉沙頭口	45噸船一隻全部生財什物	民國二十年	駁船	一隻	船身造費 ¥15000 生財什物 ¥1000	合計 ¥16000	逃難全失

填報機關名稱(加蓋印信)

主管長官職稱及姓名(加蓋官章)

受損失者(簽名蓋章) 黄福根

填報者(簽名蓋章) 孫祥榮

無錫縣駁運同業公會

服務處所與受損失者之關係 通濟公司船戶 會員

通訊地址 無錫大河沿卅六号

20

溧阳通商轮船公司关于轮船被征调用全部毁失事致江苏省政府的呈（一九四六年三月十八日）

102

江苏省政府 建字第783號 35年3月22日收

建設廳

呈

第一一〇

事由	擬辦	批示	備考
為輪船被徵調用全部毁失請求據轉核辦由			

附件

江蘇省建設廳 收文 1247號 35 3 月23日

702

收文　字第　號

字第　號　年　月　日　時到

竊本公司於民國十七年份成立先後置有利通新安祥安追風祥通五輪均領有部關各照關駛溧陽梅渚金壇宜興丹陽奔牛鎮江等航綫在案及至事變發生滬戰開始迭奉

政府訓令將所有輪船編為小隊專供國家輸運之用如遇意外員工傷亡或輪船毀失概由國家卹養及賠償等因茲經戰事結束本公司所有輪船除祥通一輪於二十七年份被無錫漢奸袁子順用強力劫取開往無錫不知去向須另案呈請究追外其餘各輪均因公毀失無一存在查祥安輪並長源拖船一艘在南京徵用為司令船（時出租在南京通湖輪局）被敵機炸毀利通輪被江蘇建設廳徵用至鎮江適敵軍進攻逃往江北現雖經追回但已破敗不堪追風新安兩輪被第十三兵站徵用拖送汽油赴蘇至中途石塘灣地方遇敵機掃射新安輪被毀二副鍾盤生大腿受傷現成殘廢追風輪逃至蘇州移交於第十七兵站差用迄無下落本公司在戰事期內受如此重大損失欲求恢復頗非易事如不復業全体員工不下一百餘人其生活又無法維持不得已除分呈

209

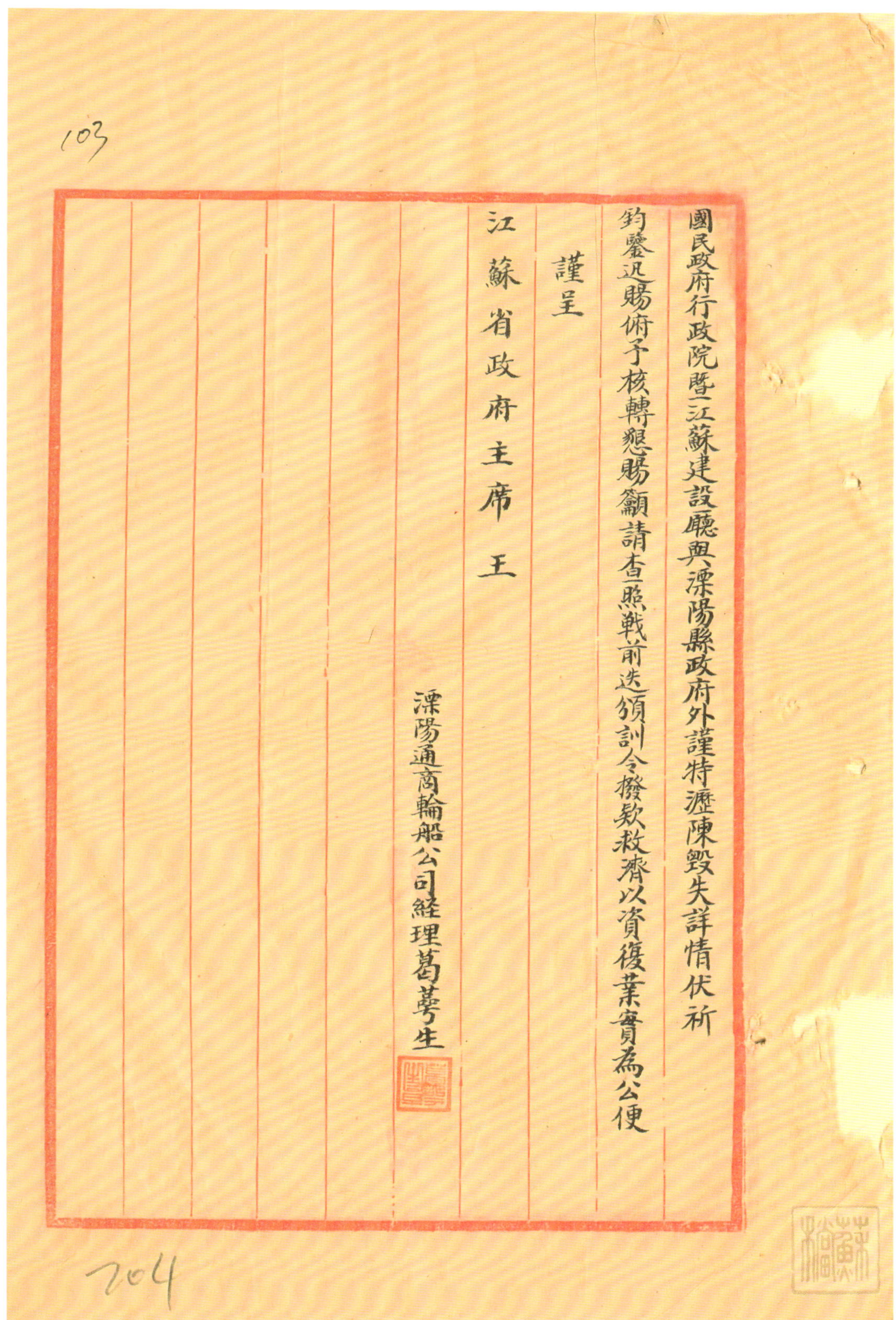

國民政府行政院暨江蘇建設廳與溧陽縣政府外謹特瀝陳毁失詳情伏祈
鈞鑒迅賜俯予核轉懇賜顧請查照戰前迭須訓令撥欵救濟以資復業實爲公便
謹呈
江蘇省政府主席 王
溧陽通商輪船公司經理葛夢生

103
204

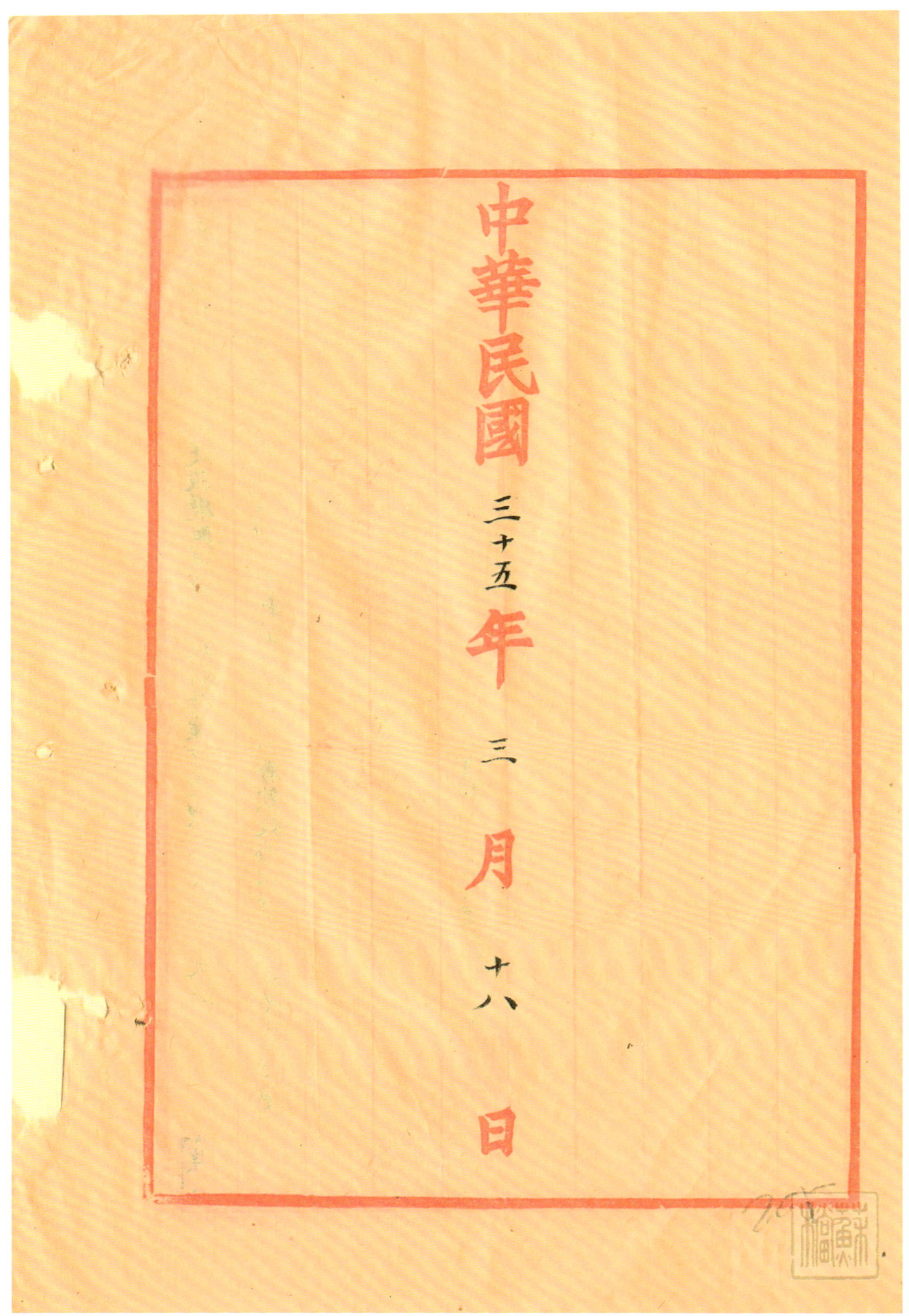
中華民國三十五年三月十八日

张义源、交通部、江苏省政府关于张义源盐船被省政府征用封锁长江请求赔偿事的往来公文

（一九四六年六月八日至九月十三日）

交通部致江苏省政府的公函（一九四六年六月八日）

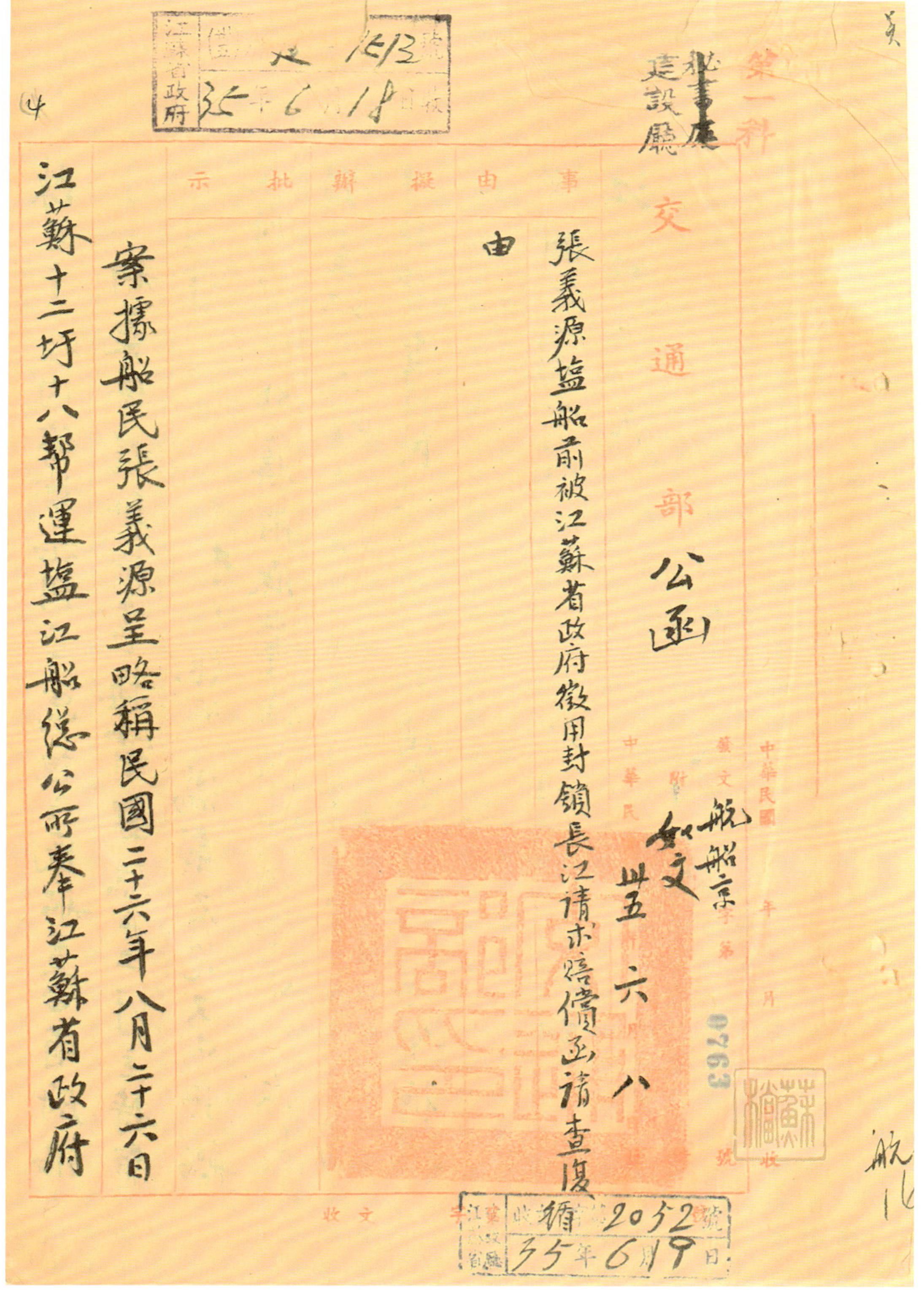

交通部公函

事由：張義源鹽船前被江蘇省政府徵用封鎖長江請求賠償函請查復由

案據船民張義源呈略稱民國二十六年八月二十六日江蘇十二圩十八幫運鹽江船總公所奉江蘇省政府

陳主席任内傳諭征用二十萬担之民船並由省府派第一科長楊鴻勛秘書梅霖親臨十二圩主持督飭辦理民船由小輪拖到龍潭滿載石片又由兵艦拖到江陰北口將船底鑿通船遂沉塞水中作封鎖長江之工程懇准予酌情賠償損失等情附抄件到部查該民船被徵用封鎖長江本部無案稽據稱前情相應照錄原呈暨附件函請

查照飭屬查明見復以憑核辦爲荷此致

江蘇省政府

附抄件

部長俞大維

監印

校對

監印范祖同

5

抄件

窃民張義源安徽桐城縣孔城區楊灣鄉劉家嘴人氏素以撑鹽船為業作為餬口之生計船名扁子係屬漕幫載量一千二百八十包合計有一千六百四十担情因於民國二十六年八月廿六日江蘇十二圩十八幫運鹽江船總公所奉江蘇省政府陳主席往內傳諭征用二十萬担之民船供應軍事上之運輸應征之江船其船隻價格以每包作成本一元計算如有損壞船隻由公家照每包一元補貼損失人工伙食歸公家供給開船時照成本先付一成船主之家眷均須離船上岸居住等因並由 省府派第一科長楊鴻勛秘書梅霖親臨十二圩主持督飭辦理當時各集合船主

開緊急會議並經規定如往前方供差之船萬一不幸設有為國犧牲被難者無論公家有無賠卹我縣方未供差之船應盡互助之義貼補損失等語當場揭科長對民等訓話又諄諄曉以大義民雖賴船為生活之工具但國家征用只好服從命令而已故於八月二十八日將民家小離岸船即自十二圩由小輪拖到龍潭滿載石片又由兵艦拖到江陰北口特船底鑿通船遂沉塞水中竟作封鎖長江之工程時在農曆八月初二日下午五時左右查民船自為國犧牲只僅由政府發給國幣壹百二十八元後又發一千一百五十二元總共只有一千二百八十元之作為臨時生活之補

6

助惟民船當時價值在會議討論時每包需值八元以上全船總值壹萬元至民船沉塞江陰係原議係方來供差之船應盡互助之義賠補損失規定彼時因敵人威脅長江人心惶恐自顧不遑迄未踐行互助之義民船由公家聊給臨時生活之補助但當時尚不敷船上伙計及一切之開銷從此以後民全家餬口之生機即陷於絕境九年以來窮飢欲死無地求生所遭慘狀莫可言宣流離顛沛至今尚無以為家損失實屬不貲再江蘇十二圩十八幫鹽運江船總公所組織又早已解散而過去主持及參加人員因亂之後人事滄桑更多變化所幸民船牺牲

尚有文件可證茲當國家勝利之際百姓重見天日之時前閱本年二月十日和平日報第二版內載戰時損失民船將可獲得賠償交通部已擬具辦法呈政院核示其內容概要如下（一）交通部估計軍事上徵用沉塞及軍公運輸損失船隻約為十三萬餘噸約為戰前幣值九百餘萬元（二）補償辦法根據戰前船舶登記價值標準（三）據照物價指數及年齡折舊等項計算實價等新聞一則恭讀之下不勝銘感足徵中央體卹人民無微不至茲將民船為國犧牲經過及受損失與困苦情形理合據實陳瀝下忱並抄附江船總公所通知及幫董何幼三收到船照收條及領到條

各一紙一併呈奉
鈞部鑒核體卹民困准予酌情賠償損失以維生命
並乞
示遵無任感禱待命之至謹呈
交通部
附抄呈十二圩十八幫運鹽江船總公所及幫中董何幼
山收到船戶收條各一紙及領到文書一紙
船民張義源謹呈
現住南京下關寶善街二百五十號

附二：一九三七年运盐江船执照及第一科便签

貳拾陸年份運鹽江船執照

財政部兩淮[illegible]鹽務處 給

發船照事奉[illegible]江船換照[illegible]補充條文經兩淮支所飭令各江船[illegible]改訂換照條文十三項呈奉兩淮分所轉奉財政部鹽字第七五九七號指令以改訂江船換照條文尚屬簡要[illegible]准如擬辦理飭即遵照等因遵將奉准條文十三項刊於船照背面仰該船戶遵照切切此令

計開 運鹽江船第[illegible]號

8

抄件

附件一　江蘇十二圩十八帮運鹽江船總公所通知

逕啓者本年八月二十六日奉儀徵縣長江蘇省政府委员傳諭徵用二十萬担之民船供應軍事上之運輸應征之江船其船隻價格以每包作成本一元計算如有損壞船隻由公家照每包一元補貼損失人工伙食歸公家供給開船时照成本先付一成船主之家眷均須離船上山岸居住等因隨於當日由本公所召集全体船主緊急會議議决二点如下(一)犹前方供差之船萬一不幸設有為國犧牲被難者無論公家有無賠卹我後方未供差之船應尽互助之義貼補損失凡装一千包以下之船遇難者損失

者每包貼補國幣一元裝千包以上之船每包貼補國幣五角以資救濟（二）貼補損失費湘岸每票提捐國幣一百五十元西岸每票提捐國幣一百元皖岸照大票推算提捐國幣五十元上下食岸亦照大票推算提捐國幣二十五元此項捐款原為貼補供差各船被難犧牲之用如供差之船安全回埠不須貼補則此項捐款如數退還出捐人不得提作別用此捐從八月廿六日點籌之船起捐呈請

放鹽處代收保管至戰事平息為止已錄在卷特特議案錄函奉達以資憑證即希

空編底No.—35.5.—100000

查照爲荷此致

漕幫張義源船主

證明人 吴松坪
唐岳峯
殷志周
吴秉成
王瑞初

中華民國二十八年八月二十八日 印

江蘇十二圩十八幫運鹽總公所啓

附四：帮董何幼山收到船照收据

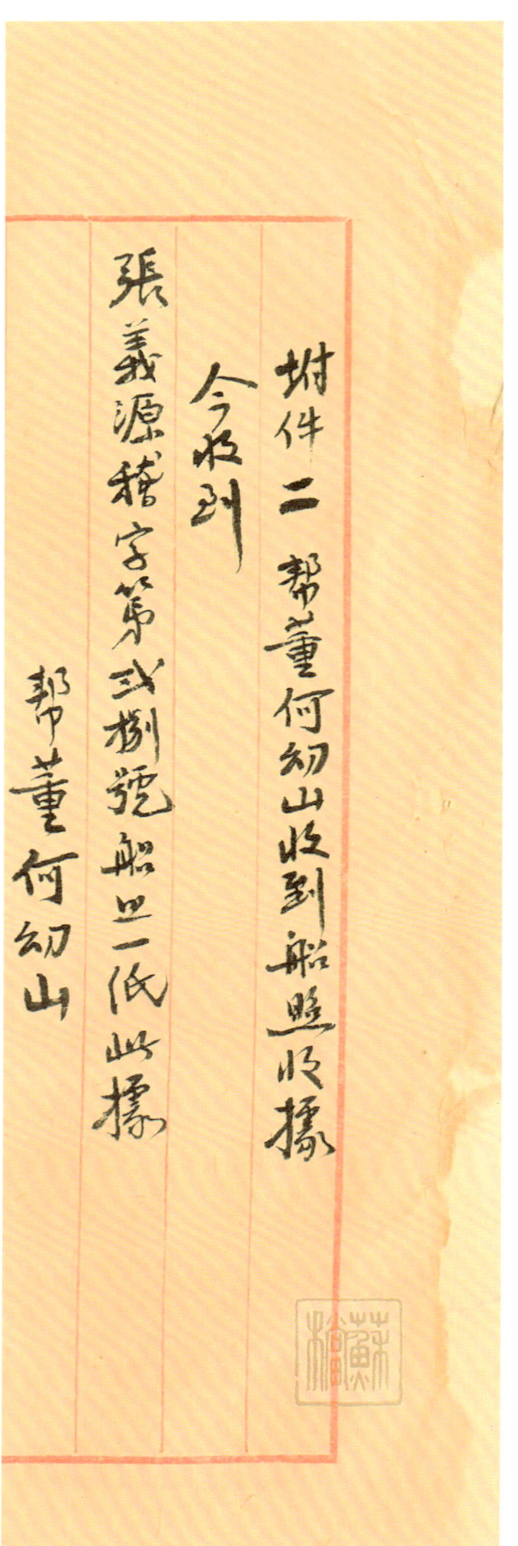

附件二　帮董何幼山收到船照收據

今收到

張義源積字第弍捌號船照一紙此據

帮董何幼山

附五：领到条（一九四六年八月二十八日）

10

附件三　領到条

今領到

江蘇省政府發给國幣壹百貳拾捌元正

領款船户　張義源

（船照楷字第貳捌號）

證明人十八帮江船總公所主席段兆塤

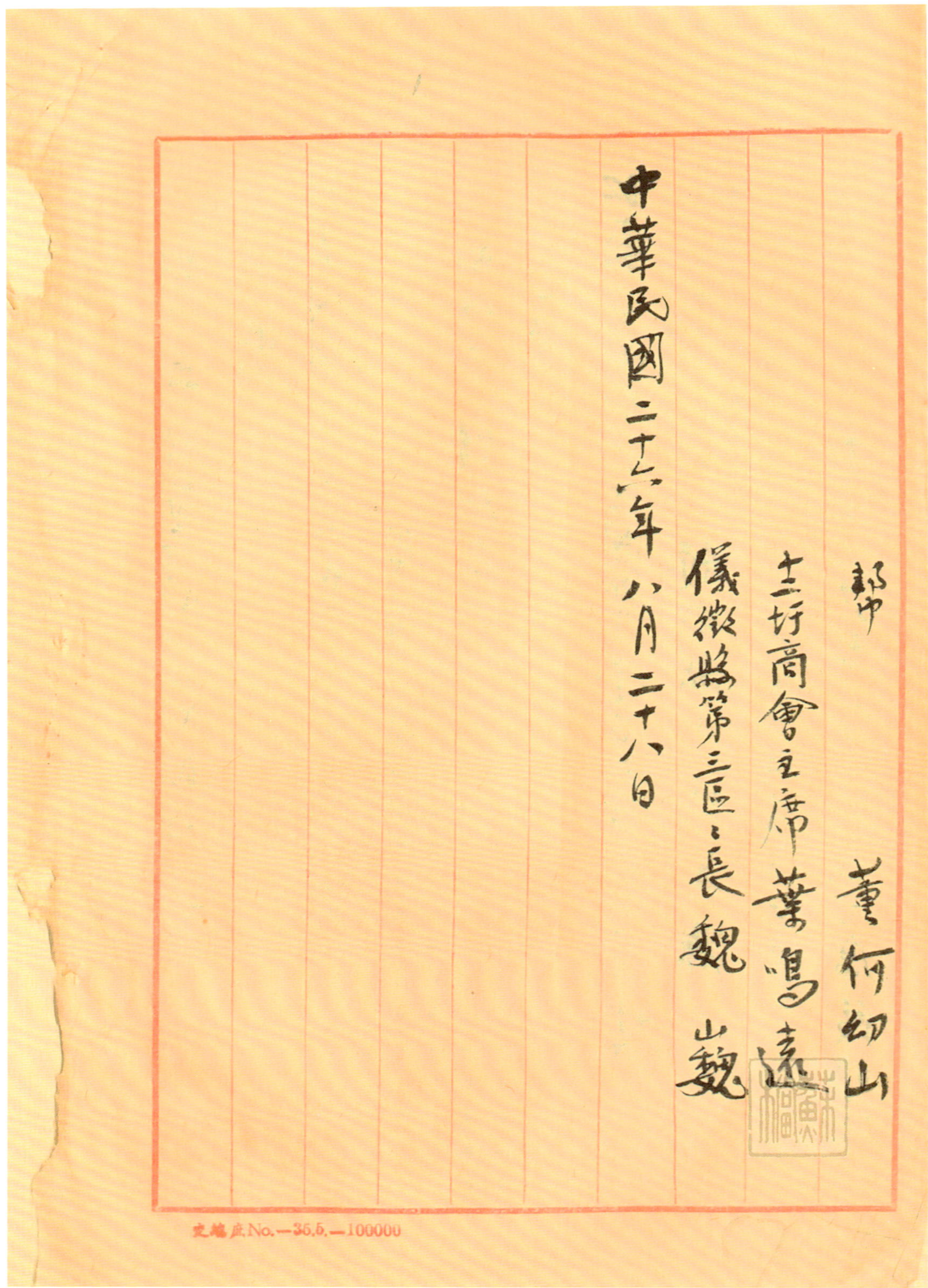

鄉中　董何幼山

土圩商會主席葉鳴遠

儀徵縣第三區區長魏山魏

中華民國二十六年八月二十八日

文總處No.—35.5.—100000

附六：江苏省建设厅、省政府等便签

查本省二十六年征用蓝船曾由财政厅职员汪茂庆亲自发款。汪现任江苏省农民银行副总经理，经往询问，据云此款本厅由中央发给，中央延不发给，当由省府垫付，呈决定以载重核计给价，每蓝一包给价一元，当时被征用之船钱船两清云云。谨据此说拟稿呈

核

江蘇省建設廳便牋

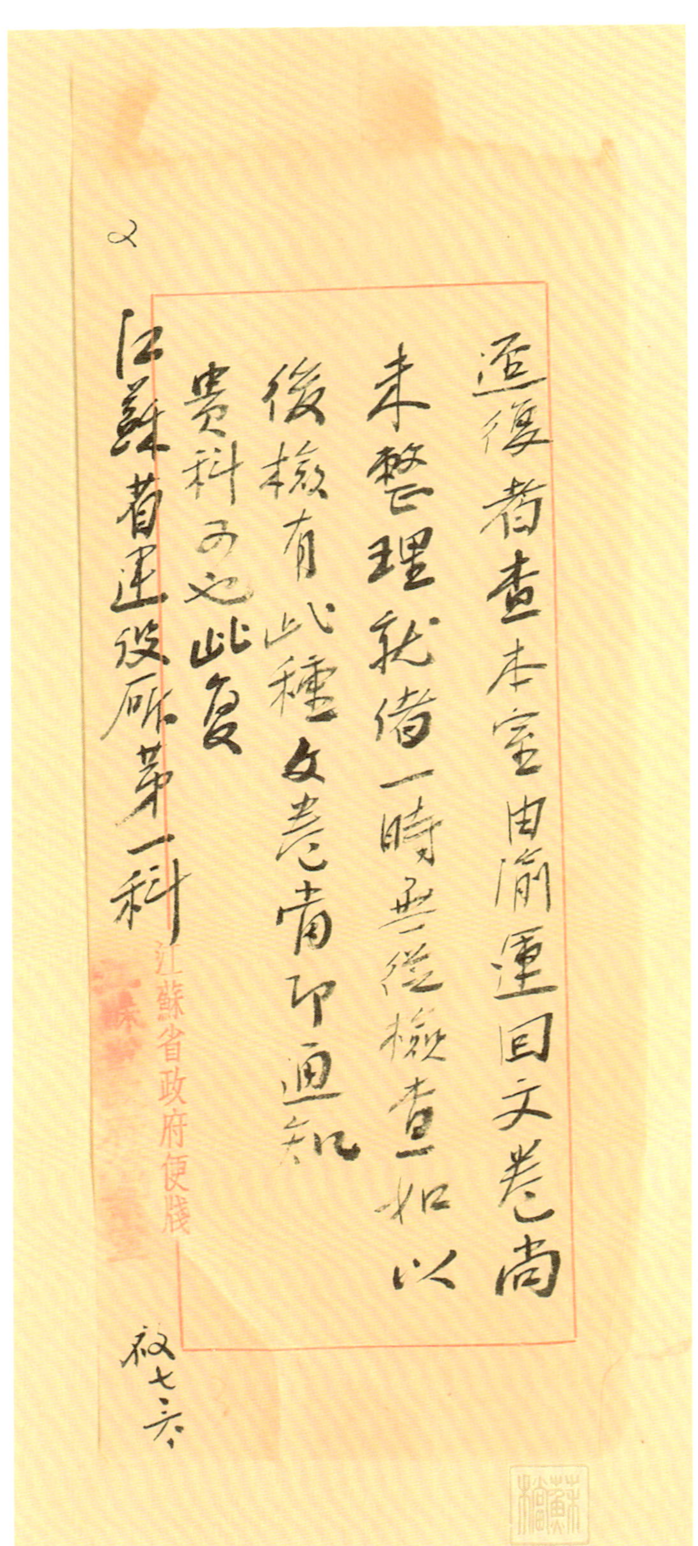

2

逕復者查本室由渝運回文卷尚未整理就緒一時無從檢查如以後檢有此種文卷當即函知

貴科可也此復

江蘇省建設廳第一科

江蘇省政府便箋

卅七、六

楊鴻勛稱用鹽船破害其事惟所征之船既有數十艘每艘需即費給船價數千元不知省府之復興舊業中有案卷可稽請再說法一查

六廿子

张义源致江苏省政府的呈（一九四六年九月十三日）

民政厅

第一科

建2160

35年9月17

事由	擬辦	批示	備考
呈為鈞府征用沉塞之鹽船請查前案及偵查証據准予轉函交通部代為証明以利請償損失			
附件：通知抄件一、收條抄件二			

字第　號　年　月　日　時到

號

統16

3322

35　9　18

呈為戰時征用沉塞鹽船，懇請查案及偵查証據，准予轉函交通部代為証明，以利請償損失事。竊民張義源，安徽桐城縣人，素以操鹽船為業，船名扁子，載重一千二百八十包，合計一千六百四十担，帮名漕帮，情因於民國二十六年八月二十六日，奉

鈞府派第一科楊科長鴻勛，梅秘書霖親臨十二圩，召集各船主會議，以奉

省府傳諭，征用二十萬担之民船，供應軍事上之運輸，應征之江船，其船隻價格，以每包作成本一元計算，如有損壞船隻，由公家照每包一元補貼損失，並規定如往前方供差之船，萬一不幸，設有為國犧牲被難者，無論公家有無賠卹，我後方未供差之船，應盡互助之義補貼損失等因，當時楊科長訓話，又諄諄曉以為國犧牲之大義，將來國家存在，自

30

有辦法賠償你們損失等語，故於八月二十八日即用小兵艦將民船由十二圩拖往龍潭滿載石塊到江陰北口沉塞，充作封鎖長江之用，民船為國犧牲後，僅領到少數之臨時生活補助費，但民船為最有價值之新船，當時討論，全船總值壹萬元，至船沉塞江陰後，原議後方未供差之船，應盡互助之義賠補損失規定，彼時因敵人威脅長江，人心惶恐，自顧不暇，任何方面亦迄未踐行互助之義，民雖由公家聊給臨時生活之補助，但當時尚不敷船上伙計一切之開銷，從此以後，民之全家餬口生機，不啻斬斷，九年以來，窮愁欲死，無地求生，所受損失慘重，實不堪言狀，茲幸抗戰勝利，重見天日之時，又閱本年二月十日和平日報發表，交通部擬具辦法，戰事征用損失民船可獲得賠償，其內容概要如下（一）交通部估計軍事上征用沉塞及軍公運輸損失船隻，約為十三萬餘噸，約為戰前幣值九百餘萬元（二）補償辦法根據戰前船舶登記價值為法定標準（三）據照物價指數及年齡折舊等項，計算實值等語，不勝感禱之至，除已經據實呈請 交通部辦理外，嗣奉批示開：「查該民船被征用封鎖長江，本部無案可稽，業經函請江蘇省政府函復，俟復到再行核辦此批。」等因奉此，惟此案當時被征用情形，實由

鈞府派員主持辦理，現既承 國家體卹人民有補償損失之至意，理合抄同江船總公所通知及船照收條臨時補助生活費收條各乙份，呈請

31

钧府鉴核俯念为国牺牲之盐船及困苦情形，准予详查征用前案，及侦查证据，赐即转函交通部代为证明，以利进行，实为公德两便。

谨呈

江苏省政府

附呈证明抄件三份

具呈船民张义源（张义源章）谨呈

通讯处：南京下关宝善街二百五十号

张德顺铁铺转

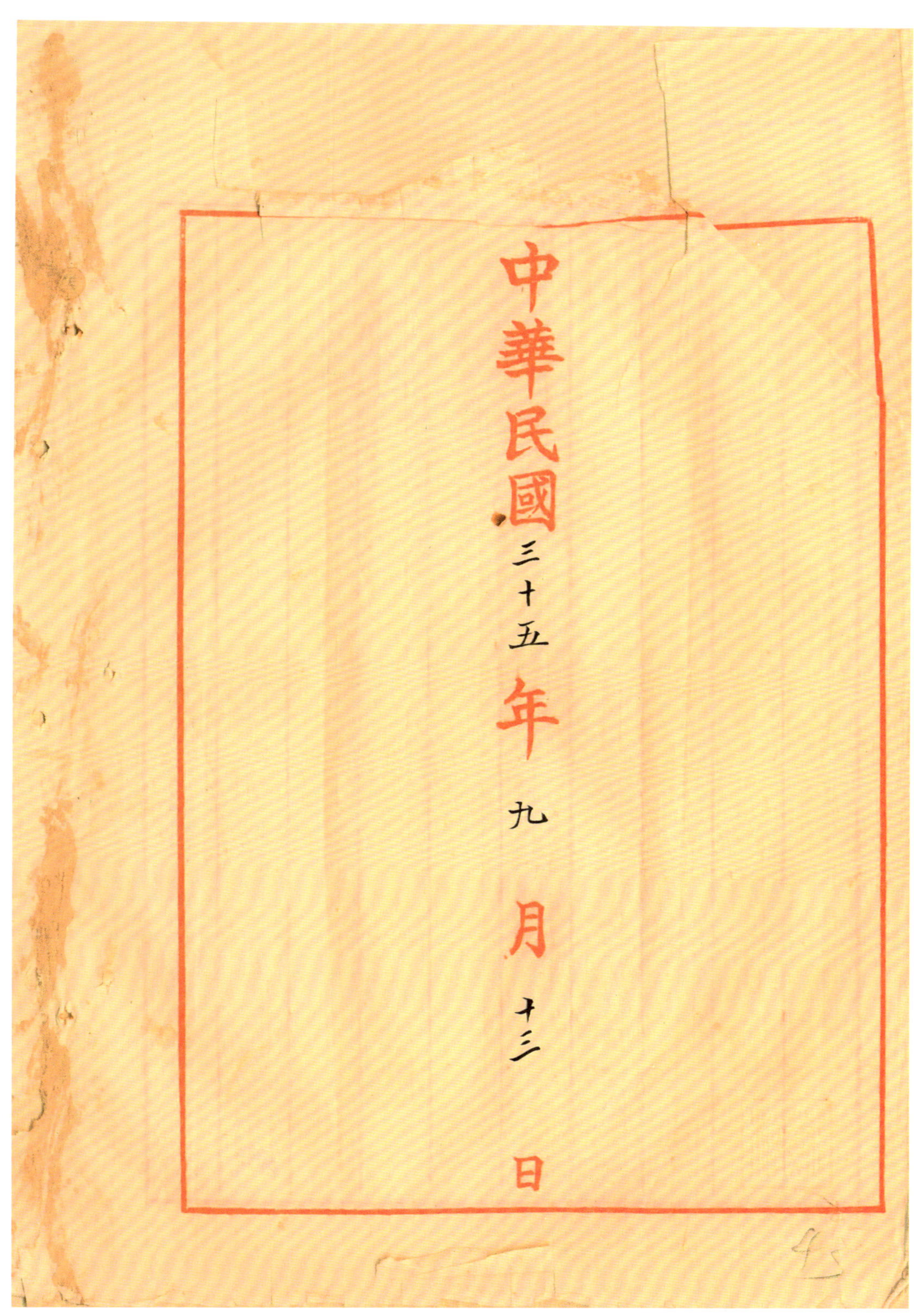
中華民國三十五年九月十三日

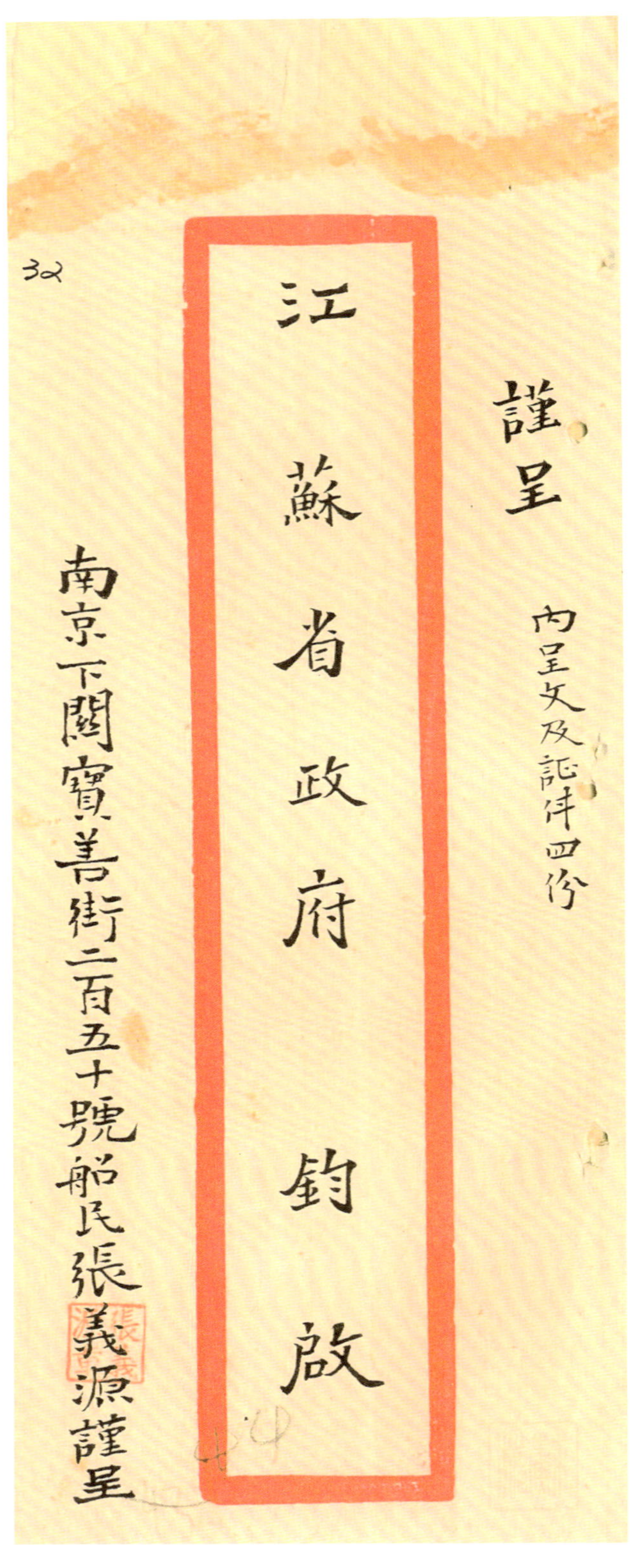
32

谨呈

内呈文及証件四份

江蘇省政府鈞啟

南京下關寶善街二百五十號船民張義源謹呈

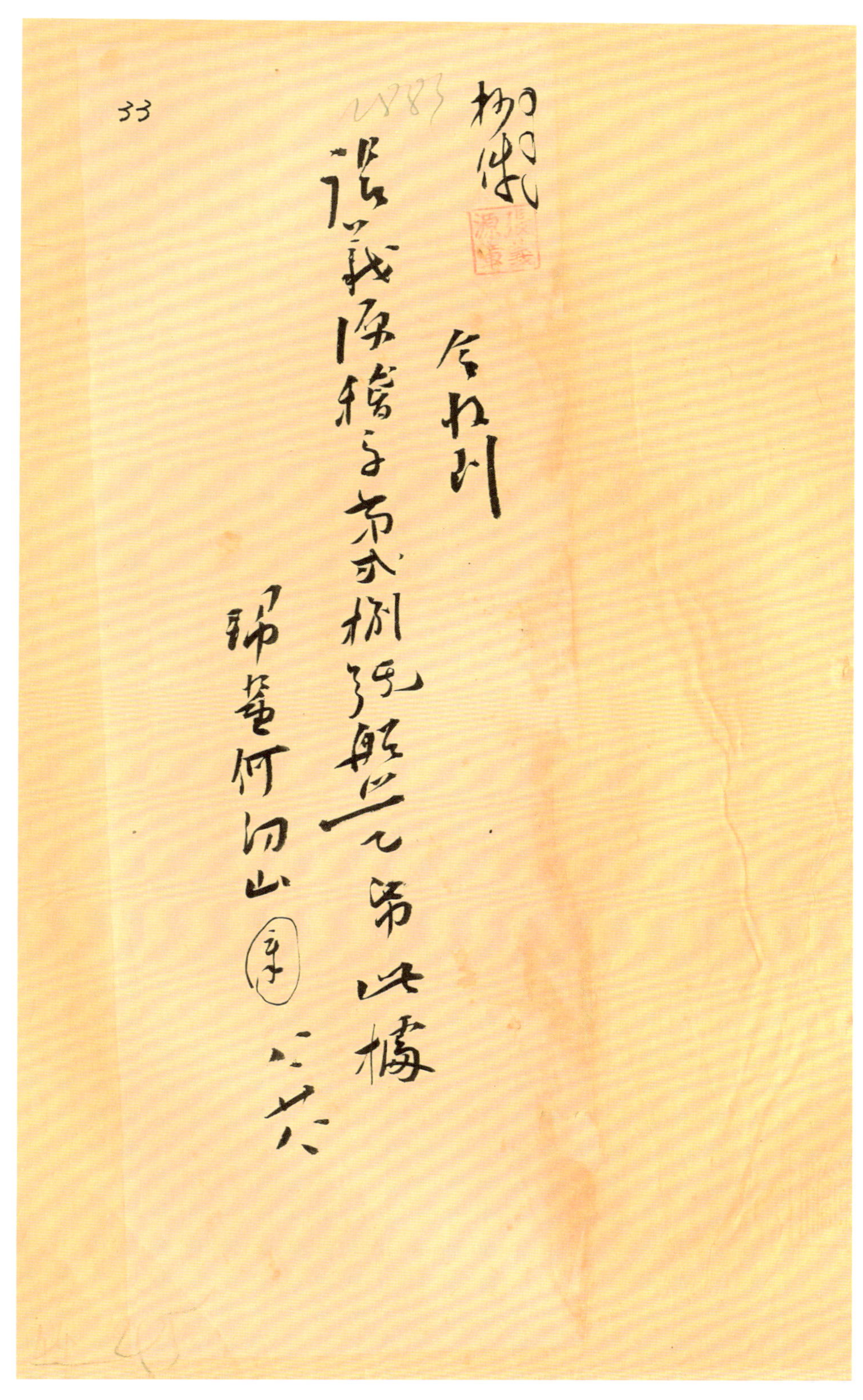

收條

今收到

張義源經手[illegible]此據

[illegible]何[illegible]山 八、廿八

附：收条、证明抄件（一九四六年八月二十八日）

收據

張義源章

今領到

江蘇省政府秘書處國幣壹佰式拾捌元正整

領照船戶張義源 十

（船照補字第式捌號）

謹收今八部江南航政局主席　段兆培　圖

歸

董　何汀山　圖

十二圩商會主席　葉鳴吉　圖

儀徵縣第三區區長　魏　巍　圖

中華民國二十六年　八月　二十八日

安 516

抄件

逕啟者本年八月二十六日大會議徵和長江蘇有政府委員傳諭徵用二十萬擔之民船供應軍事上之運輸應徵之江船其船隻所概以每包作成本一元計算如有損壞船隻由公家以每包一元補貼損失人工伙食歸公家供給開船時以成本先付一成船主之來春均須離船上岸兵住守周隨於當日由本會所召集全體船主臨時會議決議要點兩項（一）經本方供應之船萬一不幸設有為國犧牲被難者無論損壞無賠償即我後方未供應之船應盡互助之義賠補損失凡裝一千包以下之船遇難損失每包賠補國幣一元裝千包以上之船每包賠補國幣五角以資救濟（二）賠補損失照湘岸每家提捐國幣一百五十元西岸每家提捐每國幣一百元餘岸以大家根據其提捐國幣五十元上下位岸亦照大家攤算其提捐國幣二十五元此項捐款原為賠補供應者船被難犧牲

之用。如保管之船安全回圩，不须贴补，则此项捐款如数退还。此捐款不得挪作别用。此捐从八月二十六日照一等之船起捐，呈请救护会代收保管，存民信庄，按子平息，对为止，汇兑无息，特为此函奉达，以资凭证，此布

查照为荷此致

溧阳张义源船主

证明人　吴松坪（印）

唐乐孝（印）

段志国（印）

吴东献（印）

王瑞初（印）

中华民国二十八年八月二十八日

江苏十二圩十二帮运盐江船总公所启

苏浙皖区敌伪产业管理局驻京办事处关于查明方志国盐船被省政府征用封锁长江请求赔偿事致江苏省政府的公函（一九四六年六月十七日）

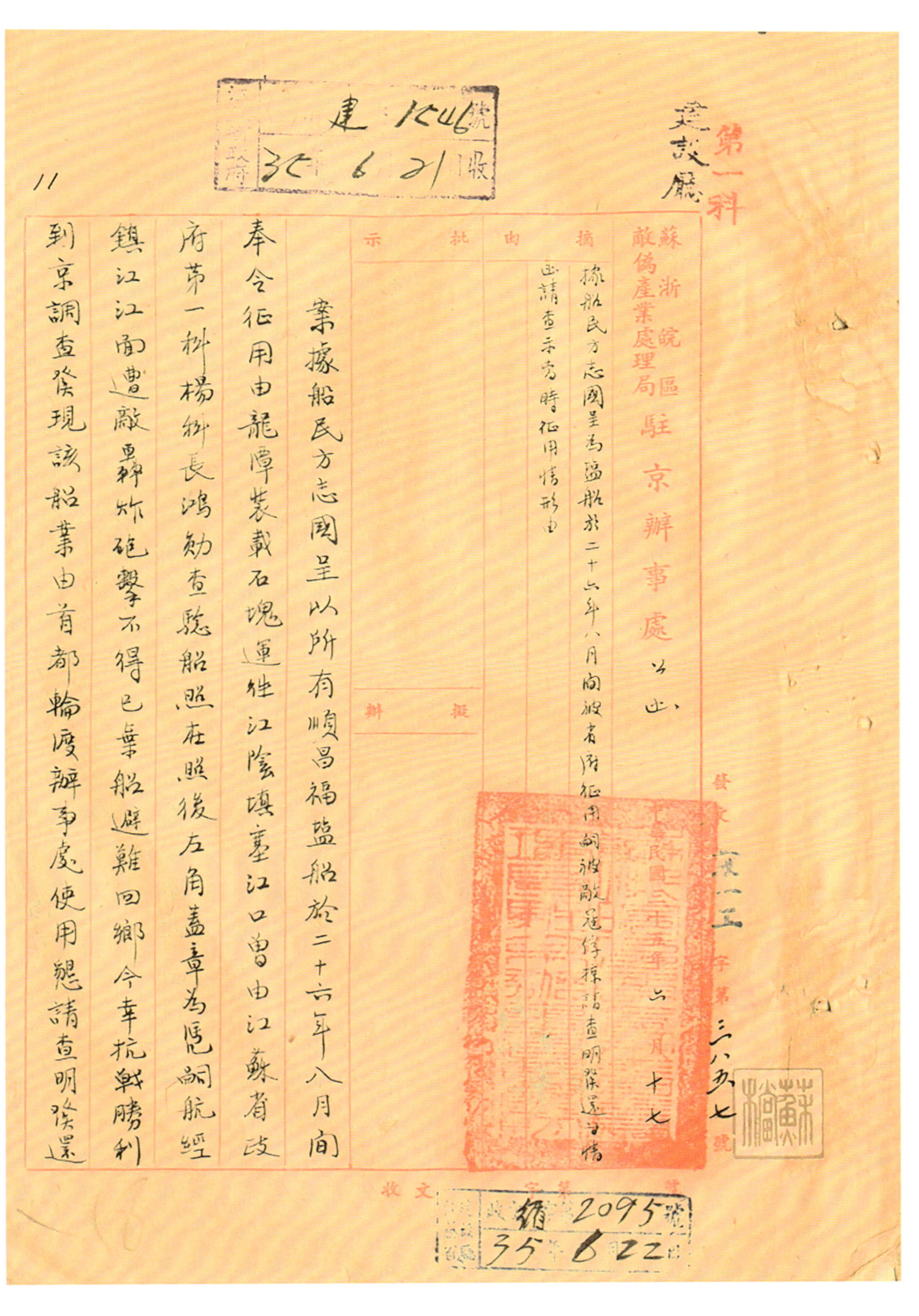

交設廳　第一科

建1046號　35 6 21 收

蘇浙皖區敵偽產業處理局駐京辦事處公函

摘由：據船民方志國呈為鹽船於二十六年八月間被省府征用嗣被敵轟沉俘擄請查明發還由　函請查示當時征用情形由

發文　京一五字第三八九七號

中華民國三十五年六月十七日

案據船民方志國呈以所有順昌福鹽船於二十六年八月間奉令征用由龍潭裝載石塊運往江陰填塞江口曾由江蘇省政府第一科楊科長鴻勛查驗船照在照後左角蓋章為憑嗣航經鎮江江面遭敵轟炸砲擊不得已棄船避難回鄉今幸抗戰勝利到京調查發現該船業由首都輪渡辦事處使用懇請查明發還

2095號　35 6 22

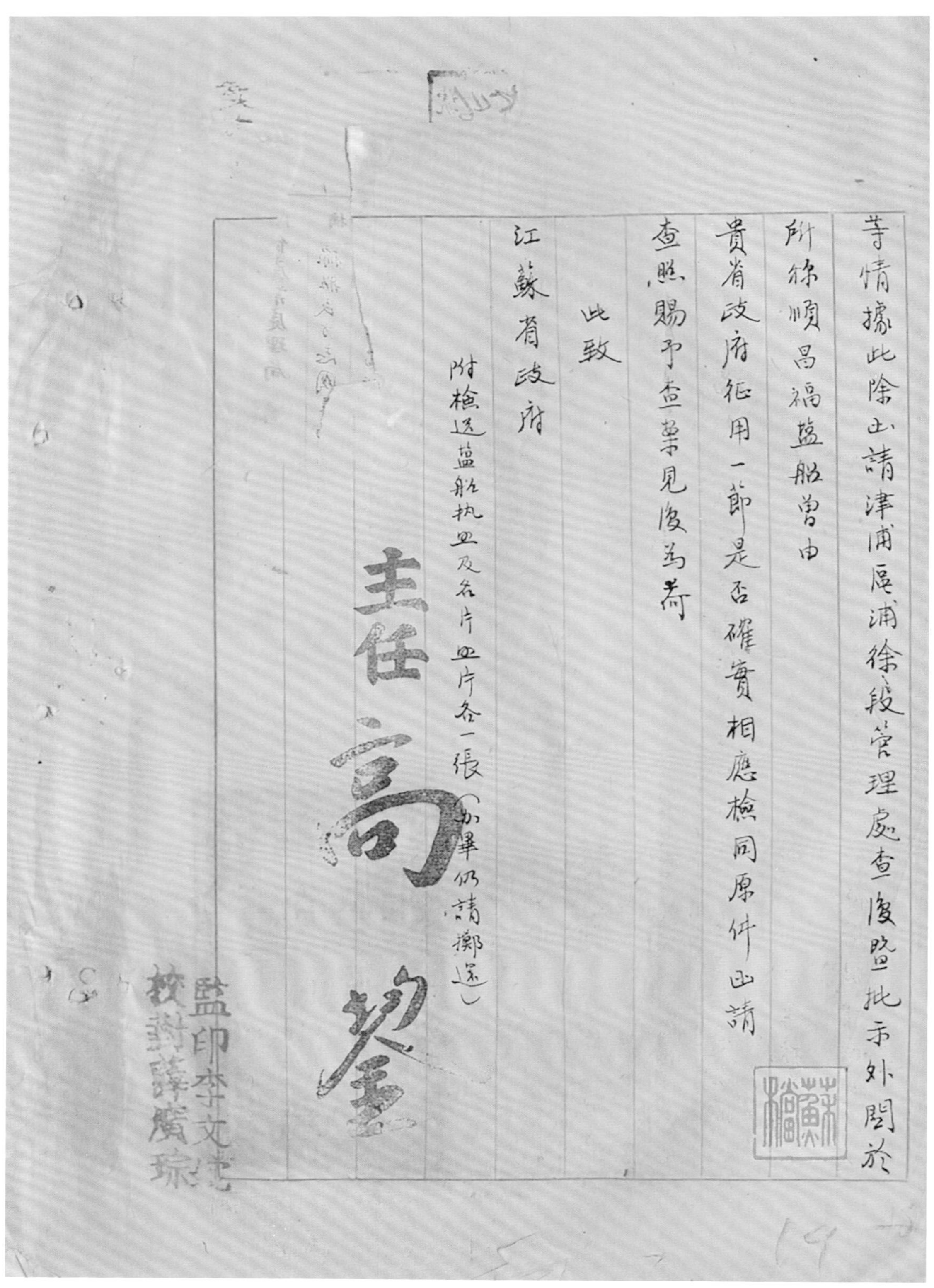
等情據此除函請津浦區浦徐段管理處查復暨批示外関於

所稱順昌福鹽船曾由

貴省政府徵用一節是否確實相應檢同原件函請

查照賜予查案見復為荷

此致

江蘇省政府

附檢送鹽船執照及名片照片各一張（办畢仍請擲還）

主任 高鋆

監印李文光

校對薛廣琮

宜兴县政府关于阳羡汽轮股份有限公司所有轮只在抗战期内应征服役遭损事致江苏省建设厅的呈（一九四六年十月三日）

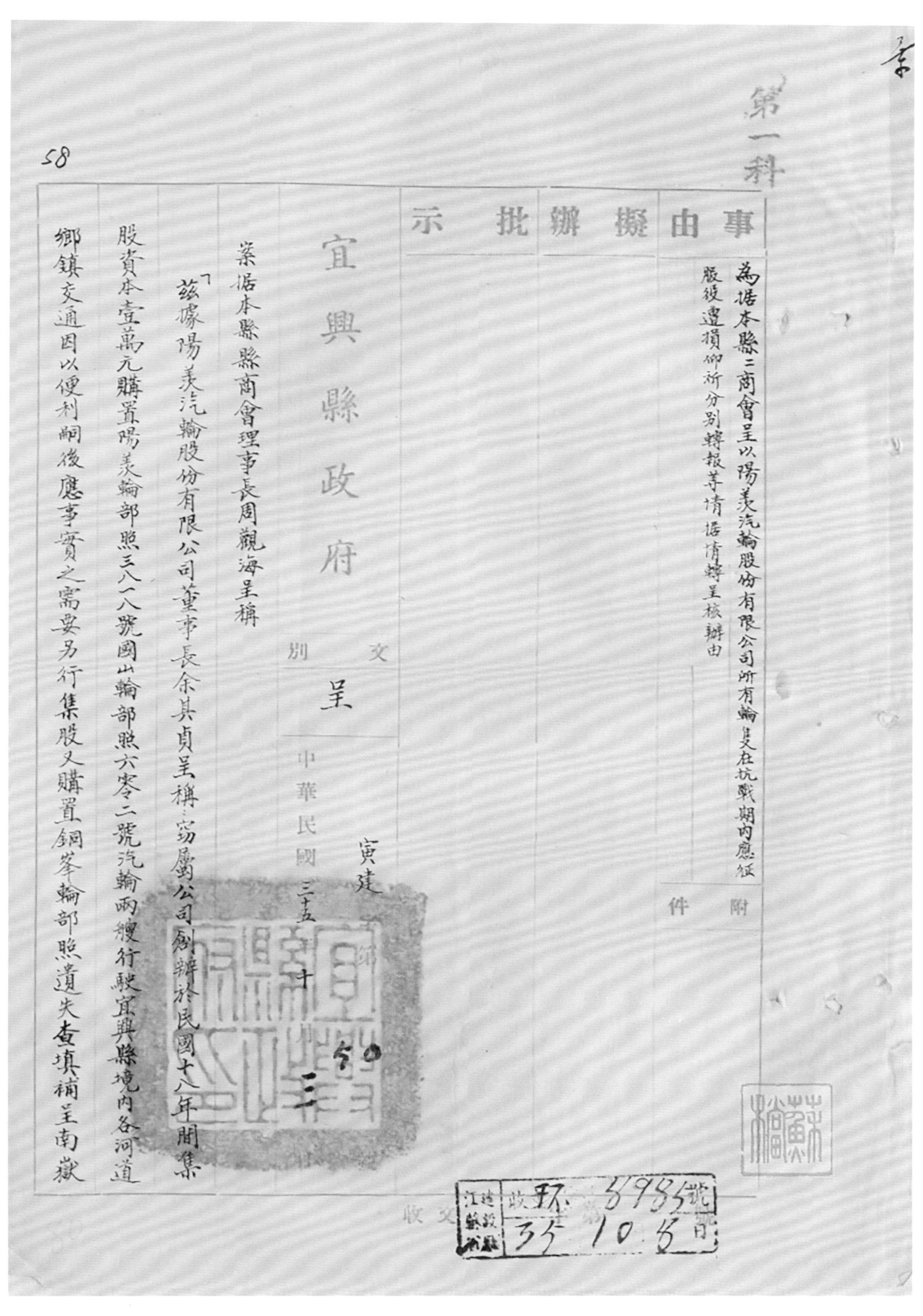

第一科

58

事由：為据本縣二商會呈以陽羡汽輪股份有限公司所有輪隻在抗戰期內應征服役遭損仰祈分別轉報等情据情轉呈核辦由

擬辦

批示

附件

宜興縣政府

文別：呈

中華民國三十五年十月三日 寅建

案据本縣縣商會理事長周觀海呈稱：

「兹據陽羡汽輪股份有限公司董事長余具貞呈稱：竊屬公司創辦於民國十八年間，集股資本壹萬元，購置陽羡輪部照三八一八號、國山輪部照六零二號汽輪兩艘，行駛宜興縣境內各河道鄉鎮交通，因以便利。嗣後應事實之需要，另行集股，又購置銅峯輪，部照遺失，查填補呈南嶽

收文 江蘇建設廳 收文 环 5985 號 35 10 5 日

輪部照五四八號汽輪兩艘行駛無錫宜興溧陽三縣之間均經呈准前工商部交通部江蘇省政府建設廳宜興無錫溧陽三縣縣政府立案給照並給示保護各在案自二十六年抗戰軍興各縣成立軍運代辦處屬公司船隻悉被宜興縣軍運代辦處征調開往前線供應軍用迄今未奉發還上年敵寇投降天日重見曾於三十四年十月二十九日呈請上海區敵偽產業處理局請求查明屬公司購置上開各輪發還復航呈報有案屬公司雖經多方集資重行復業惟各股東在淪陷期間均不願與敵偽方面從事合作或變相營業情事此堪以自慰現公司財產全部犧牲經濟情形較其他同業倍加困難旋見本年八月三十一日及九月十一日東南日報先後報載交通部對戰時應征服役而遭損失各民營輪船公司已決定按值賠償現航政司已擬就辦法呈部核准並經行政院七五八次例會討論事項第五案決議通過賠償在案具見政府維護航政体恤商艱之至意為此瀝呈原委呈請鈞會鑒核准予呈請縣府俯念商困分別轉呈交通部暨航政司備案俾得彌補損失而利航運等情據此查所稱各節確係實情理合呈請鈞長鑒核俯念商艱賜予分別轉呈實為公便。

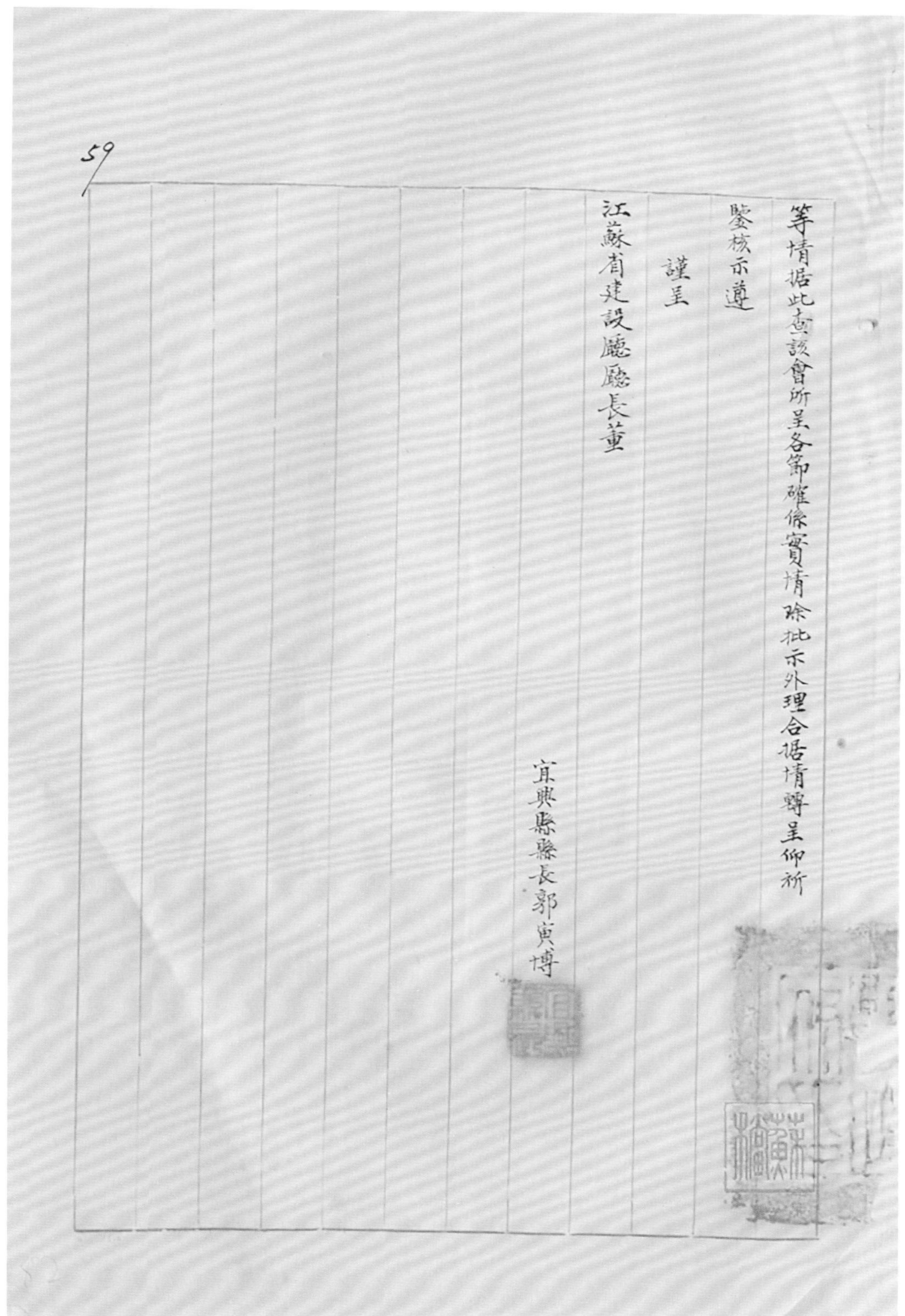

59

等情據此查該會所呈各節確係實情除批示外理合據情轉呈仰祈

鑒核示遵

謹呈

江蘇省建設廳廳長董

宜興縣縣長郭寅博

交通部关于封光明等船被征用请查复事致江苏省政府的公函（一九四六年十月十六日）

建设厅
民政厅

江苏省政府收文 （世）府建字第2966号 35年10月19日

第一科

53

交通部公函

发文 部航字第 号
附件

中华民国卅五年十月 日发

事由：封光明等船被征用标称征用机关有案可稽查函请查复由

案查前据船民封光明等呈略称：民等于战前原以撑船为业，装运食盐于长江流

拟办
批示

收文 字 号 年 月 日收

江苏省政府收文 府建字第4026号 35年10月21日

域嗣因民國二十六年七月七日敵寇竄擾華北繼佔京滬之際我政府作有計劃之長期抗戰乃將江陰及馬當要隘封鎖當時民等船隻適在江蘇十二圩及九江地方經海軍部令同江蘇省政府暨江西省政府會同九江江防局等機關分別將民等船隻征派裝運洋泥沙石等沉於江陰及馬當要隘以阻遏敵艦之佔據抗戰現已勝利民等為國犧牲船隻自應急予救濟以維民命填款損失船隻一覽表呈請鑒核等情當經批示檢呈征

監印　校對

交京50000

54

關於文件所有權証件并無該船之製造年月及造價各項証件以憑核办並案前據呈稱民等船隻當時乃停泊於江蘇省十二圩及江西省九江地方為海軍部會同江蘇省政府暨江西省政府會同江西江防會等機關分别將民等船隻征用並未有此項若何証明文件對於徵用事實以上各機關決有無可查但所有權証件暨製造年月及造價各項証件多為卅一年敵寇竄擾臨川時遺失僅有少數存留檢呈存留所有權登記証一份請鑒核准予救濟等

惟查該民船被征用據稱未討收據若何訊明文件其他訊件亦多遺失請予救濟於法令殊無依據惟據稱征用機關有案可查自應分函查明除分行外相應照抄損失船舶一覽表一份函請

查照飭屬詳查見復以憑核辦為荷此致

江蘇省政府

附抄十二圩十八幫運鹽江船總公所損失船隻一覽表一份

部長 俞大維

附：十二圩十八帮运盐江船总公所损失船只一览表（一九四六年八月）

55

十二圩十八帮运盐江船总公所损失船只一览表

姓名	帮别	船名	船籍港	载量	时值	备考
封先风	江西	江东	九江	八千八百包 五百七十吨	四千万元	民国二十七年六月在沉马当要隘
李腾茂	〃	抚船	十二圩	二千五百包 一百六十吨	一千二百万元	〃二十六〃八〃江阴要隘
封东棠	〃	〃	〃	六千包 四百二十吨	二千九百万元	〃
甘海清	〃	〃	九江	四千四百包 二百八十吨	二千万元	民国二十七年六月在沉马当要隘
封东乾	〃	〃	〃	四千包 二百六十吨	一千八百万元	〃
郭福银	〃	〃	〃	六千包 四百二十吨	二千九百万元	〃
徐永发	〃	〃	〃	八千包 五百吨	三千五百万元	〃
胡和祥	〃	〃	〃	五千包 三百二十吨	二千贰百万元	〃

民国卅五年八月填造

蕭宗善
〃
〃
/
三十二百包
二百繳
一千四百萬元
〃
蘇檔
交通部 35-8-240,000

交通部、王庆云等关于船沉江阴补发征用证明事的一组公文（一九四六年十一月一日至十二月二十三日）

王庆云、谭朝宗等致江苏省政府的呈（一九四六年十一月一日）

建3269
35 11 9
94
建設廳
民政廳
第一科

事由	擬辦	批示	備考
呈為抗戰毀產船征用懇予依法查登調查轉呈交通部并祈批賜證明文件以便具呈憑領而維民生建復由 附具船舶征用調查表六份			通訊處 湖南湘鄉潭市美益梁莊譚朝宗

4423
循4417
35 11 13

呈為抗戰毁產為國徵用懇予依法查卷調查轉呈交通部并祈批賜証明文件以便具呈憑核而維民生建復

由竊民等歷營僱航往來滬蘇上裕國課下濟民食至廿六年敵犯上海封鎖緊急於該年八月民舟

王德勝陳維俊陳雨生汪穆山蔣利川蔣安琳等六艘消十二艘正欲領裝引鹽忽被軍事封鎖委員會暨武

裝乘差輪將民船封埋江陰要塞沉江徵用以杜敵艦水陸兩岸通境感老生計財產同歸於盡當此

之時徵用証件未蒙發給所承恩賜僅在遣散旅費而已茲值國家勝利民族揚眉萬商凱奏百業復營於

今夏呈請

政府救濟因無徵用証件至今辦難呈奉　交通部六月廿一日航船字第一八八三號批示節開：

「呈件均悉該民等損毀之船舶如係政府機關因公徵用者應檢呈徵用証件以憑核辦其非徵用損毀者應遵

行政院頒佈之敵人罪行調查表及被害人具結格式填明呈部彙核辦理仰即知照（附發敵人罪行調查表及被害人具結格式各一份）

并指刑法（一六九）（二一）（一六八）三條繼奉十月二日航船字第一〇九六四號批文令開：「呈件均悉查關於戰時船舶損

失本部呈奉行政院指令凡合於軍事徵用法之規定者應予救濟該民等損毀之船舶如原呈所稱沉

95

塞江陰两當湘潭與公用破毁及被國軍燬焚以防資敵者三項核予準事徵用法尚屬相符惟須有征用証明文件方可依照前令辦理如確係征用不偽而無証件者宜設法向原封征機關呈請取具証明文件呈部核辦至被敵毁一項據填報敵人罪行調查表及切結等件前來彙案向敵索償合行批仰知照」等因奉此所斯批飭使民等敢言而不敢求昔民船奔命應徵今並當所有請求情莫上達今民等雖無証件政府應有征册奉飭核呈征用証件自使民艱困而呼為為曩時傾心捨産以殉國家之急如斯亦已且少壯應徵兵役以赴國難老弱常作民伕以助對敵患難生死共同八載論國家存亡匹夫有責之義毫無疎漏民等雖愚其功苦可陳無愧矣民等毁産以來顛沛流離失所淪落人命生計無從發展今奉令呈請 鈞會調查真偽維持救濟自示痛念民瘼恩施再造今 政府弔恤民族艱難民等艱困積而依然況長江船航空之物資運輸困苦已極然商人轉銷又非資本家之操縱莫能經營至使運力高騰物價有關物價顛沸其病未

必不及國家民等思念至此有建造拖輪貨駁便利江湖之主義及遵 總理所囑創制之必須
而又為建國並助國民生計之統要綠非國家維持莫能達此目的且國家大計社稷安危患難
當勵民共生樂應拖民同然 政府措天下於衽席拯人民於水火倡民伐罪斯其時也除經呈
中央政府黨部及 行政院國防總司部外理合造具船舶征用調查表備文呈請
鈞座懇予依法迅賜查卷調查轉呈 交通部并祈批發証明文件以便具呈憑核而維民生建復
公私兩便不勝迫切待命之至謹呈
江蘇省省政府省長

湖南運鹽江船抗戰損失難民團代表 譚朝宗 謹呈
王慶雲
陳澤霖

96
被征船户　王德胜
陈维俊　继承人仲吾
陈刚生
汪缓山
蒋利川
蒋安荪　同呈

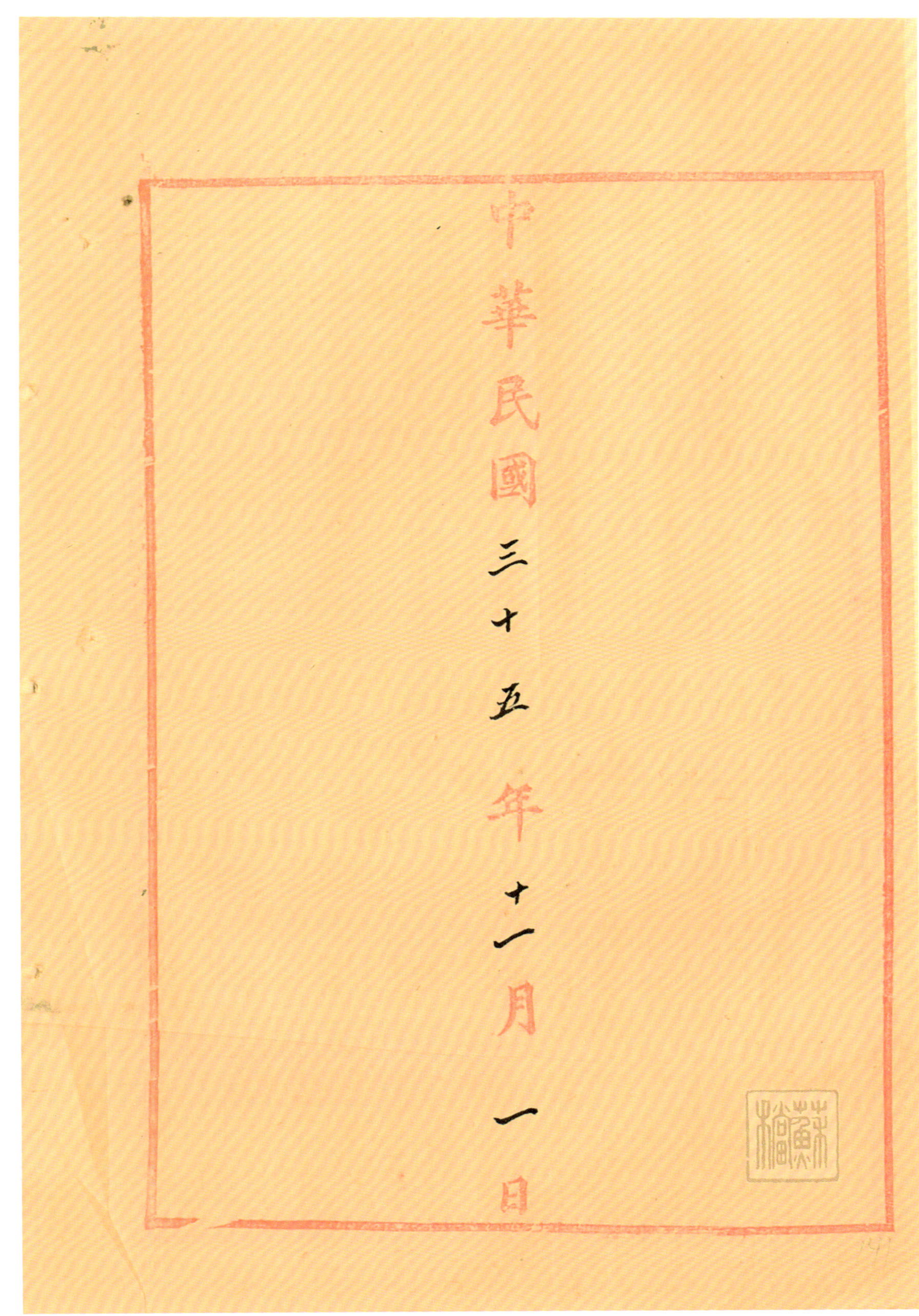
中華民國三十五年十一月一日

附：湖南运盐航商抗战征用船舶损失调查表（一九四六年十一月一日）

湖南運盐航商抗戰征用船舶損失調查表 中華民國三十五年十一月一日

船主姓名	王德勝
籍貫住址	湖南湘鄉 潭台鄉廿保
航界帮別	湘帮
載量噸數	裝盐叁千六百包 計弍百卅噸
封征年月	民廿六年農曆七月
封征地點	江蘇十二圩
征用地點	江陰
征用原因	塞江杜敵
原值價格	銀幣壹萬陸千元
時值價格	法幣伍千另肆拾萬元

被征船户王德勝

98

湖南運鹽航商抗戰征用船舶損失調查表

中華民國卅五年十一月一日

船主姓名	陳維俊 繼承人仲吾
籍貫住址	湖南湘鄉悦來鄉十一保
航界幫別	湘幫
載量噸數	裝鹽叁千包 計壹百九十噸
封征年月	民廿六年農曆七月
封征地點	江蘇十二圩
征用地點	江陰
征用原因	塞江杜敵
原值價格	銀幣壹萬肆千元
時值價格	法幣肆千貳百萬元

被征船户陳維俊 繼承人仲吾

99

湖南运盐航商抗战征用船舶损失调查表

中华民国卅五年十一月一日

船主姓名	陳雨生
籍貫住址	湖南湘鄉蓮廣鄉八保
航界船別	湘邪
載量噸數	裝鹽叁千包　計壹百九十噸
封征年月	民廿六年農曆七月
封征地點	江蘇十二圩
征用地點	江陰
征用原因	塞江杜敵
原值價格	銀幣壹萬肆千元
時值價格	法幣四千弍百萬元

被征船户陳雨生

100

2883

湖南運鹽航商抗戰征用船舶損失調查表

中華民國三十五年十一月一日

船主姓名	蔣利川
籍貫住址	湖南祁陽牛皮洲
航界幫別	永幫
載量噸數	裝鹽六千包　計叁伯九十噸
封征年月	民廿六年舊曆七月
封征地點	江蘇十二圩
征用地點	江陰
征用因原	塞江杜敵
原值價格	銀幣弍萬柒千元
時值價格	法幣捌千肆佰萬元

被征船户蔣利川（印：蔣利川）

101　2883

湖南運盐航商抗戰征用船舶損失調查表

中華民國卅五年十一月一日

船主姓名	蔣安聚
籍貫住址	湖南祁陽牛皮洲
航業幫別	永幫
載量噸數	裝盐叁千貳百包　計弍百壹拾噸
封征年月	民廿六年農曆七月
封征地點	江蘇十二圩
征用地點	江陰
征用原因	塞江杜敵
原值價格	銀幣壹萬肆千元
時值價格	法幣肆千肆百捌十萬元

被征船户蔣安聚

102

2883

湖南運鹽航商抗戰征用船舶損失調查表　中華民國三十五年十一月一日

船主姓名	汪瓊山
籍貫住址	湖南衡陽牛皮洲
航界幫别	永幫
載量噸數	裝鹽肆千捌百包　計叁百壹拾噸
封征年月	民廿六年舊曆七月
封征地點	江蘇十二圩
征用地點	江陰
征用原因	塞江杜敵
原值價格	銀幣弍萬壹千元
時值價格	法幣陸千柒百廿萬元

被征船户汪瓊山

交通部致江苏省政府的公函（一九四六年十二月二十三日）

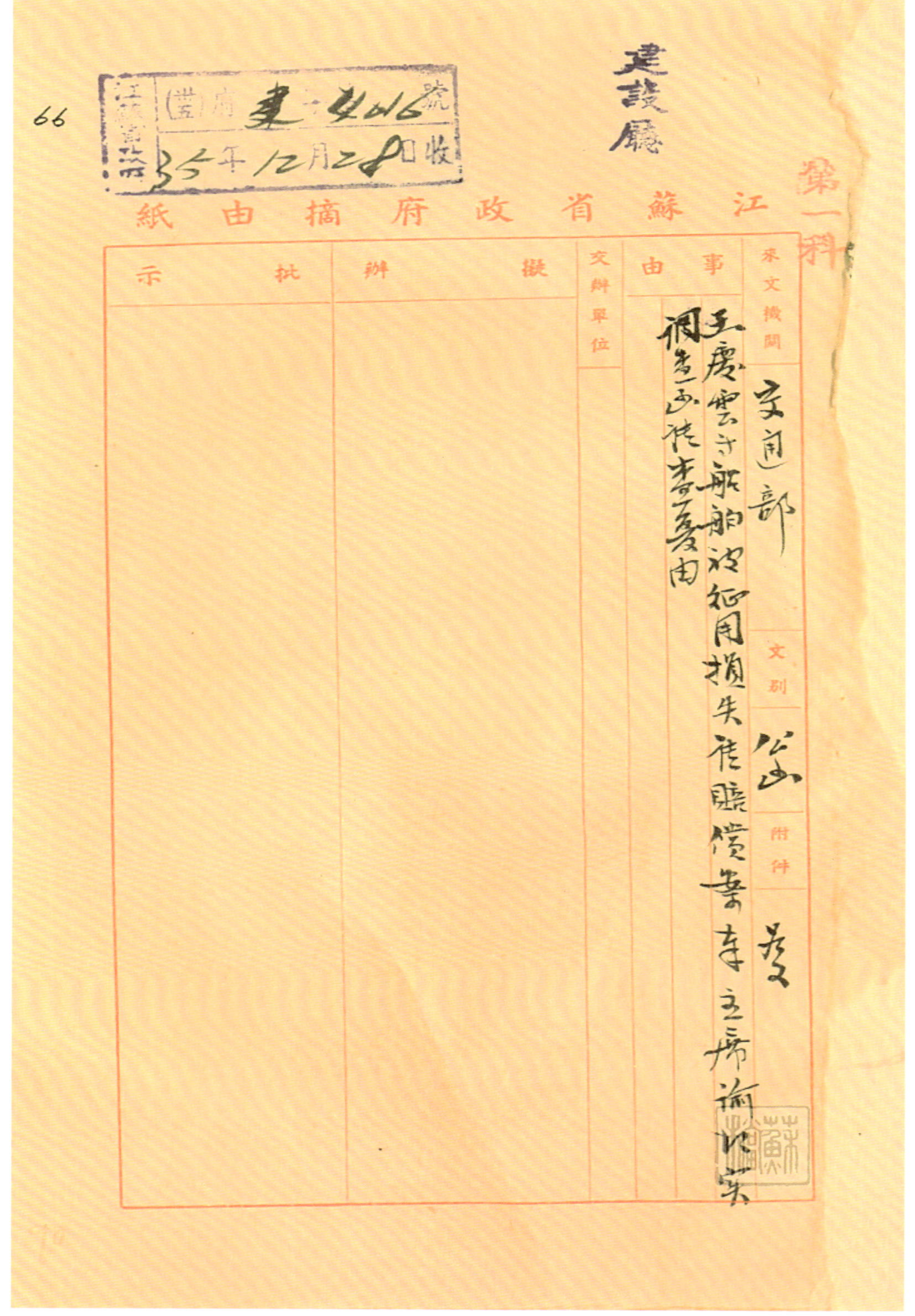

66

江蘇省政府 (营)府建字4016號 35年12月28日收

建設廳

第一科

江蘇省政府摘由紙

來文機關	交通部
文別	公函
附件	無
事由	王慶雲等船舶被征用損失請賠償案奉主席諭飭案調查函請查核見復由
交辦單位	
擬辦	
批示	

67

交通部公函

事由：王慶雲等船舶被徵用損失請賠償案奉 主席諭切實調查函請 查復由

部航字第七三二八號
中華民國三十五年十二月廿三日

案准國民政府文官處公函開：茲接王慶雲等呈一件，奉

主席諭交交通部切實調查迅予核辦，相應檢件函達查照等由，附原

呈暨表到部。查王慶雲等以船舶被徵用損失請求賠償一案，前據分

呈本部，當經批示向原徵用機關取具證明文件呈候核辦在案。茲准

前由，除分行外，相應照錄原呈暨附表函請

查照，就表內填註關於所轄區域者轉飭切實調查，迅予見復，以憑核

辦為荷。此致

江蘇省政府

附抄呈暨表各一份

部長 俞大維

收 5941
35 12 29
航16

監印李錦新

校對錢庚榮

抄原呈

呈為抗戰毀產為國征用懇予飭查核償批准發給以維建復而倡民生由竊民等應營駁輪於廿六年民舟一部沉江於江陰馬當兩處要塞以欄敵艦水陸兩道均在歲憑價發還散旅費乃給征用証件廿七年搶運武漢交通部平漢鐵路兵工廠鐵廠造幣廠各部器材人員及十三師軍品披星戴月運至湘潭常德宜昌交卸有後行者在沿途由青山至白螺磯一帶為風聲鶴淚救渡國軍及金江撈救海軍（因我國一兵艦在金江上首被敵机三架轟炸中彈）纏延行期均被敵机敵艦所滅負傷斃命等船不有丞于集舶湘潭船舶於廿八年農曆八月十六日被駐軍周副官率特衛十餘名乘差輪將民舶卅二隻勒拖湘潭湘河口沉塞該江杜敵征用其餘一十四艘概遭夏司令部下掃數縱焚時值秋穫以防資敵通境人員水陸咸知生計財產統归于盡傾心捨產以殉國家之急為断未已且少壯應征兵役争赴國难老弱常作民伕競助对敵患难生死共同八載諸國家存亡匹夫有責之義毫無疏漏民等毀產以來顛沛流離失所淪落人命生計無從發展今國家勝利民族揚眉民等之財產既為抗戰所滅者應在政府救濟及日本賠償之列今歲四月四日呈請行政院交通部依法救償因無征用証件至今所准前奉交通部六月廿一日航船字第一八八三號批示飭開呈件均悉該民等損毀之船舶為係由政府机關因公征用者應檢呈征用証件以憑核辦其非征用損毀者應遵行政院頒佈之敵人罪

人

68

行調查表及被害人具結格式填明呈部彙核辦理仰即知照(附發敵人罪行調查表及被害人具結格式各一份)并指刑法(一六九、一七二、二六八)三條繼奉十月二日航船字第一〇九六四號批文令開呈件均悉查國于戰时船舶損失本部呈奉行政院指令凡合于軍事征用法之規定者應予賠償該民等損失之船舶如原呈所称之沉塞江陰公用被毀及被國軍縱焚以防資敵者三項核与軍事征用法尚属相符惟須有征用證明文件方可依照前令办理仰即設法向原征用機関取具證明文件呈候核辦至被敵毀一項係填報敵人罪行調查表及切結各件前來应候彙案向敵索償合行批仰知照等因奉此伏民敢言而不敢求當时奉命應征令若迅雷所有應遣毫無剖示此軍民隔背下情安能上達奉令檢呈征用證件自使民艱困而呼嗚嗚民等雖各證件政府應有征冊函飭設法向原征用機関取具證明文件实令盲人瞎馬之津应征以來期經九載年深月遠或在內遷盡皆征用機関係属軍事封鎖委員會及要塞司令所執令軍政為國防封鎖成凱旋然要塞亦歌棄归欲呈請發不知所向即行彷彿呈懇江蘇江西湖北省縣各府等處查卷調查未必悚慨惜念或許批飭滑指使民艱革觸落昔政府征冊不餘今民等請飯乎路既拜天柱而难濟特叩北辰以求核皇天后土應鑒斯心湘潭沉塞縱焚者已于九月五日文請縣府查案轉呈交通部甚核矣并奉湘潭縣府九月廿四日九次建字第一三四四號批示准開呈悉准予呈轉仰候核示飭遵等因奉此尚

2.

未恩惠至於款毀一項已蒙交部核准儘業內敵家償難不辦理為不卜
何期所有迫切九府者因國被敵犯民被國難封內網江生活為徒者
湘西湘北會戰之時敵寇西攻沅江北踞湘陰府應徵作沿國守備
臨資敵利用不得已決志奉請將船鑿沉切斷以助國家焦土抗戰之
必勝而又為匹夫應盡有責之義災雖不同雖亦無異且敵不犯國財
國安國不被難則民泰是以寧僅同歸于盡推原其故民之請求理在
抗戰損失日本賠償之列今長江兩航空之物資運輸國營已歸並商
商人特備又非資本家之操縱莫能往營至使運力商轉物價不同物
俟頓沛其病未必不及國家亦等思念至此有建造拖輪貸款便利江
湖之主義及運總理所揭櫫利之必須而又為建國並助國民生計之
總要呈請中央飭查其備核發賠償倘承矜念民瘼恩施再造且政府
措天下於衽席拯人民於水火但民伕罷斯其時也然民等拭目之待
救濟甚於大旱之望雲霓理合造具船舶損失調查統計表附文呈請
國座懇予迅賜飭查核償批准發給以維建復而倡民生政便德便不
勝迫切待命之至謹呈
國民政府中央主席蔣

湖南運鹽江船抗戰損失難民團代表譚朝宗印謹呈
王慶雲印
陳澤霖印

附二：湖南运盐航商抗战损失船舶统计表（一九四六年十一月十八日）

湖南運鹽航商抗戰損失船舶統計表

船主姓名	籍貫住址	載量噸數	原時價格	損毀原因地址	損失日期	家屬	備考
陳曉軒	湖南湘鄉現住湘潭壺山鎮	原裝一萬包 計六百五十噸	原銀四萬四千元 時法幣一萬四千萬	被國軍徵扰於湘潭以防資敵	民廿八年農曆八月	男五 女三口	民廿七年夏六月搶運湖北伕運部器材一次
鄭鳳芝	湖南湘鄉芙仁鄉十保	原裝八千包 計五百二十噸	原銀四萬元 時法幣一萬二千二百萬	仝	仝	男三 女二口	
楊曙霜	湖南湘鄉潭台鄉七保	仝	仝	仝	仝	男六 女十口	民廿七年夏六月搶運湖北兵工廠器材人員一次
陳鶴溪	湖南湘鄉白龍鄉十六保	仝	仝	仝	仝	男五 女六口	〃伕運部器材一次
陳鶴軒	〃	原裝七千包 計四百六十噸	原銀三萬一千元 時法幣九千八百萬	仝	仝	男三 女四口	仝
曹興發	湖南湘鄉潭台鄉三保	仝	仝	仝	仝	男四 女六口	民廿七年夏六月搶運湖北兵工廠器材一次
李瀛莊	湖南湘鄉芙仁鄉七保	仝	仝	仝	仝	男三 女四口	仝
周松崗	湖南湘鄉潭台鄉廿保	原裝六千八百包 計四百五十噸	原銀三萬元 時法幣九千五百萬	仝	仝	男七 女四口	〃伕運部器材一次〃
陳炳俊	湖南湘鄉悅喜鄉十保	原裝六千包 計三百九十噸	原銀二萬七千元 時法幣八千四百萬	仝	仝	男三 女四口	仝
王星明	湖南湘鄉潭台鄉七保	仝	仝	仝	仝	男四 女五口	民廿七年夏六月搶運十三師六富庫軍品人員一次
劉錫九	湖南衡陽東鄉桐公堡黃泥塘	原裝五千包 計三百三十噸	原銀二萬二千元 時法幣七千萬	仝	仝	男四 女三口	

中華民國三十五年十一月十八日

船主姓名	籍貫住址	載量噸數	原時價格	損毀原因地址	損毀日期	家屬	備考
黃晉修	湖南湘鄉白龍灘上六保	原裝四千四百包 計二百九十噸	原價二萬元 時該六千二百萬	仝	仝	男四 女二口	民廿年夏六月裝運湖北兵工廠器材一次
王錫陶	湖南湘鄉兴仁鄉十保	仝	仝	仝	仝	男二 女三口	仝
汪義華	湖南湘鄉潭台鄉三保	原裝三千六百包 計二百四十噸	原價一萬六千元 時該五千四百萬	仝	仝	男四 女五口	
此係被國軍徵用者一十四艘共計五千九百七十噸		共裝鹽九萬一千二百包	共原值銀幣四十一萬九千元 時值法幣一十二萬六千七百四十萬			共家屬男女一百廿一名	
船主姓名	籍貫住址	載量噸數	原時價格	損毀原因地址	損毀日期	家屬	備考
王德勝	湖南湘鄉潭台鄉廿保	原裝三千六百包 計二百四十噸	原價一萬六千元 時該五千四百萬	塞江於江陰	民廿六年夏曆七月	男四 女七口	
陳雨生	湖南湘鄉道廣鄉八保	原裝三千包 計二百噸	原價一萬四千元 時該四千二百萬	仝	仝	男二 女二口	
陳維俊	湖南湘鄉悅來鄉十八保	仝	仝	仝	仝	男三 女三口	繼承人陳仲吾
蔣利川	湖南邵陽出皮洲	原裝六千包 計三百九十噸	原價二萬七千元 時該八千四百萬	仝	仝	男四 女五口	
蔣安聚	仝	原裝三千包 計二百噸	原價一萬四千元 時該四千二百萬	仝	仝	男五 女二口	
汪瓊山	仝	原裝四千八百包 計三百二十噸	原價二萬二千元 時該六千七百萬	仝	仝	男六 女四口	
李開俊	湖南衡陽現住湘潭文華鎮	原裝一萬二千包 計七百八十噸	原價五萬三千元 時該一万六千八百萬	塞江於江西馬當	民廿六年夏曆十二月	男三 女三口	繼承人李君武
王扶中	湖南湘鄉潭台鄉四保	原裝八千包 計五百二十噸	原價三万六千元 時該一萬一千二百萬	仝	仝	男二 女四口	

71

王亘根	湖南湘鄉悅來鄉十一保	原裝六千四百包 計四百二十噸 原價二萬八千元 時值九千萬	仝	仝	男三女二口	繼承人王菊潭
周松青	湖南湘鄉宣風鄉十七保	原裝四千四百包 計二百九十噸 原價二萬元 時值六千二百萬	仝	仝	男四女四口	
高寶玉	湖南祁陽河洲	原裝四千包 計二百六十噸 原價一万八千元 時值五千六百万	仝	仝	男五女三口	
周克林	湖南湘鄉宣風鄉十七保	原裝四千四百包 計二百九十噸 原價二萬元 時值六千二百万	[illegible]湖南湘潭湘河口	民廿六年舊曆八月	男二女二口	
余禎祥	湖南湘鄉歸法鄉九保	原裝二千二百包 計一百五十噸 原價一万元 時值三千一百万	仝	仝	男四女五口	
曾繁忠	湖南祁陽老三灣	原裝六千四百包 計四百二十噸 原價二萬八千元 時值九千萬	仝	仝	男七女三口	
陳介堂	湖南祁陽三吾鎮	原裝八千四百包 計五百五十噸 原價三萬七千元 時值一万一千八百萬	仝	仝	男五女五口	繼承人陳安富
唐河清	湖南祁陽黎家坪	原裝四千八百包 計三百二十噸 原價二萬二千元 時值六千七百万	仝	仝	男六女三口	
曾祥球	湖南祁陽龍文鄉十二保	原裝三千五百包 計二百三十噸 原價一万六千元 時值四千九百萬	仝	仝	男五女二口	
謝端生	湖南祁陽	原裝四千四百包 計二百九十噸 原價二萬元 時值六千二百万	仝	仝	男四女二口	
秦其銘	仝	原裝三千包 計二百噸 原價一万四千元 時值四千二百万	仝	仝	男四女三口	
張耀奎	江蘇省	原裝二千五百包 計一百七十噸 原價一万二千元 時值三千五百万	仝	仝	男五女二口	
王業祥	湖北漢陽	原裝二千包 計一百三十噸 原價九千元 時值二千八百万	仝	仝	男三女五口	

吳正元	安慶樅陽	原裝一千六百包 計一百一十噸	原銀七千元 時法二千三百萬	仝	仝	男四 女三口	

此係塞江於江陰馬當湘河口者廿二艘共計六千六百八十噸 原裝鹽拾萬零一千四百包 共原值銀價貳拾伍萬陆千元 共時值法幣十四萬二千二百四十萬 家屬一百六十四名

船主姓名	籍貫住址	載量噸數	原時價格	損毀原因地址	損毀日期	家屬	備考
周松林	湖南湘鄉宣風鄉十七保	原裝四十八百包 計三百二十噸	原銀二万二千元 時法六千七百萬	被敵汽艇噴油焚燬蕪湖対岸渡口	民廿六年農曆十二月	男五 女四口	裝運國課引鹽 四千包
段耀生	湖南湘鄉兴仁鄉十二保	原裝三千二百包 計二百一十噸	原銀一万四千元 時法四千五百万	仝	仝	男五 女四口	〃 二千八百包 〃
羅欽濤	湖南湘鄉昌慶鄉三保	原裝三千八百包 計二百五十噸	原銀一萬七千元 時法五千四百万	仝	仝	男四 女三口	〃 二十八百八十包 〃
黄人初	湖南湘鄉白龍鄉十六保	原裝四千四百包 計二百九十噸	原銀二万元 時法六千二百万	被敵汽艇噴油焚於蕪湖二磯	仝	男五 女七口	〃 四千包 〃
葛楚華	湖南湘鄉潭台鄉四保	原裝三千包 計二百噸	原銀一萬四千元 時法四千二百万	被敵汽艇噴油焚燬裕溪口上首	仝	男五 女二口	〃 二千包 〃
譚瑞堂	湖南湘鄉潭台鄉三保	原裝六千六百包 計四百三十噸	原銀三萬元 時法九十三百万	被敵機炸燬湖南白螺磯	民廿七年農曆九月	男五 女六口	裝運人譚炳宗自辦運漢銷售烟煤347噸船貨漂流
陳希岳	湖南湘鄉悅來鄉十保	原裝四千四百包 計二百九十噸	原銀二萬元 時法六千二百萬	被敵佈雷擊炮毀湖北新堤下首	仝	男五 女四口	裝運漢陽鉄廠機鉄一備
段月鄉	湖南湘鄉兴仁鄉十二保	原裝六千包 計三百九十噸	原銀二萬七千元 時法八千四百萬	被敵佈雷擊拖至六河口做塞船	仝	男九 女九口	裝運交通部采漢鉄路之松枕
萬楚嶽	湖南湘鄉潭台鄉四保	原裝三千二百包 計二百一十噸	原銀一萬四千元 時法四千五百万	被敵機炸燬湖南臨湘磯	仝	男三 女二口	裝運漢陽鉄廠機鉄一備
譚興順	湖南湘鄉潭台鄉三保	仝	仝	被敵佈雷擊燒燬於太平口江心	仝	男二 女五口	自辦運漢銷售烟煤炭三百十四噸曾包括運十三師軍品一次

此係敌罪行人所毁者一十艘共可装盐肆万弍千陆百包 計弍千一捌百噸 共原值银壹拾玖万弍千元 時值法幣五萬九千九百萬 家屬人口九十四名

船主姓名	籍貫住址	載量噸數	原時價格	損毁原因地址	損毁日期	家屬	備考
原樹生	湖南湘鄉悦來鄉十保	原装六千六百包 計四百三十噸	原银三萬元 時值九千三百萬	被毁於湘潭盛河之鉄道桥畔	民廿七年農曆九月	男二 女三口	装運鉄道部器材一儎
段擢生	湖南湘鄉興仁鄉十六保	原装一千六百包 計一百一十噸	原银七千元 時值二千三百萬	被132傷病官兵收容所差用發生意外	民廿九年秋八月	男五 女四口	自辦杉條纸類一儎

此係差用破毁者二艘共可装盐八千二百包 共計五百四十噸 共原值法幣银三萬七千元 時值法幣一萬一千六百萬 家屬人口一十四名

船主姓名	籍貫住址	載量噸數	原時價格	損毁原因地址	損毁日期	家屬	備考
徐子華	湖南湘鄉景慶鄉三保	原装四千四百包 計二百九十噸	原银二萬元 時值六千二百萬	敵攻緊急鑿沉拒敵		男三 女五口	民廿七年搶運平漢鉄路器材一次
李少泉	湖南湘潭盛山鎮現住	仝	仝	仝		男五 女三口	
王錫藩	湖南湘鄉共仁鄉三保	原装三千六百包 計二百四十噸	原银一萬六千元 時值五千四百萬	仝		男三 女二口	民廿七年夏及六月搶運兵工厰器材一次
陳玉軒	湖南湘鄉潭台鄉三保	仝	仝	仝		男九 女六口	民廿七年十一及五月搶運士敏厰器料一次
楊善慶	湖南湘鄉共仁鄉七保	仝	仝	仝		男三 女二口	
王庭根	湖南湘鄉樑木鄉十一保	原装三千包 計二百噸	原银一萬四千元 時值四千二百萬	仝		男二 女二口	民廿七年夏六月搶運湖北兵工厰器材一次
鄧長貴	湖南湘鄉潭台鄉與安灣	仝	仝	仝		男三 女五口	

九八

郭有志	湖南湘鄉潭台鄉木皮灘	原裝二千四百包 計一百六十噸	原銀一萬元 時值三千四百萬	仝		男三 女四口
朱竹庭	湖南湘鄉匡廣鄉八保	原裝一千六百包 計一百一十噸	原銀七千元 時值二千三百萬	仝		男四 女五口
此係敵攻緊急鑿沉抗敵者九艘共、可裝鹽二萬九千六百包，計一千九百七十噸 共、原值銀幣一十三萬三千元，時值法幣四萬一千六百廿萬，家屬六十九名						

以上統計損毀鹽舸伍拾捌艘共、可裝鹽廿七萬三千包，計一萬七千九百八十噸共、原值銀幣一百廿三萬七千元，時值法幣卅八萬三千一百萬，家屬共四百六十二名

附呈時值按民卅五年夏六月依照湘潭現在造船費所具

謹呈

國民政府中央主席蔣

湖南運鹽江船抗戰損失難民國代表 王慶雲 印 譚朝宗 印 陳澤霖 印 呈

75

袁明金、袁文诚等关于船沉江阴请求补发征用证明事致江苏省政府的呈（一九四六年十一月四日）

建 3261

35 11 9

建設廳

104

第一科

事由	擬辦	批示	備考
為壓陳船沉江陰未奉征用文件確情請求 鑒核轉咨交通部核償由			

附件

會財字第4423號

收文 35 第 11 13 號 4459

呈爲瀝陳船沉江陰、未奉征用文件確情、請求　鑒核、轉咨交通部核償事：竊八一三抗戰開始、民等之船奉征沉塞江陰、本年夏秋先後呈報、　交部、責日賠償、八月奉批、「命檢呈征用証明文件政府准予賠償」等因奉此、遵將征用時未及領得總名單各情呈復、旋奉　交通部、部航字第一三四七五號批開：「呈件均悉、業經據情函請　江蘇省政府查複應俟復到再行核辦此批」等因奉此、謹將當時征用、未奉到征用任何文件之確情、瀝陳于左：

當未征之先、由揚科長、梅主任、同儀徵葛縣長克信、魏區長巍、在十二圩區公所、召集鹽務機關團體主腦者到區、由揚科長（忘其名）宣布、畧謂本省府奉　中央命令、征用十二圩鹽船二十萬担、封鎖江陰、鞏固江防、應征之船、須繳船照、按船照包數每包給還移費乙元、先發一成、其餘九成、憑軍艦条據領足、另發總名單一紙、爲勝

105

利後向敵索賠之證、此在征用前未奉領征用文件之確情一。當楊科長宣布後、由魏區長派員封船、警察促家屬上岸、梅主任派輪拖曳至龍潭運石、次日開拖後、楊科長即回省、此在征用時并未奉領征用文件之確情二。拖至龍潭、因石距船遠、圓鐵需時、又兼軍艦拖步則浪猛、石船起落不易、拖旁因浪緩、則空囊難防、致拖曳與阻塞、每於預定之期相左、因之經兩月之久、未免完其工工程、是以征用總名單、竟受未完畢之影响、加以艦長之条、僅足為呈省換条之據、省不過換以支取九成遷移費之条、至財廳收省条之後、換以鎮江某銀行之支条、領款後、亦有候發總名單者、因大華被炸、紛紛離鎮、迨最後到省時、楊梅已遷、固儀而葛縣長又去、到區而魏區長已下鄉避難、十八稱公所、又恐魁之燒殺隊報復、亦將封鎖議案付之一炬、此在征用後仍無處奉領征用証明文件之確情三。

前奉部批、後、往縣抄示原案、曾因二十八年春公署已燒、檔案無存、訪魏巍魏又遠出、其舊部謂此種遭敵仇視之件、恐亦在被燒之列、云、此奉部批後、仍無法查得征用文件之確情四。

猶有進言者、在過去八年間、幸無阻塞字據、假使領得征用文件或名單、不毀者、在身搜出定遭殺身之慘、在宅搜出必遭燒房之災、處敵偽特工之電雷電網之間、實無任何方法保存征用證件之確情五。

總而言之、征用證件雖未奉到、征用事實已昭昭在人耳目、且民等之船照、艦長之手条、財廳之支付、銀行之出納、必不至毫無查攷、更兼揚梅西遷、必復萬令之去或返、魏巍之避已回、一經長官垂詢、不難水落石出、尤有鄭重聲明者、以上所陳、況塞江險、繳照領遷移費、未奉領征用文件或名單、艦条換省廳銀行支条、一切確是實情、

106

絶無虛偽、如有虛偽、甘受法律最嚴厲之制裁、除遵令具結列表呈報交通部外、茲敢瀝陳未領征用名單及任何征用文件之確情、呈懇

主座、本視民如傷之宏願、俯准調取主管案卷、及財廳之支付、銀行之出納、參以楊梅葛魏經辦之事實、將民等奉憲江陰之確情、函復　交通部核償、俾航民得以復業、航工得以復員、是否有當、伏候

鈞座批示祇遵、謹呈

江蘇省政府主席王

具呈人十二行十八帮船塞江陰難民袁明金　袁文誠　霍泰義　張恒祥

汪瓊山　蔣安聚　高大順　吳振坤

許正明　吳培廷　金子明

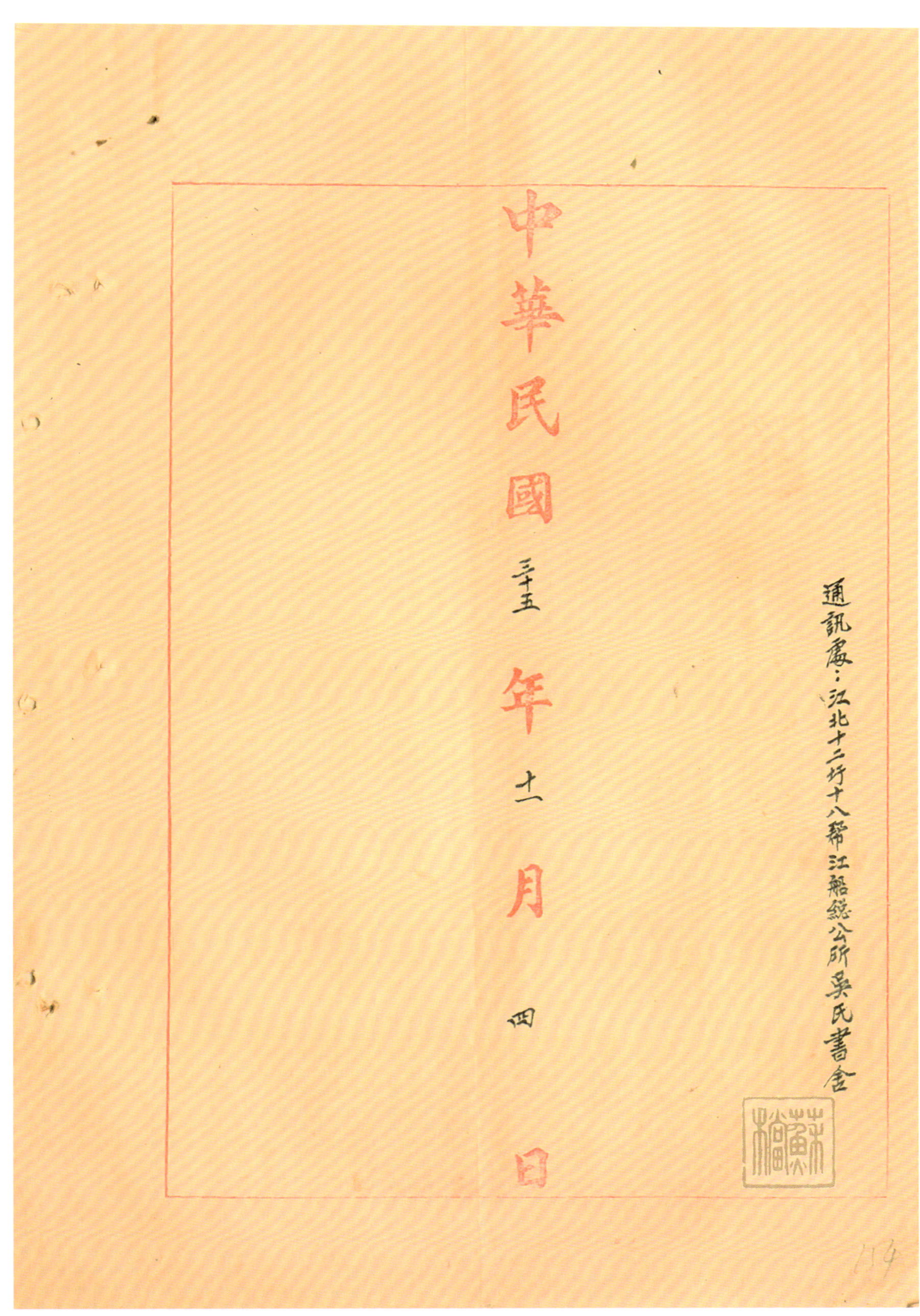

通訊處：江北十二圩十八帮江船總公所吳氏書舍

中華民國三十五年十一月四日

胡少荣、罗财发等关于船沉江阴请求补发征用证明事致江苏省政府的呈（一九四六年十一月二十三日）

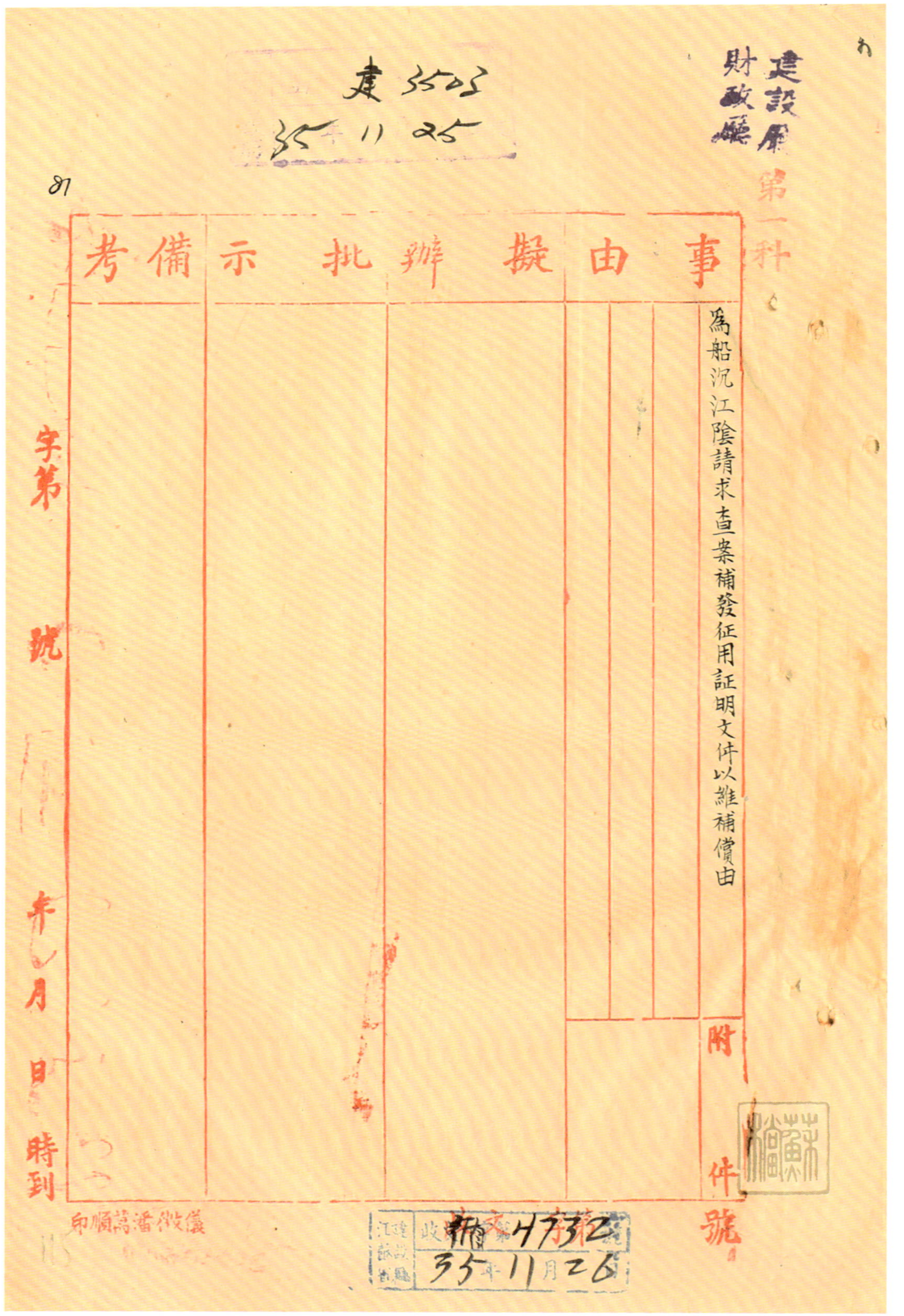

建设厅
财政厅 第一科

建3503
35年11 25

事由	拟办	批示	备考
為船沉江陰請求查案補發征用証明文件以雅補償由			

附件

字第 号 年 月 日 時到

收文 第4732号
35年11月26

竊民等盐船於戰前藉港十二圩埠湖至八一三抗戰以後航運阻滯既無盐運復無風上行各航名集會議决定於最後可以犧牲時將一致鑿沉於三江口既可阻敵又免資敵群情鼓舞氣憤填膺未幾大場淪陷江防吃緊於民國二十六年八月二十六日由
鈞府派楊科長鴻勛梅秘書霖偕儀徵縣長葛克信第三區長魏巍至十二圩第三區公所召集盐務各機関團體及運盐十八幫董事會主席段志周當場由楊科長宣佈省府奉中央命令征用十二圩盐船二十萬担沉塞江陰鞏固江防應征之船先繳船照以儎重每包給遷移費一元先領一部份爲家屬登陸租住之須其餘俟封鎖完畢憑軍艦条據給付并發給征用名单爲勝利後向日索賠之証楊科長宣佈後即由魏區長派員督同江快

82

封船警察促家屬登岸梅秘書派輪更番拖曳至龍潭運石船至龍潭因石距船遠候儎須時又因船隻大小不同先後拖期不免參差致運往沉江時與預期相左是以單艦每沉船一艘給付收条一張該船執条至省府換取手条至財廳復換銀行支票取遷移費至名单証件須俟沉塞完畢後始給總名单但先領得遷移費者一閘空囊即離鎮而去最後一批拖往沉江者正值敵機彈雨之時往省則揚科長未見返縣則葛縣長已去僅一魏區長於敵人海空轟擊下避難鄉間繼聞敵將至不獨無處取得總名单証件即十八幫公所關於封鎖議案亦付之一炬 民等 經此干戈騷屑備盡流亡痛楚勝利回來經具文交通部呈請救濟并抗戰時征用鹽船經過情形乃蒙交通部於本年九月十九第九四九二號批示略謂八一三抗戰之役沉塞江陰船隻如果有軍事機関征用証明文件合

於軍事征用法之規定政府准予賠償仰檢呈征用証明文件以便核辦」民等

於奉批後乃具文陳述征用前後經過并無任何証明文件暨無法取得總名

单之原因復於本年十月三十一日奉交通部部航字一四一一〇號批略謂該民等

盐船被征証件既經焚燒本部無案可稽礙難辦理仰向原征用機關查一案補

發」民等於奉批後分往縣區查取征用根據緣縣府已於民國二十八年春被焚

檔案蕩然無存魏前區長復又遠出據其舊僕云魏於避難鄉時有關文

件均焚毁恐征船之件亦在被燒之列今迫於不已惟有請求

主座飭查府卷或財廳収支簿記如有誑罔甘顛受刑法上并科之罪并甘受

詐欺中央長官之嚴厲制裁用是推派代表胡少榮羅財發費丈晋謁陳

述愚悃仰懇恩准補發征用証明文件俾資繳呈交通部以維補償而資生

83

活敬恳赏给批示祇遵 谨呈

江苏省政府主席 王

具呈人十二圩十八帮运盐江船公所难民团代表胡少荣

羅駿發

沉塞江阴之船连署人谢连生

萬連生

傅美元

羅財發

彭士鑾

彭士祥

張漢卿

通讯处 仪徵十二圩吉安会馆

船照原名張廣祥

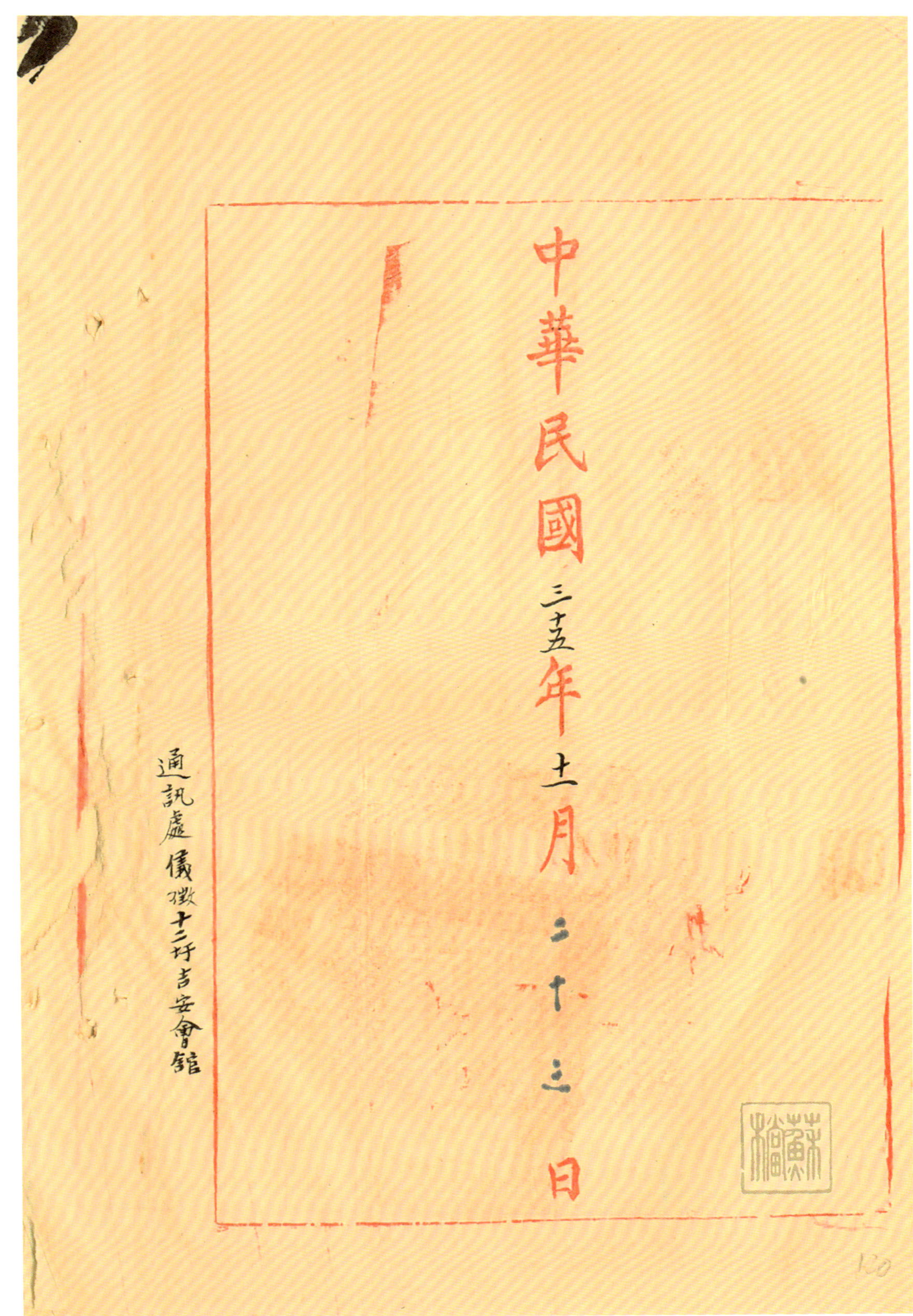

中華民國三十五年十一月二十三日

通訊處儀徵十二圩吉安會館

120

吴兴祥等、江苏省建设厅关于抗战期内船沉江阴请求赔偿事的一组公文（一九四六年十二月二十七日至一九四七年一月二十九日）

吴兴祥、章少山等致江苏省政府的呈（一九四六年十二月二十七日）

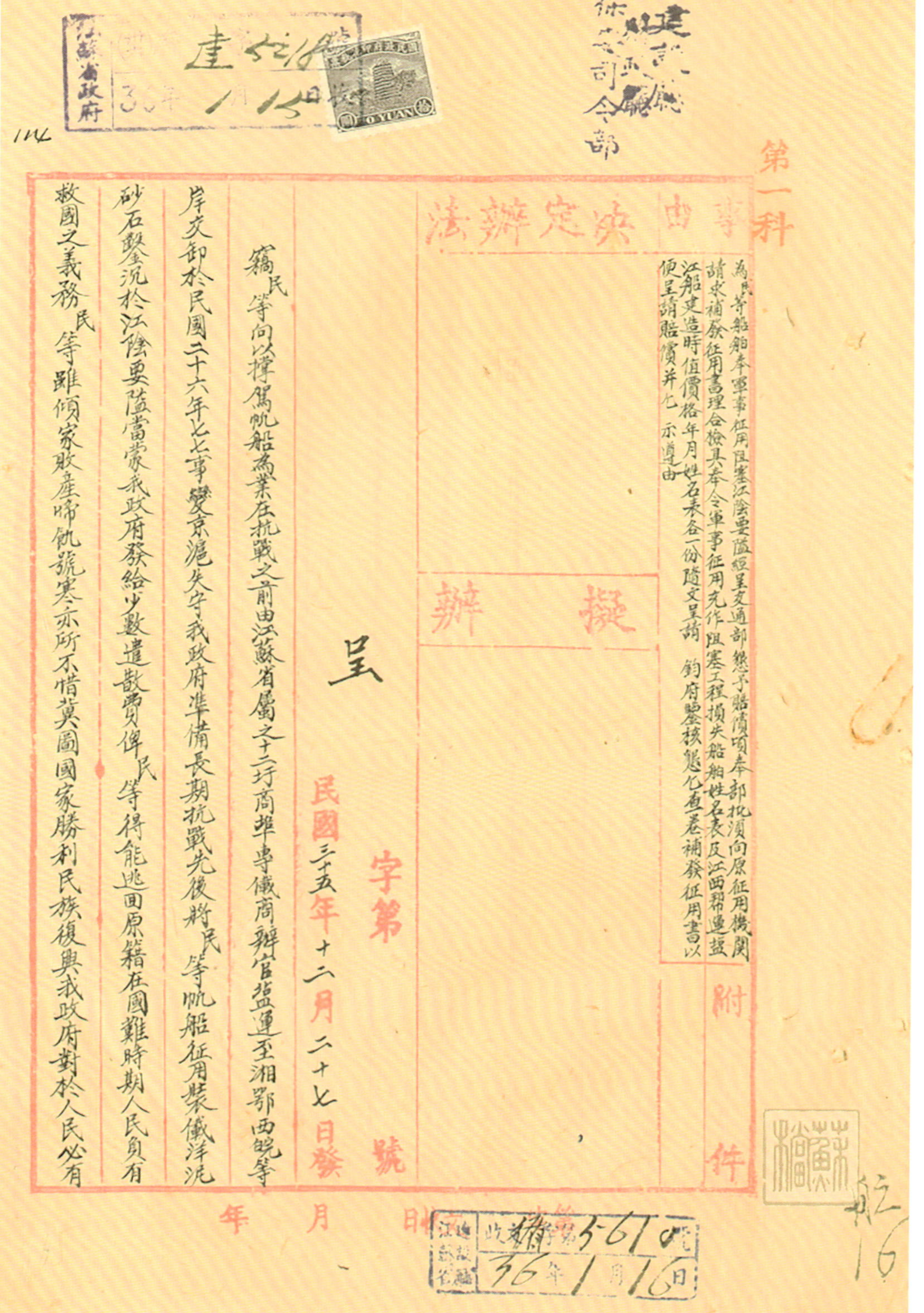

江苏省政府 建5616 36年1月15日

第一科

事由：为民等船奉军事征用阻塞江阴要隘经呈交通部恳予赔偿顷奉部批须向原征用机关请求补发征用书理合检具奉令军事征用先作阻塞工程损失船舶姓名表及江西帮运盐江船建造时值价格年月姓名表各一份随文呈请钧府鉴核恳乞查卷补发征用书以便呈请赔偿并乞示遵由

拟办

附件

呈

字第　号

民国三十五年十二月二十七日发

窃民等向以撑驾帆船为业在抗战之前由江苏省属之十二圩商埠仪商办官盐运至湘鄂西皖等岸交卸于民国二十六年七七事变京沪失守我政府准备长期抗战先后将民等帆船征用装仪洋泥砂石凿沉于江阴要隘当蒙我政府发给少数遣散费俾民等得能逃回原籍在国难时期人民负有救国之义务民等虽倾家败产啼饥号寒亦所不惜冀图国家胜利民族复兴我政府对于人民必有

江苏省政府 建5616 36年1月16日

整個救濟辦法也查敵寇投降已經年餘人民得能安居樂業莫不鼓舞歡騰民等自失業之後窮困之狀莫不言喻亦急待國家救濟耳現蒙行政院公佈凡因抗戰軍事征用充作阻塞工程及應軍公差而被敵損失之船舶概以軍事征用法之規定者應予賠償并飭交通部辦理在案民等於十月三十一日根據上項公佈呈請交通部賜予賠償去後茲奉交通部十一月十六日部航京字第六四二零號批示開查船舶之損失合於軍事征用法之規定者方予賠償依照軍事征用法第十九條之規定應由有征用權者簽發征用書此項征用書係請求賠償之依據該民等之船確被征用未發給征用書應逕向原征用機關請求補發再行呈部候核此批等因奉此自應遵辦查民等之船於民國二十六年九月間停泊江蘇省轄之十二圩地點搶運官鹽適遇戰事緊張政府實行阻塞工程計劃當經鈞府暨江陰要塞司令確將民等之船征用裝載洋泥砂石鑿沉於江陰要隘并將民等所執財政部兩淮十二圩放鹽處運鹽江船船照繳去并未給據有卷可查彼時因戰事緊張政府急在遷移安全區域民等亦急于逃避之際致未呈請發給征用證件茲奉交通部批示理合檢具奉令軍事征用充作阻塞工程損失船舶姓名表及江西帮運鹽江船建造時值價格年月姓表各一份備文一併

呈请

钧府鉴核，恳请查卷补发征用书，俾便呈部，恳赐赔偿，而安民命，并乞批示祗遵，不胜感恩之至！

谨呈

江苏省政府主席王

附：奉令军事征用充作阻塞工程损失船舶姓名表、
　　淄帮运盐江船建造时值价格年月姓名表各一份

具呈人吴兴祥　章少山
　　　江西　邹茂和　邹顺元

通讯处临川县文家港谦泰祥号内

江苏省建设厅致省农民银行等的公函（一九四七年一月二十九日）

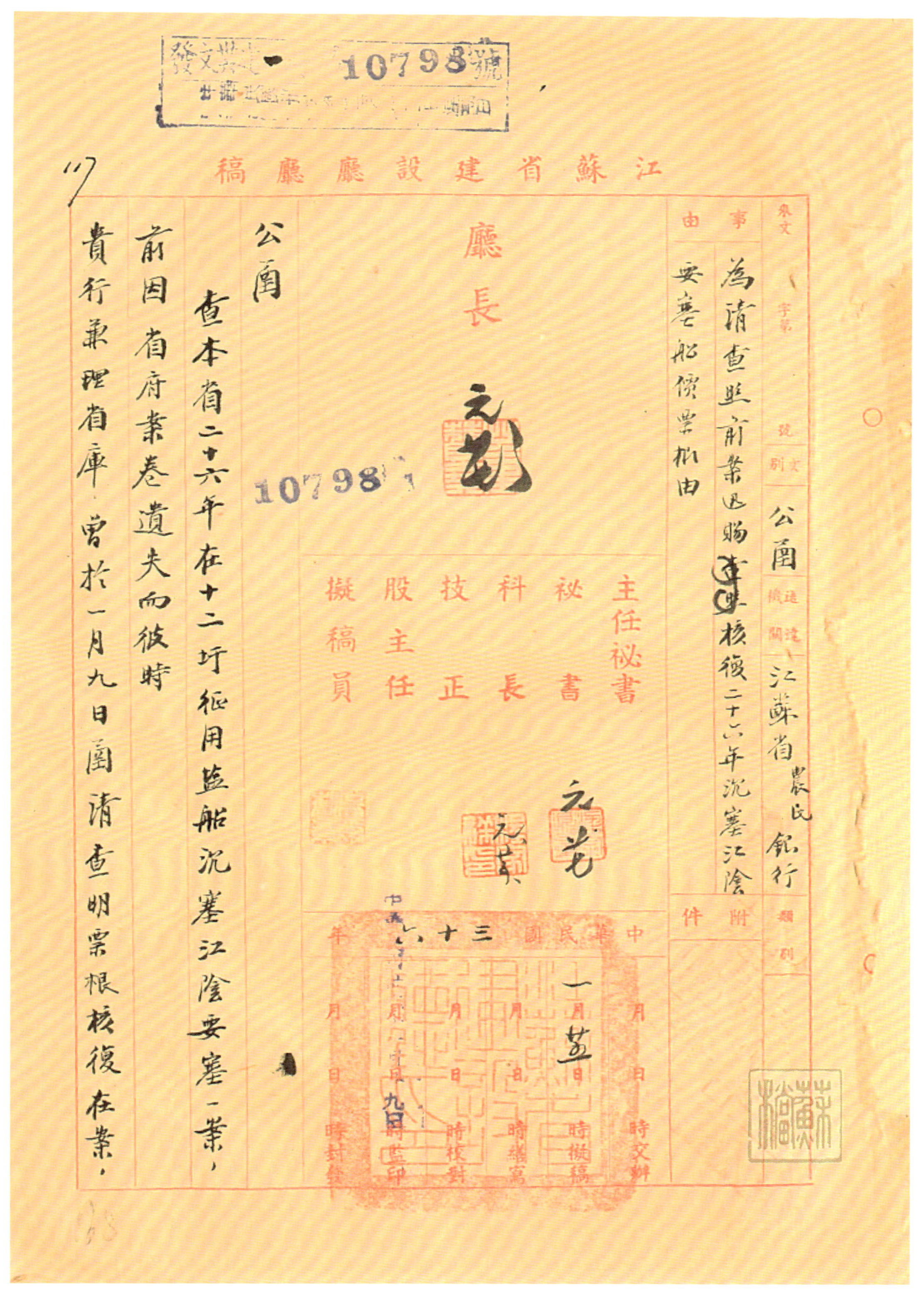
發文第10798號

江蘇省建設廳廳稿

事由：為請查照前案迅賜核復二十六年沉塞江陰要塞船價票根由

公函 江蘇省農民銀行

廳長

主任秘書 秘書 科長 技正 股主任 擬稿員

中華民國三十六年一月廿九日

公函

查本省二十六年在十二圩徵用盐船沉塞江陰要塞一案，前因省府案卷遺失，而彼時貴行兼理省庫，曾於一月九日函請查明票根核復在案，

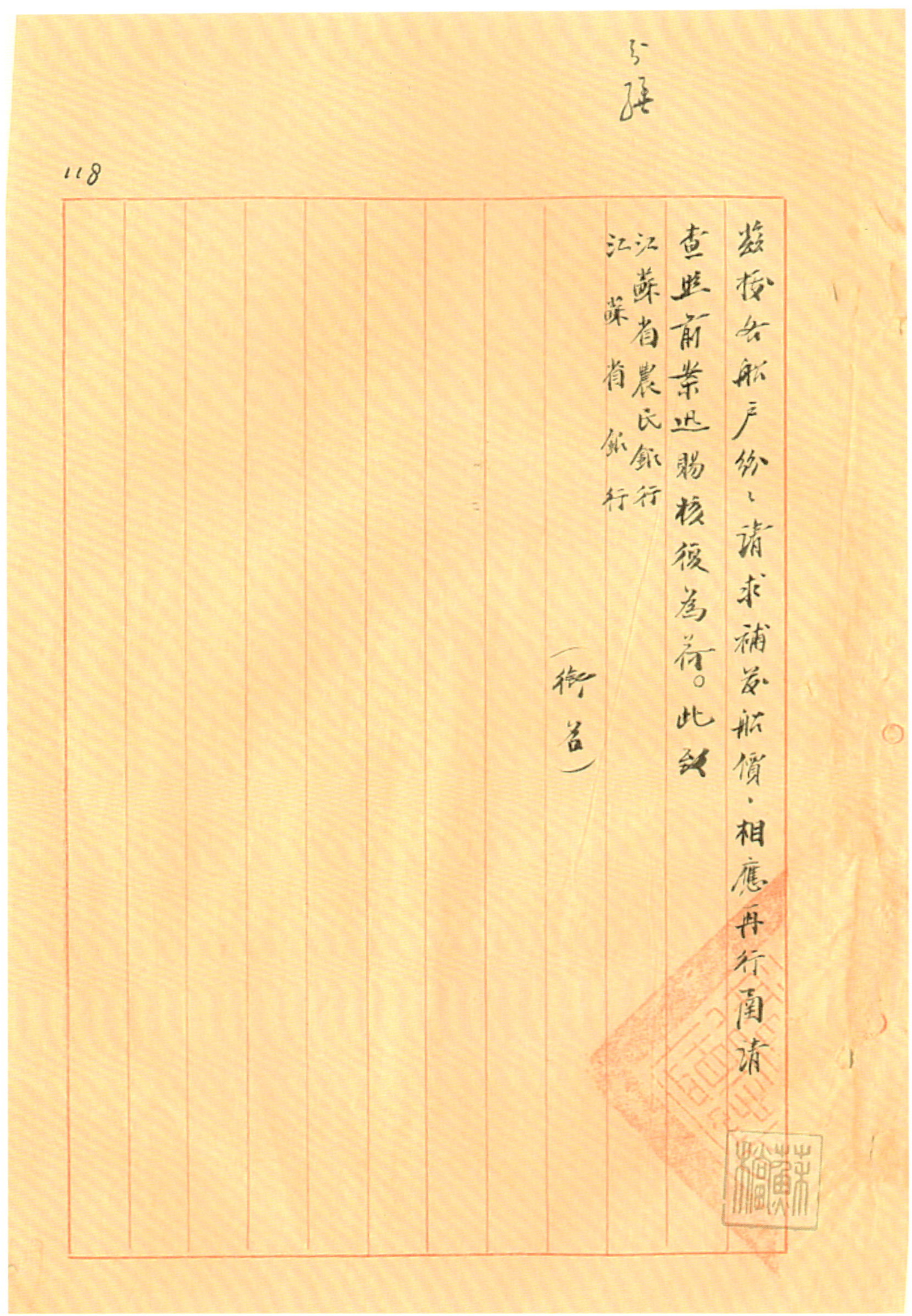

118

茲據各船户紛紛請求補發船價，相應再行函請

查照前案迅賜核復爲荷。此致

江蘇省農民銀行

江蘇省銀行

（衔名）

附：江西帮奉令军事征用充作阻塞工程损失船舶姓名表（一九四六年十二月二十七日）

江西帮奉令軍事徵用充作阻塞工程損失船舶姓名表

船主姓名	年齡	籍貫	幫別	船舶名	船籍港	航行區域	執照號碼	執照載重	徵用地點時間	阻塞地點時間	阻塞時之價值	徵用機關	備考
吳興祥	六一	江西臨川	江西撫幫	撫船	十二圩	長江流域	兩淮十二圩放鹽處江船執照當被征用機關繳去號碼未詳	九仟担（每担合一二八市斤）	江蘇省十二圩 民廿六年九月間	江陰 民廿六年十月間	法幣肆萬伍仟元	江蘇省政府暨江陰要塞司令	兩淮十二圩放鹽處江船執照當被江蘇省政府主席陳暨江陰要塞司令及江蘇省保安處繳去未給收據現有九江關船照相片謄本一份呈核
章少山	五一	江西臨川	江西撫幫	撫船	十二圩	長江流域	兩淮十二圩放鹽處江船執照當被征用機關繳去號碼未詳	陸仟担（每担合一二八市斤）	江蘇省十二圩 民廿六年九月間	江陰 民廿六年十月間	法幣叁萬元	江蘇省政府暨江陰要塞司令	兩淮十二圩放鹽處江船執照當被江蘇省政府主席陳暨江陰要塞司令及江蘇省保安處繳去未給收據
鄒順元	七四	江西臨川	江西撫幫	撫船	十二圩	長江流域	兩淮十二圩放鹽處江船執照當被征用機關繳去號碼未詳	貳仟捌伯担（每担合一二八市斤）	江蘇省十二圩 民廿六年九月間	江陰 民廿六年十月間	法幣壹萬肆仟元	江蘇省政府暨江陰要塞司令	兩淮十二圩放鹽處江船執照當被江蘇省政府主席陳暨江陰要塞司令及江蘇省保安處繳去未給收據
鄒茂和	六九	江西臨川	江西撫幫	撫船	十二圩	長江流域	兩淮十二圩放鹽處江船執照當被征用機關繳去號碼未詳	陸仟担（每担合一二八市斤）	江蘇省十二圩 民廿六年九月間	江陰 民廿六年十月間	法幣叁萬元	江蘇省政府暨江陰要塞司令	兩淮十二圩放鹽處江船執照當被江蘇省政府主席陳暨江陰要塞司令及江蘇省保安處繳去未給收據

中華民國三十五年十二月二十七日 填

仪征县政府、江苏省建设厅关于十二圩战前被征盐船事的往来公文（一九四七年七月一至十五日）

仪征县政府致江苏省建设厅的呈（一九四七年七月一日）

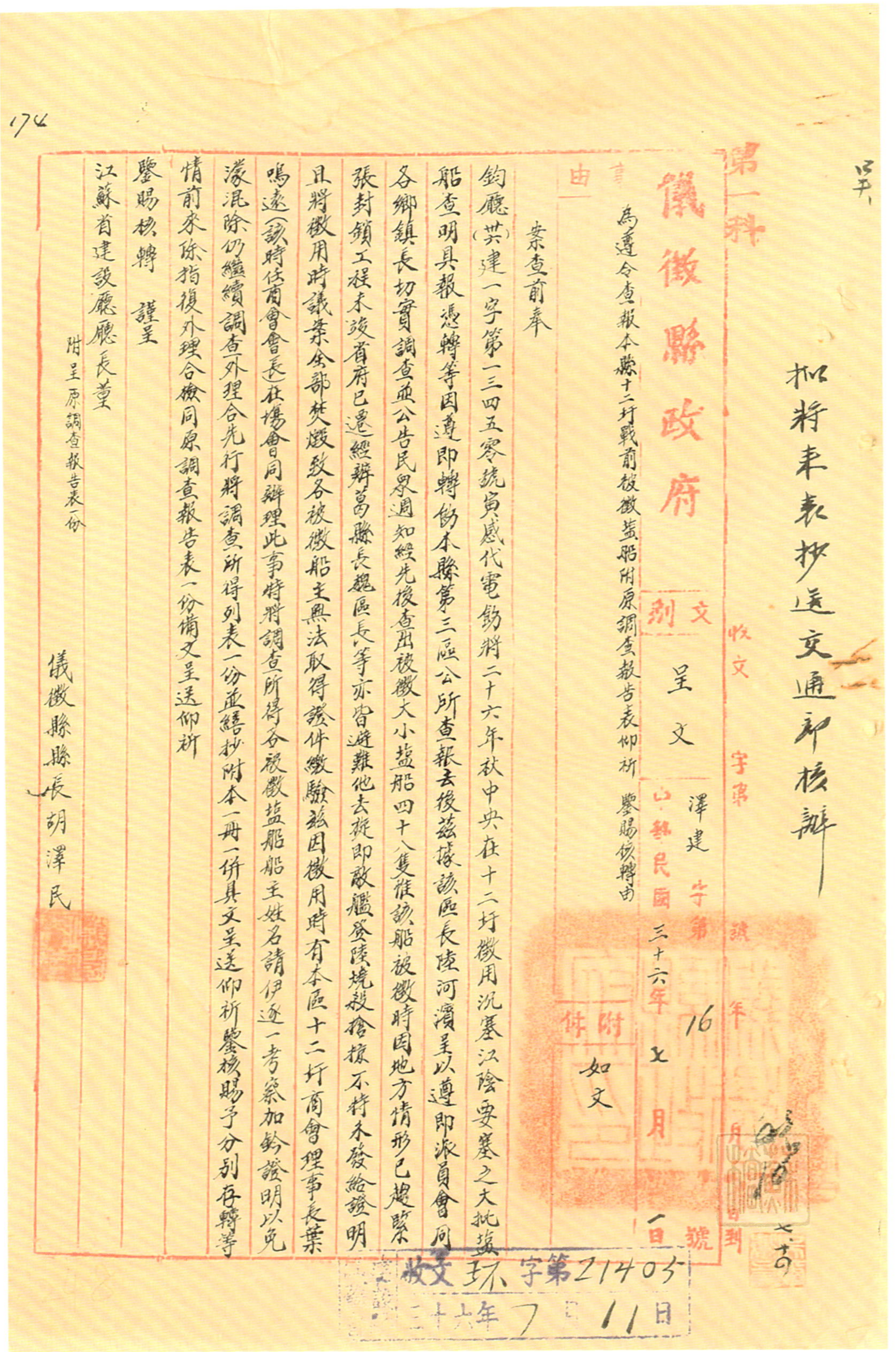

174

呈

拟将来表抄送交通部核办

儀徵縣政府　第一科

由：為遵令查報本縣十二圩戰前被徵鹽船附原調查報告表仰祈鑒賜鈞轉由

文別：呈文

澤建字第16號

中華民國三十六年七月一日

附件：如文

案查前奉

鈞廳（卅六）建一字第一三四五零號寅感代電飭將二十六年秋中央在十二圩徵用沉塞江陰要塞之大批鹽船查明具報等因遵即轉飭本縣第三區公所查報去後茲據該區長陸河濱呈以遵即派員會同各鄉鎮長切實調查並公告民衆週知經先後查出被徵大小鹽船四十八隻惟該船被徵時因地方情形已趨緊張封鎖工程未竣省府已遷（遷）經辦葛縣長魏區長等亦皆避難他去旋即敵艦登陸燒殺搶掠不特未發給證明且將徵用時議案全部焚燬致各被徵船主無法取得該件徵驗茲因徵用時有本區十二圩商會理事長葉鳴遠（該時任商會會長）在場會同辦理此事特將調查所得各被徵鹽船船主姓名請伊逐一考察加鈐證明以免朦混除仍繼續調查外理合先行將調查所得列表一份並繕抄附本一冊一併具文呈送仰祈鑒核賜予分別存轉等情前來除指復外理合檢同原調查報告表一份備文呈送仰祈

鑒賜核轉　謹呈

江蘇省建設廳廳長董

附呈原調查報告表一份

儀徵縣縣長胡澤民

收文　字第21405

三十六年7月11日

附：仪征县第三区被征盐船调查统计表（一九四七年六月）

175

儀徵縣第三區被徵鹽船調查統計表

儀徵縣第三區被徵鹽船調查統計表

中華民國三十六年六月　日

船主姓名	年齡	幫別	現住地址	被徵船名	儀量 裝載包數	儀量 噸位	被徵時值價（二十六年秋）	備考
謝連生		江西	十二圩	撫	四千包	二百八十噸	一萬八千元	
傅美元	五五	〃	〃	〃	四千包	二百八十噸	一萬八千元	
羅財發	六二	〃	〃	大駁	一千六百包	一百二十噸	七千六百五十元	
萬連生	五三	〃	〃	撫	一千二百包	八十噸	五千四百元	
彭士榮		江蘇	〃	江東	一千七百包	一百二十噸	七千六百五十元	
彭士祥		〃	〃	〃	一千七百包	一百二十噸	七千六百五十元	
張漢卿	六五	湖北	〃	鈞鈞	一千六百包	一百一十噸	七千二百元	
周耕山	五一	山淮	〃	涼划	二千	一百四十噸	九千元	

袁明經	四八	金斗	十二圩	江東	一千七百包	一百二十噸	七千七百四十元
袁文誠	七九	〃	〃	巢湖	一千七百二十包	一百二十噸	七千七百四十元
史鑑發	三八	〃	〃	江東	一千四百包	百噸	六千三百元
陳景明		〃	〃	巢湖皖划	一千四百包	九十八噸	六千三百元
施佑明	六八	漕	〃	江東	二千三百二十包	一百六十二噸	一萬〇四百四十九元
楊積盈	六二	〃	〃	巴斗	一千六百包	一百二十噸	七千二百元
吳培庭	五二	〃	〃	黃艄	二千四百包	一百七十噸	一萬〇八百元
金子明	三八	〃	〃	黃稍	一千五百包	一百〇五噸	六千七百五十元
高大順	四六	江東	〃	〃	一千七百包	一百十九噸	七千六百五十元
汪瓊山	四一	永	〃	鈞鈎	四千包	二百八十噸	一萬八千元

177

蔣安聚	八九	永	十二圩	鈞鈎	二千二百包	一百五十噸	九千九百元
吳振坤	五二	江東	〃	稿梢	三千二百包	六百二十四噸	一萬四千四百元
許正明	三九	〃	〃	〃	一千五百包	一百〇五噸	六千七百五十元
孫同興	二七	〃	〃	涼划	一千五百包	一百〇五噸	六千七百五十元
霍泰義 張恆祥	五六	襄陽	〃	大駁	一千五百包	一百〇五噸	六千七百五十元
何潤民		金斗	〃	江東	二千四百包	一百七十噸	一萬〇八百元
胡漢卿		〃	〃	〃	二千包	一百四十噸	九千元
汪調高		〃	〃	〃	一千六百包	一百十噸	七千二百元
費邦清		〃	〃	黃梢	一千五百包	一百〇五噸	六千七百五十元
李華齋		〃	〃	焦湖	一千三百包	九十一噸	五千八百五十元

王純禮		全斗	十二圩	擺江	一千三百包	九十一噸	五千八百五十元
吳德禮		〃	〃	黃稍	一千二百包	八十噸	五千四百元
王長松		山淮	〃	江東	一千六百包	一百〇二噸	七千二百元
汪永祥		灃	〃	〃	一千六百包	一百〇二噸	七千二百元
金煥章		〃	〃	〃	一千六百包	一百〇二噸	七千二百元
張啟泰		〃	〃	〃	一千三百包	九十一噸	五千八百五十元
陳憲章	四七	〃	〃	〃	九百六十包	六十八噸	四千三百二十元
王治貴		湖北	〃	紅船	二千四百包	一百七十噸	一萬〇八百元
許長貴		江東	〃	黃稍	八百四十包	五十九噸	三千七百八十元
涂孔惠		江西	〃	紅船	四千包	二百八十噸	一萬八千元

178

陳維俊		湘	〃	鈞鈎	二千三百二十包		
王得勝		〃	〃	〃	三千一百二十包		
陳雨生		〃	〃	〃	二千五百六十包		
孫樹庭		維揚	〃	江東	一千二百包	八十四噸	五千四百元
袁國春		澧	〃	〃	四千四百包		
劉啟祥		〃	〃	〃	一千包	七十噸	四千五百元
安永和		維揚	〃	〃	二千包	一百四十噸	九千元
趙任氏		湘	〃	鈞鈎	三千包	二百十噸	一萬三千五百元
凃才福		江西	〃	紅船	二千五百包	一百七十五噸	一萬一千二百五十元
吳大富		長沙	〃	鈞鈎	二千五百包	一百七十五噸	一萬一千二百五十元

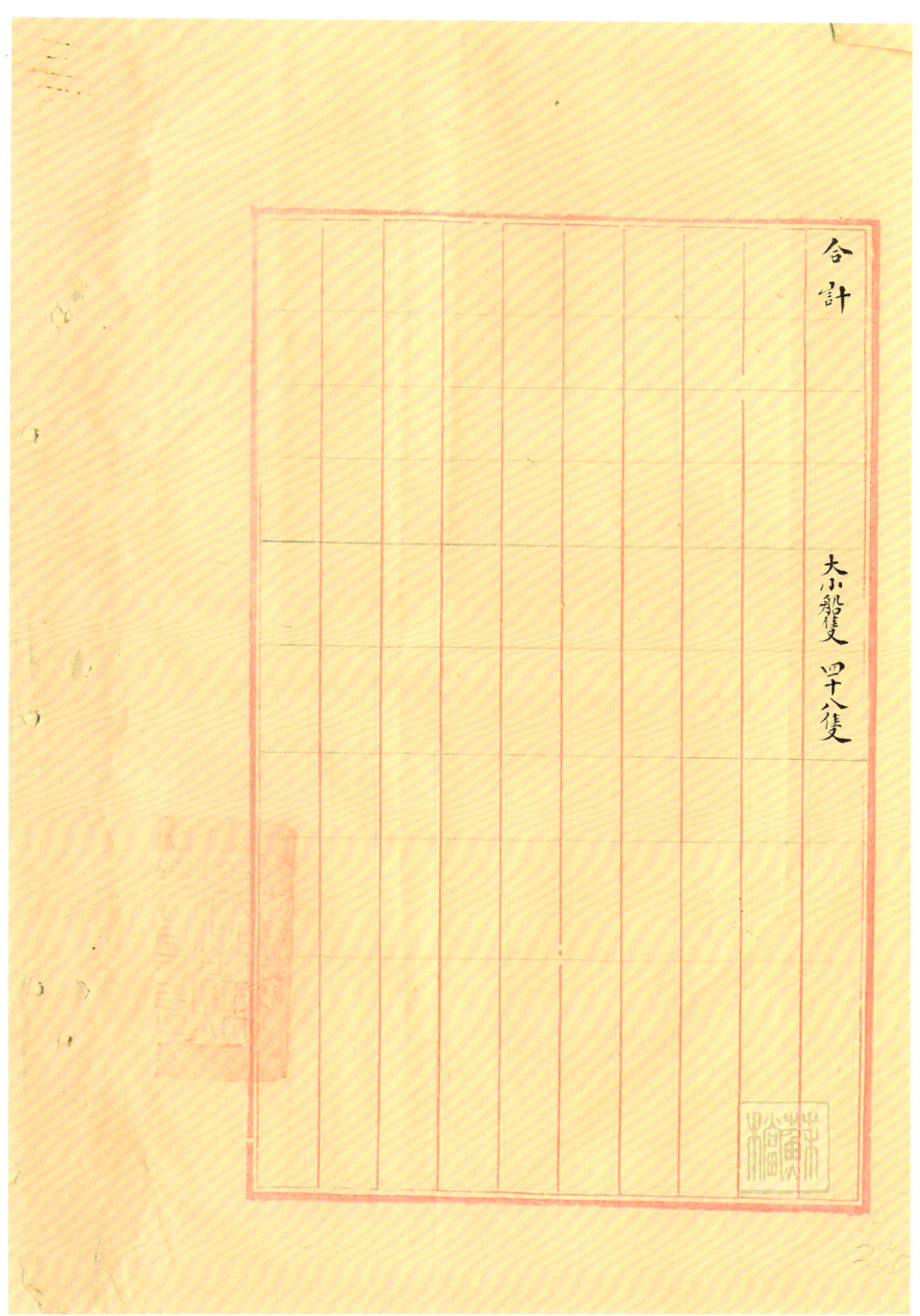

合計

大小船隻　四十八隻

江苏省建设厅便签（一九四七年七月十五日）

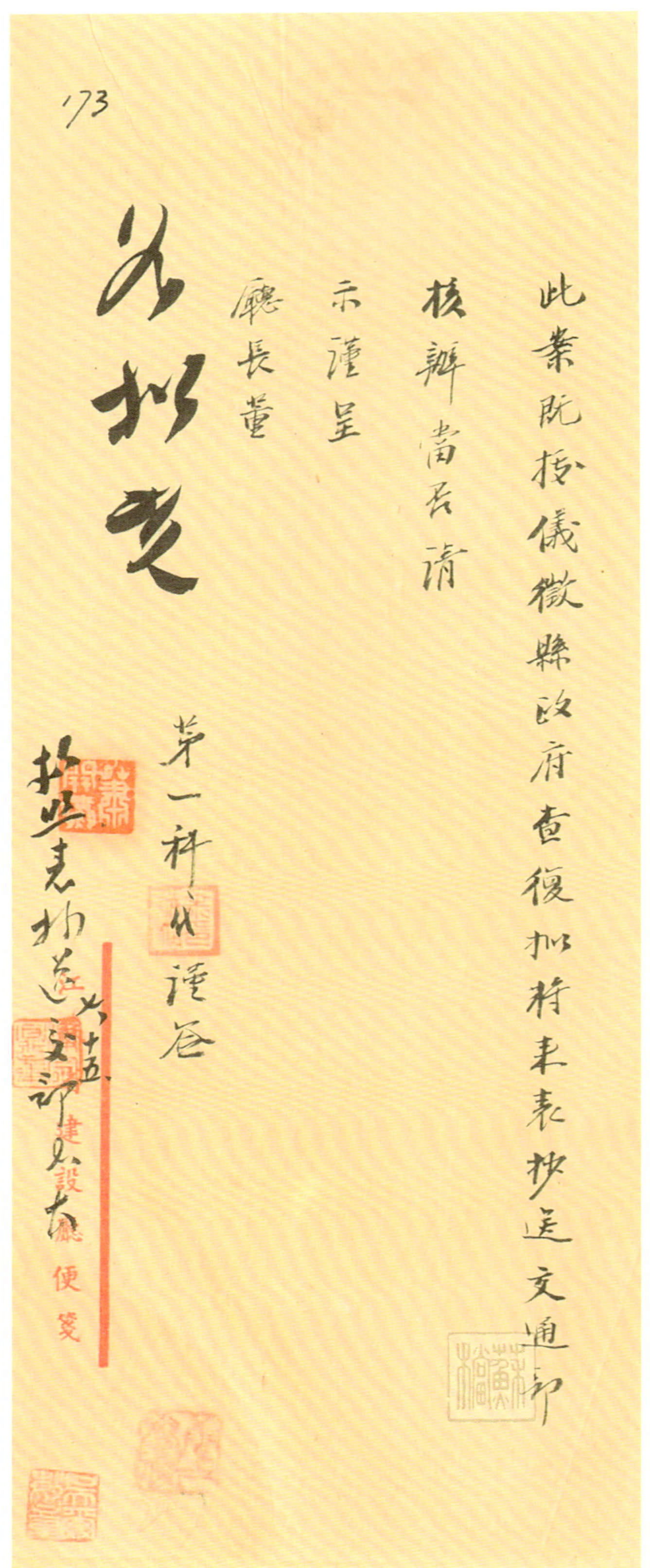
173

此案既据仪徵县政府查复，拟将来表抄送交通部核办，当否？请示。谨呈
厅长董

第一科 代 谨签

如拟

江苏建设厅便笺

张益吾关于胜昌轮船被征军用被敌所毁事致江苏省建设厅的呈（一九四七年十二月三十日）

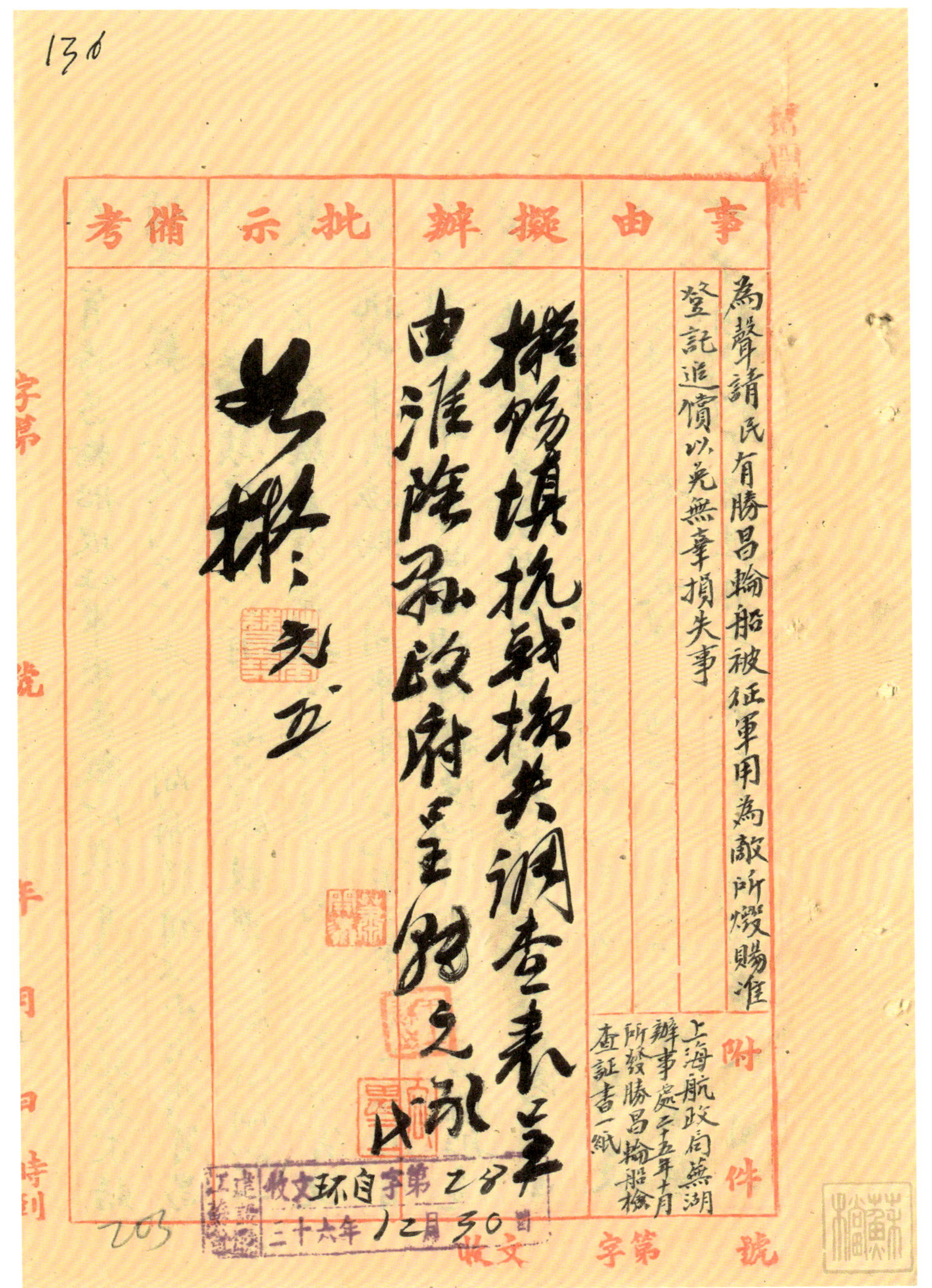

事由：為聲請民有勝昌輪船被征軍用為敵所燬賜准登記追償以免無辜損失事

附件：上海航政局蕪湖辦事處三十五年十月所發勝昌輪船檢查証書一紙

擬辦：擬予轉飭填抗戰損失調查表呈由淮陰區政府呈轉送之，(?)

批示：如擬。光，卅五

收文環自字第二八七號 三十六年12月30日

為民有勝昌輪船被征軍用為敵所燬聲請登記要求賠償事　竊民於民國二十六年四月間購得鎮江小馬頭寶昌機器廠經理顧厚賚所有之勝昌鐵殼雙引擎小輪船一隻在淮陰創辦益淮輪船公司行駛鹽河淮陰至灌雲段旋以抗戰軍興該輪為國軍第八十九軍第三十三師徵用于民國二十七年九月間該師轉移陣地時將該勝昌輪船遺留在淮陰之王營鎮鹽河口日久被水打沈待至民國三十四年春由住淮陰之敵打撈出水將該輪船身大爐引擎及全部零件均拆散運走現該輪之買契及一切文件均因歷次戰事損失所存者僅有上海航政局蕪湖辦事處民國二十

五年十月所發該輪之檢查證書乙紙足資證明理合備文呈請

鑒核賜准登記追償以免氏無辜損失實爲德便

謹呈

江蘇省政府建設廳長董

附呈上海航政局蕪湖辦事處二十五年十月所發勝昌輪船檢查證書乙紙

聲請人　勝昌輪船主張益吾

住址　鎮江將軍巷二十四號

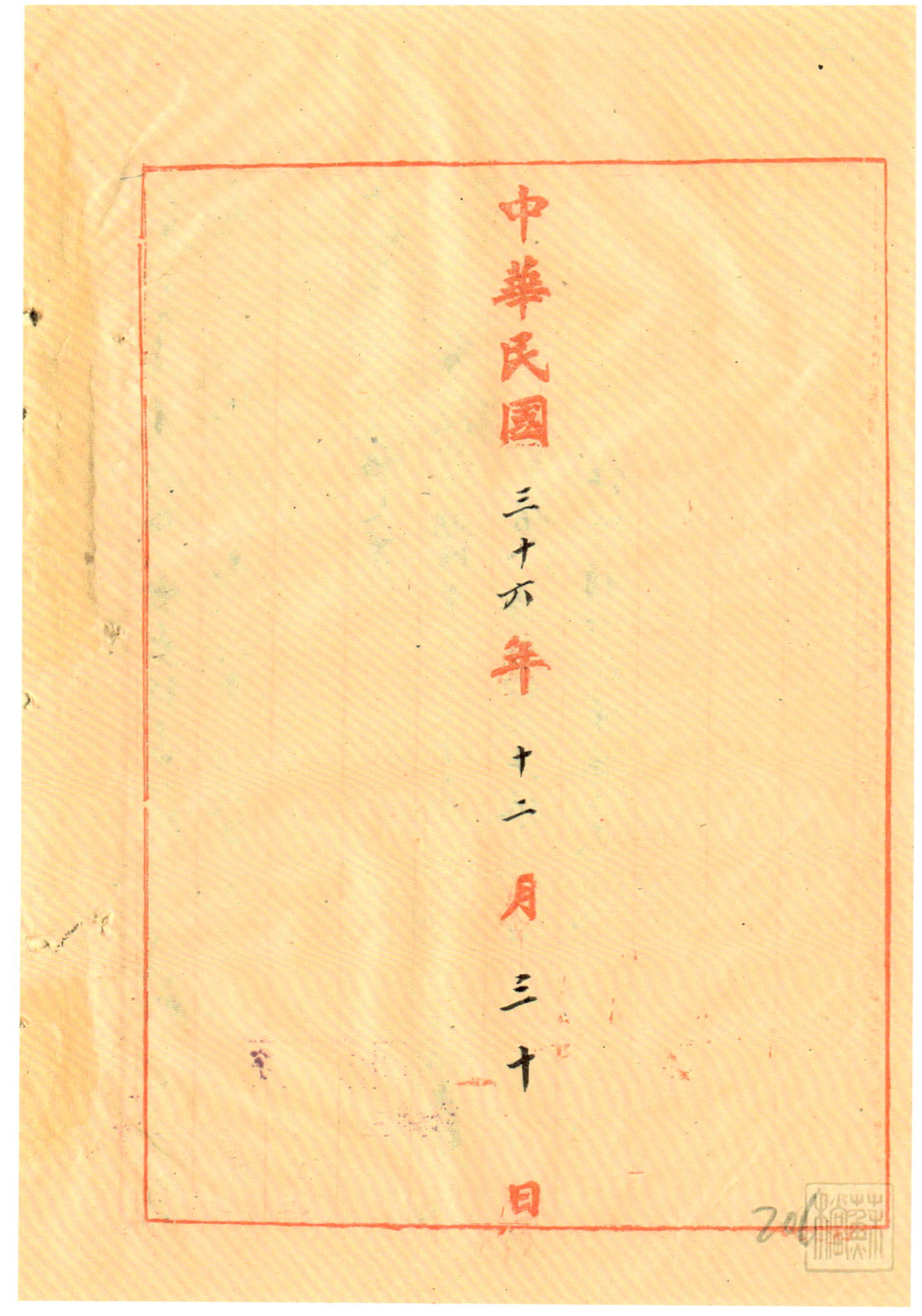
中華民國三十六年十二月三十日

（三）各机关战时迁移、防空及其他（间接）损失

嘉定县政府关于呈报本县因战事所用迁移防空费事致江苏省政府的代电（一九四六年七月二日）

61

江蘇省嘉定縣政府代電紙

財字第一四五一號 第 頁

事由：為遵電呈報本縣因戰事所用遷移防空費請求核轉由

江蘇省政府主席王鈞鑒：（卅五）府財一字第一三二八四號辰皓代電奉悉，謹遵將本縣因戰事所用遷移防空費開具清單，電請鑒核彙轉。嘉定縣長徐竹濤、卸軍法承審員沈廷梁代。午冬印。附清單一份。

中華民國三十五年七月二日

75

附：江苏省嘉定县政府战时迁移防空费用清单

江蘇省嘉定縣政府戰時遷移防空費用清單

廿六年八月十三日戰事發生後，

征用民船大小共二百艘，以一百八十艘供應作戰運輸之用，廿艘留作縣級機關遷移搬運之用，征用作戰運輸船隻每艘發給伕食費二十元，計一百八十艘共叁千陸百元，征用遷移搬運船隻每艘每日發伕食費二元，計廿艘約一百天共發給肆千元，總計征用民船費柒千陸百元。

八月廿七日雇用民伕卅名搬運縣府警局保安隊文件及全體員工物件，暨官佐軍警械彈遷移至離城十五里西隅錢門鄉，計共搬運伕食費等約每日二百四十元，至卅日止共四天計九百陸拾元。

十一月十二日戰事西移，本縣各機關集中錢門塘雇用伕役五十名，分將文件裝載民船廿艘西遷，送同月廿日抵達鎮江省府，每船押運員四名，士兵六名，日支伕食費十五元，計九天共壹百卅五元，連同上下搬運費四百八十元，計陸百十五元。

購運裝文件三尺縱橫見方木箱廿只（每只廿元）肆百元，麻袋二百只（每只五角）壹百元，計五百元。

本縣地政局全部地籍版運往上海租界保管，雇看守一員，租屋二間，廿六年八月十六日至十二月底，計四個半月，每月每間房租四十元，二間共八十元，看守員留守伙食及津貼費每月五十元，共月計保管費一百卅元，四個半月五百八十五元，廿七年月計保管費二百五十元，年計三千元，廿八年年計保管費六千元，廿九年年計保管費一萬二千元，卅年年計保管費二萬四千元，卅一年年計保管費四萬八千元，卅二年年計保管費九萬六千元，卅三年年計保管費廿八萬八千元，卅四年月計保管七萬二千元，二至十月份十個月共七十二萬元，總計保管費一百十九萬七千五百八十五元。

縣屬共五區，每區經建築防空壕一所，縣府所在地建築一所，計建築防空壕六所，每所約計建築費三千八百元，共計防空壕建築費二萬二千八百元。

以上遷移防空費總計一百二十三萬零五十五元正。

說明：右列數字，係以當時實支幣制計算！

77

行政院赔偿委员会关于查报迁移等费事致江苏省政府的代电（一九四七年五月八日）

江苏省政府 （卅六）府秘字第2233号 36年5月10日文

第一科 第一股

财政厅 建设厅 民政厅 秘书处

提呈

行政院賠償委員會代電

事由：請查報遷移等費由

江蘇省政府公鑒：查戰時各機關遷移費及防空費等均由各機關經臨款項下開支，財政部並未專立預算，其動支數額屬於地

中華民國卅六年五月八日發出

發文（卅六）京字第000708號

中華民國36年5月10日收 1508號

民國三十六年5月10日 收府秘字第11746號

2

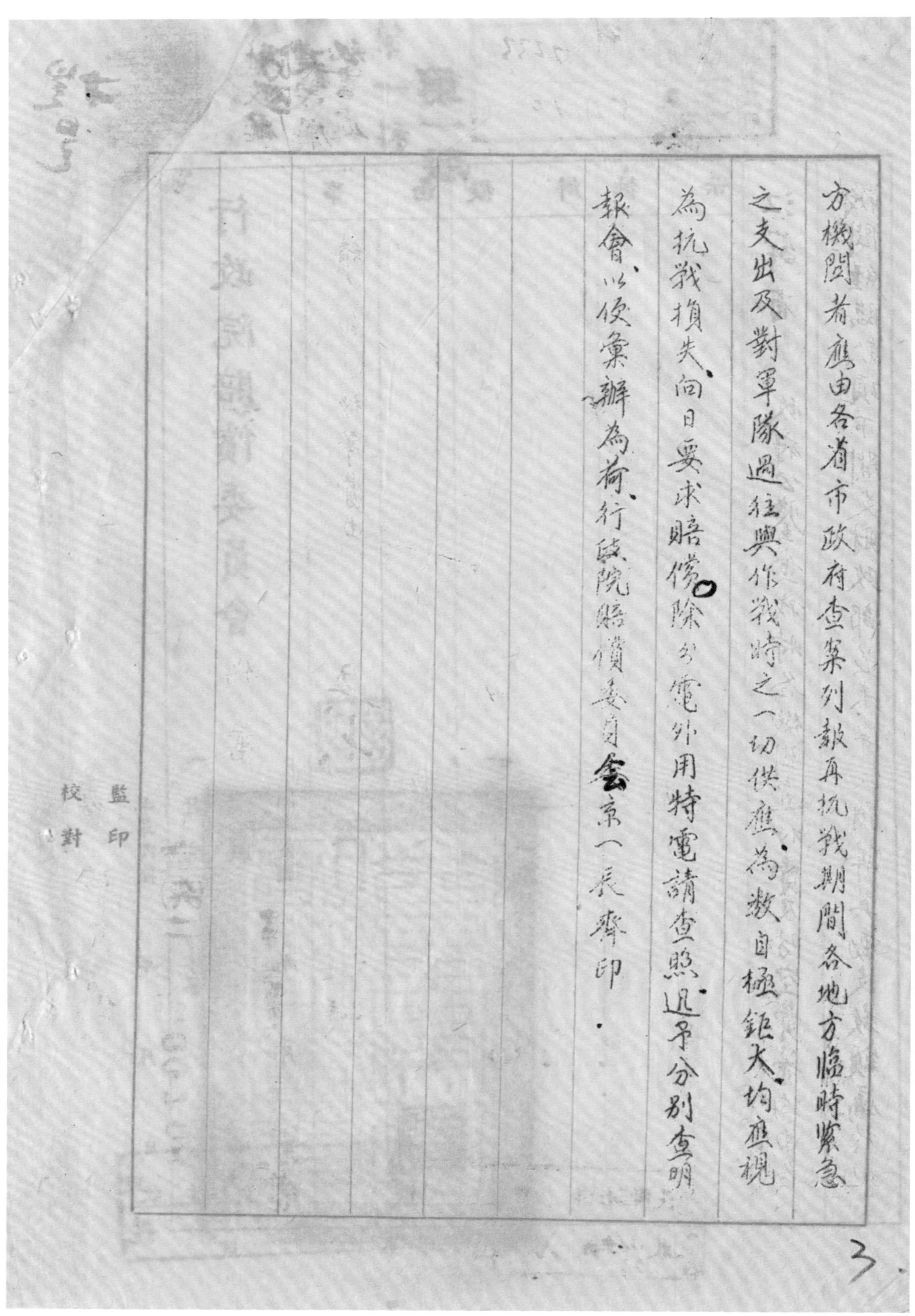
方機關者應由各省市政府查案列款再抗戰期間各地方臨時緊急之支出及對軍隊過往與作戰時之一切供應爲數自極鉅大均應視爲抗戰損失，向日要求賠償。除分電外，用特電請查照，迅予分別查明報會，以便彙辦爲荷。行政院賠償委員會京一長齊印。

監印
校對

3.

江苏省政府会计处关于抗战时期迁移费用事致省政府的呈（一九四七年五月二十四日）

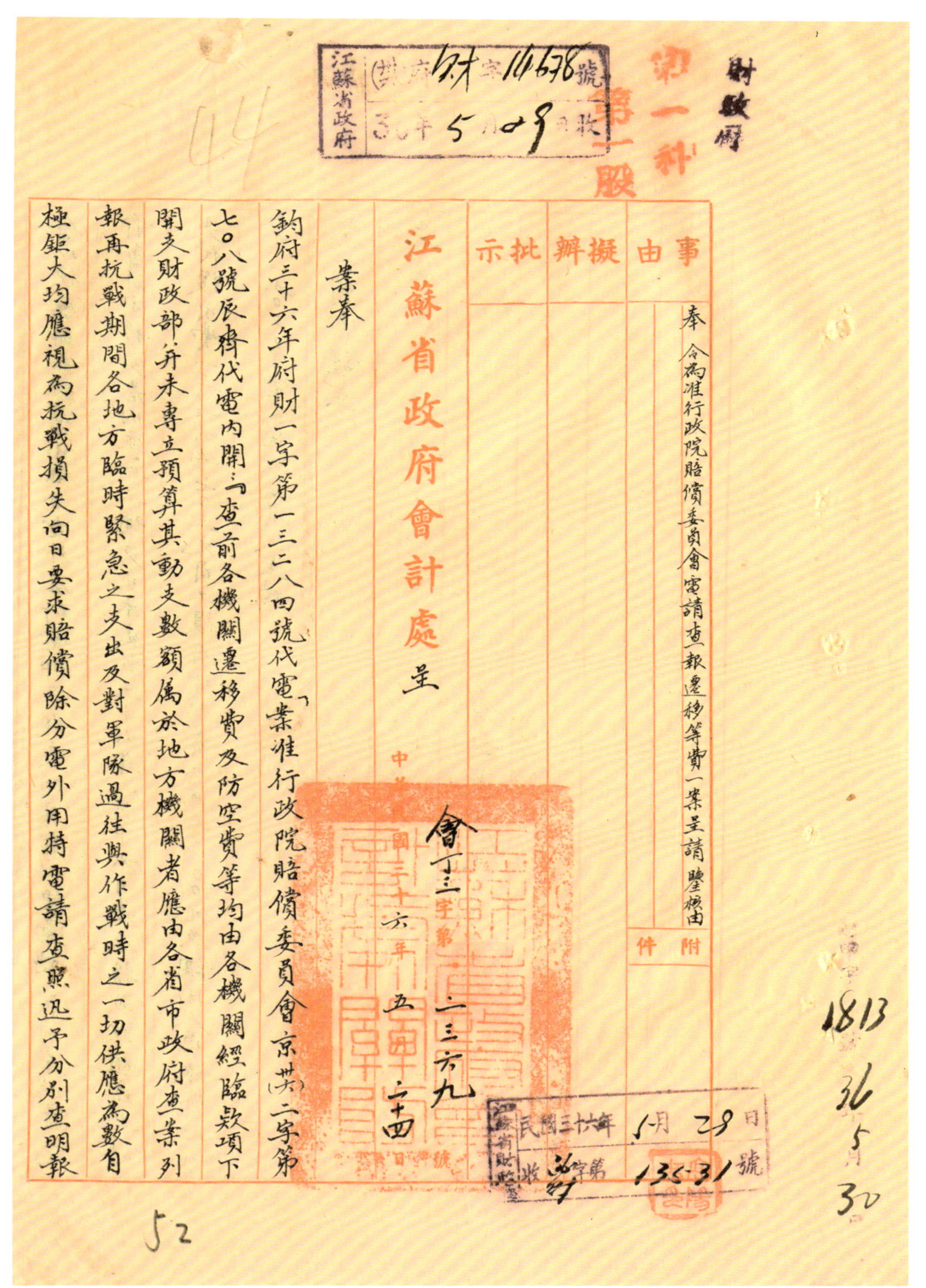

江蘇省政府會計處呈

事由：奉令爲准行政院賠償委員會電請查報遷移等費一案呈請鑒核由

案奉
鈞府三十六年府財一字第一三二八四號代電，以准行政院賠償委員會京（卅六）二字第七〇八號辰蒸代電内開：「查前各機關遷移費及防空費等均由各機關經臨款項下開支，財政部並未專立預算，其動支數額屬於地方機關者，應由各省市政府查案列報。再抗戰期間各地方臨時緊急之支出及對軍隊過往與作戰時之一切供應，爲數自極鉅大，均應視爲抗戰損失，向日要求賠償，除分電外，用特電請查照，迅予分别查明報

中華民國三十六年五月二十四日
會丁三字第一三六九號

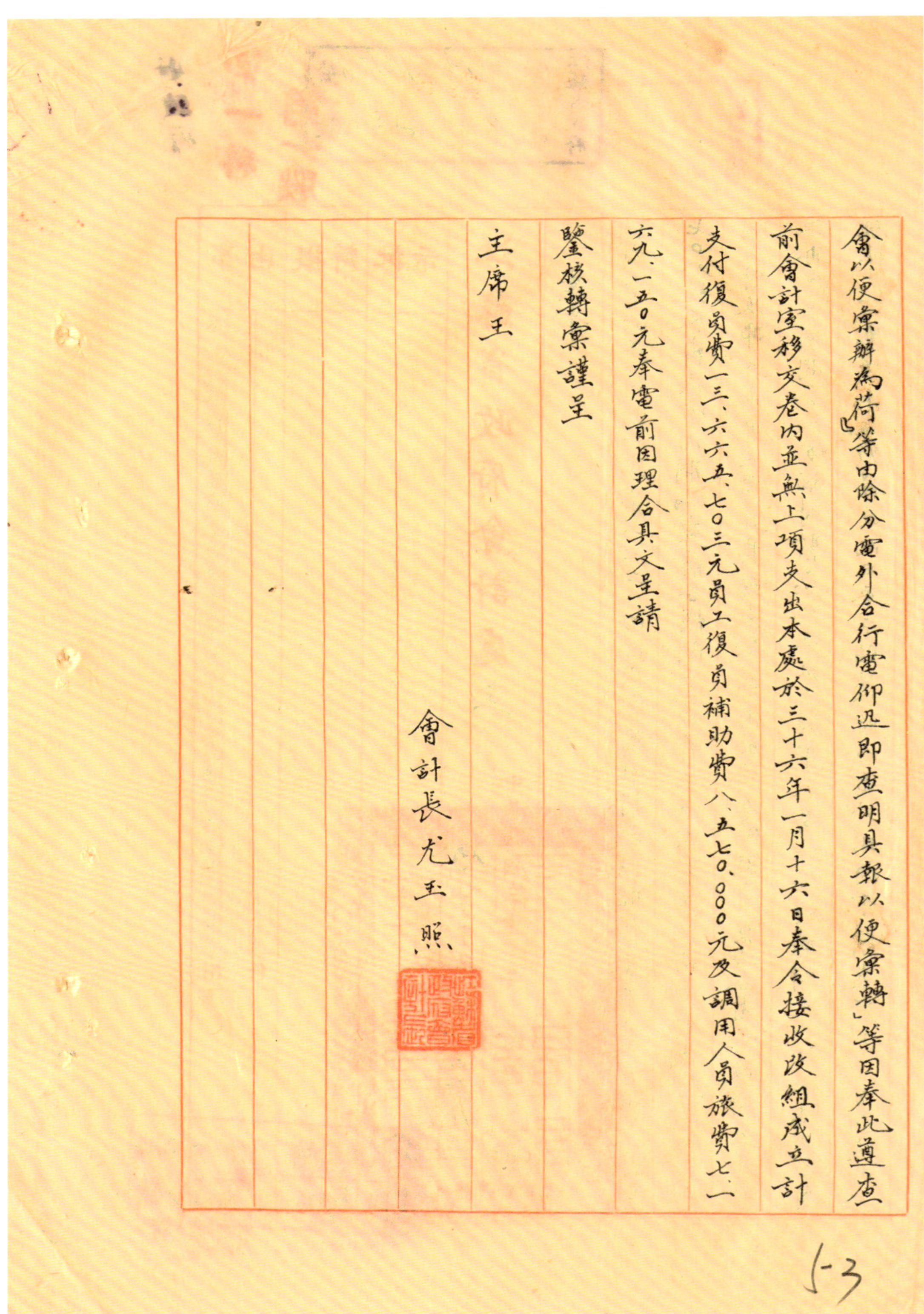

會以便彙辦爲荷」等由除分電外合行電仰迅即查明具報以便彙轉」等因奉此遵查

前會計室移交卷内並無上項支出本處於三十六年一月十六日奉令接收改組成立計

支付復員費一三、六六五、七〇三元員工復員補助費八、五七〇、〇〇〇元及調用人員旅費七、一

六九、一五〇元奉電前因理合具文呈請

鑒核轉彙謹呈

主席王

會計長尤玉照

1-3

江苏省地政局关于抗战时期迁移费用事致省政府的呈（一九四七年五月二十九日）

江蘇省政府 （財）府財字14803號 36年5月31日收

江蘇省政府摘由紙

來文機關	事由	文辦單位	擬辦	批示
地政局				
文別：呈				
附件：				

江蘇省政府 民國三十六年5月31日 字第13724號

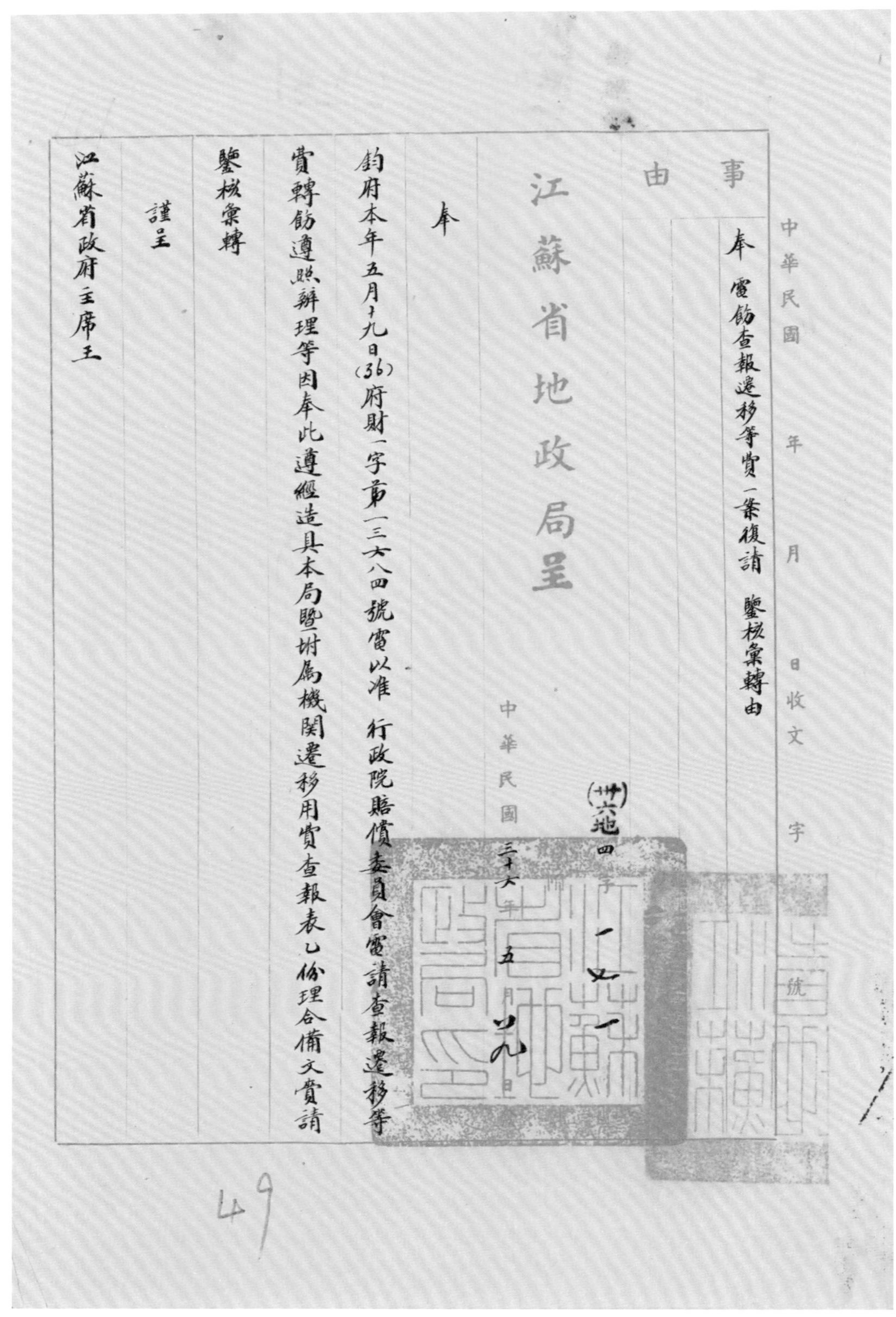

事由　奉電飭查報遷移等費一案復請鑒核彙轉由

中華民國　年　月　日收文　字　號

江蘇省地政局呈

中華民國三十六年五月廿九日　(卅六)地四字一〇一號

奉
鈞府本年五月十九日(36)府財一字第一三六八四號電以准行政院賠償委員會電請查報遷移等費轉飭遵照辦理等因奉此遵經造具本局暨附屬機關遷移用費查報表乙份理合備文賫請
鑒核彙轉

謹呈

江蘇省政府主席王

49

附呈 江蘇省地政局暨附屬機關遷移用費查報表乙份

江蘇省地政局局長程子敏

附：江苏省地政局暨附属机关迁移用费查报表（一九四七年五月）

江蘇省地政局暨附屬機關遷移用費查報表

三十六年五月

機關名稱	用項類別	時期	數目	備註
江蘇省地政局	遷川旅運費	二十七年	五〇、〇〇〇元	
江蘇省地政局	復員回蘇旅運費	三十四年	一三、〇八一、八五六元	
江蘇省地政局附屬機關	圖冊儀器遷川旅運費	二十七年	一二〇、〇〇〇元	
江蘇省地政局附屬機關	復員回蘇旅運費	三十四年	二四、〇〇〇、〇〇〇元	

江苏省建设厅关于战时防空费迁移费及一切紧急之支出、军队过往作战之供应均为抗战损失致省江北运河工程局的代电（一九四七年五月二十九日）

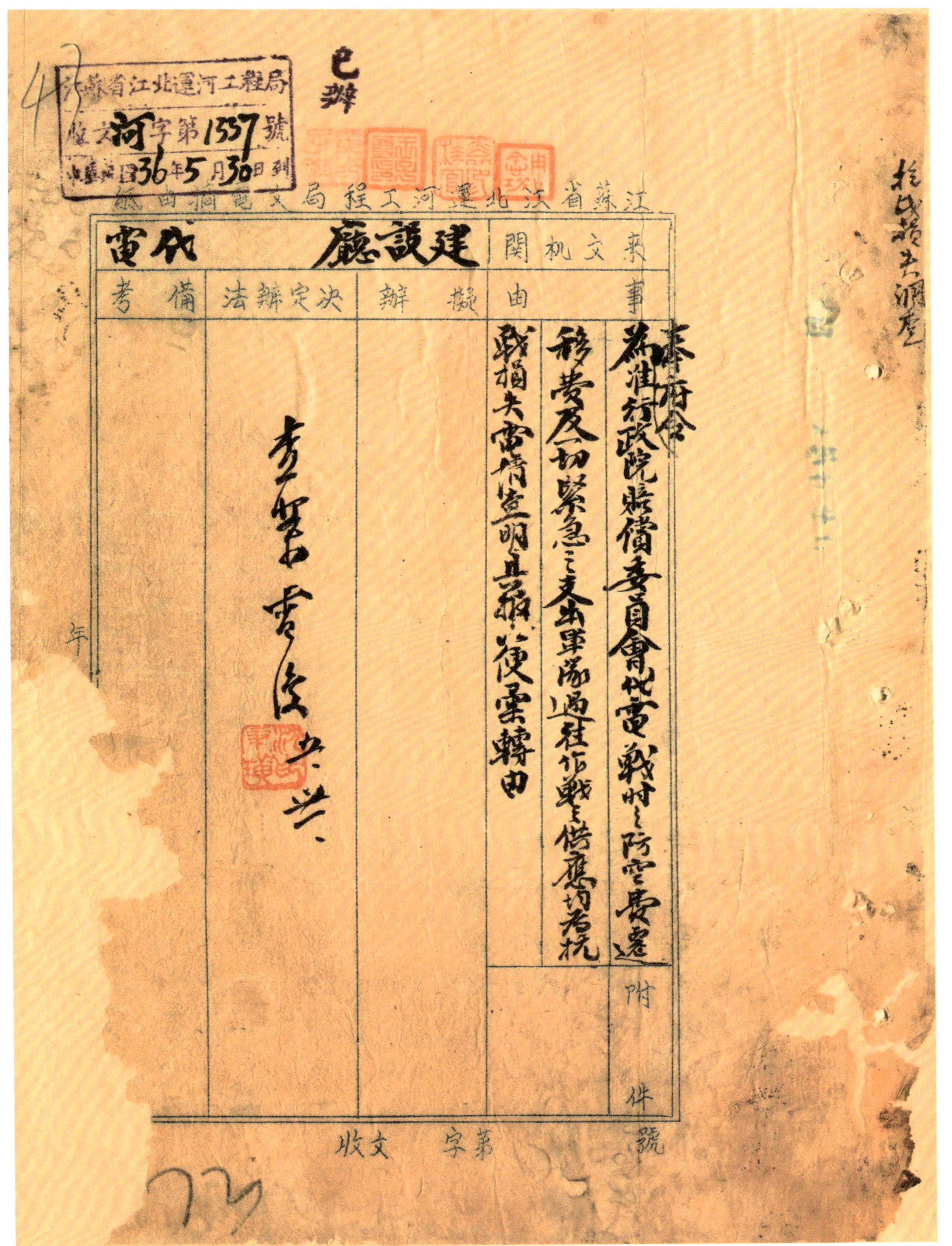

江蘇省江北運河工程局
收文河字第1557號
中華民國36年5月30日到

已辦

江蘇省江北運河工程局文電稿函紙

來文機關	建設廳代電
事由	奉府令為准行政院賠償委員會代電戰時之防空費遷移費及一切緊急之支出軍隊過往作戰之供應均為抗戰損失當請查明具報俾便彙轉由
附件	
擬辦	
決定辦法	存查
備考	

收文 字第 號

44

江蘇省建設廳代電

（卅）建四字第15690號

江北運河工程局公鑒案奉江蘇省政府芸府財一字第一三二八四號代電內開案准行政院賠償委員會京芸二字第七零八號辰齊代電內開查前各機關遷移費及防空費等均由各機關經臨款項開支財政部并未專立預算其動支數額屬於地方機關者應由各省市政府查案列報再抗戰期間各地方臨時緊急之支出及對軍隊過往與作戰時之一切供應為數自極鉅大均應視為抗戰損失向日要求賠償除分電外用特電請查照迅予分別查明報會以便彙辦為荷等由除分電外合行電仰迅即查

中華民國　年　月　日　第　號

74

江蘇省建設廳代電

明縣報以便案轉爲要等因奉此除分令外相應電

請查照辦理見復以便案轉爲荷江蘇省建設廳建

四辰艷印

中華民國二十六年五月　日

涟水县政府关于抗战期间迁移防空等费事致江苏省政府的呈（一九四七年六月十三日）

第一股
财政厅
第一科

江苏省政府 府财收 字 15391 号 36年6月20日收

79

事由	拟办	决定办法
为呈送各机关抗敌损失查报表		

附件：如文

漣水縣政府

文别：呈

中華民國三十六年六月十三日
漣財字第一九四號

案奉

鈞府（36）府財一字第一三二八四號代電略開：「為准行政院賠償委員會電請飭查各機關因抗敵而發生之遷移防空等費用，仰即遵照查明報凭核轉」等因。奉此，查本縣為敵偽盤竄過久，所有檔案完全損失，對於上項支出無精確可稽，然回溯事實，為數當在不少。現特多方研討，核實追憶，統計製就查報表一份，理合備文送請

江苏省政府 民國三十六年6月20日 收發字第15576號

2137
36 6 26

98

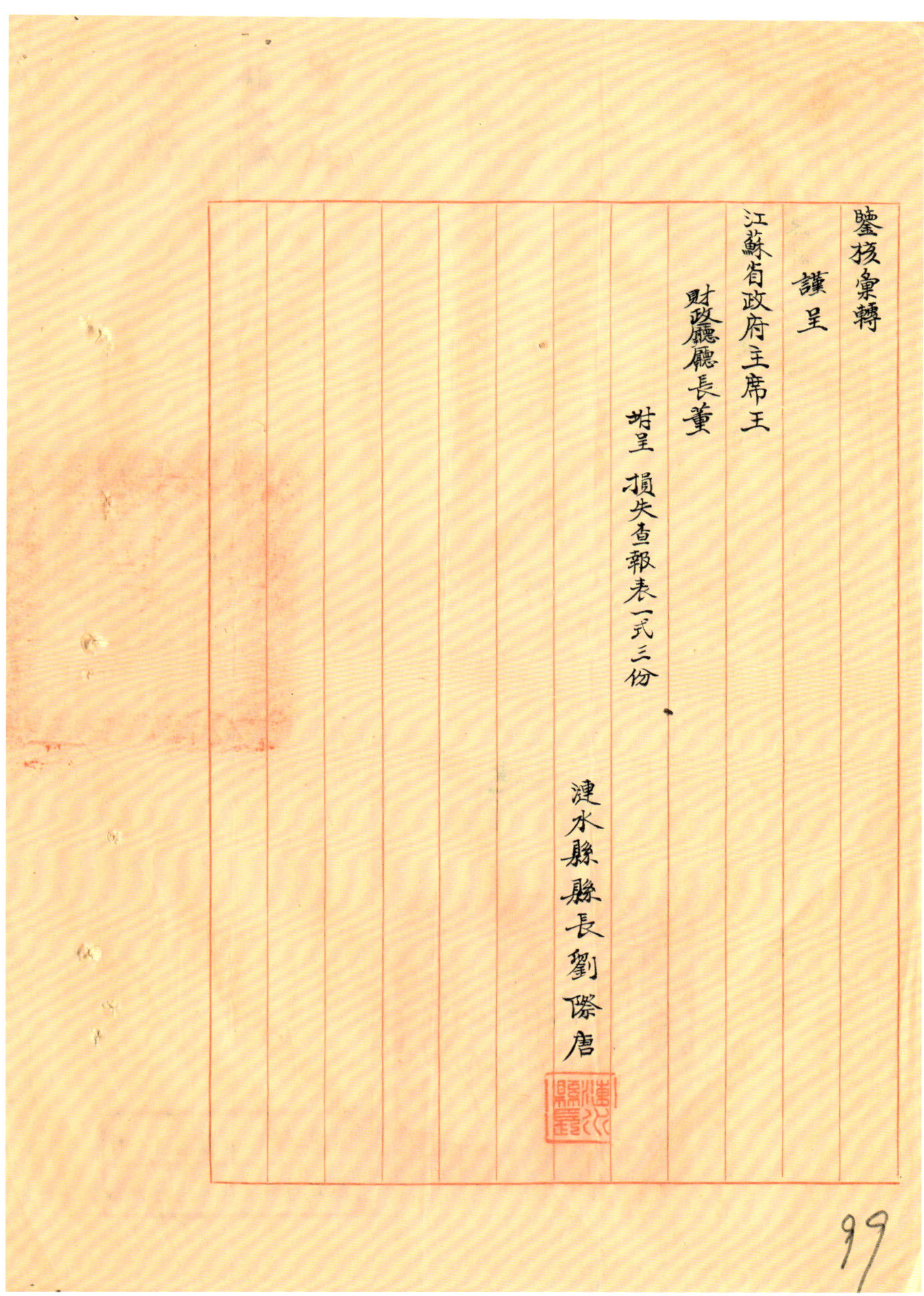

鑒核彙轉

謹呈

江蘇省政府主席王

財政廳廳長董

附呈　損失查報表一式三份

漣水縣縣長劉際唐

99

附：涟水县抗敌损失查报表（一九四七年六月十一日）

漣水縣抗敵損失查報表

36年6月11日填送

損失時間	地點	損失項目	當時金額 元	備考
26年—29年	漣水縣	各機關遷移費	4.000	本縣城區及有關公路線黨政軍警學校等機關將近二十个單位前後共支遷移費如上數
26年7月—28年3月	〃	防空費	3.600	計支設備費及使用費如上數
26年—31年	〃	軍差供應費	50.000	
26年—31年	〃	其他	20.000	不屬上項有關抗戰臨時特殊支出之一切費用
合計			77.600	（以當時每元照一万倍計應現值$776,000,000）

江苏省建设厅关于报送抗战期间迁移及防空设备费用表事致省政府的呈（一九四七年七月二日）

财政厅 第一科 第一股

江苏省政府 36年 7月 11日 财1485

事由：為遵令呈報本廳在抗戰期間遷移及防空設備費用表仰祈鑒賜存轉由

字 2375 36年11月7

江蘇省建設廳

文別：呈

（卅六）建四字第16951號

中華民國三十六年七月二日

案奉

鈞府（卅六）府財一字第一四二一三號代電飭將戰時本廳遷移防空等費用查明具報以憑彙報等因，奉此，自應遵辦。查本廳自二十六年十一月起隨

鈞府播遷蘇北各地，所費甚巨。惟以舊卷散失，查報苦無根據，經召集本廳舊有職員當時身歷其境者就記憶所及斟酌填報，至太和改總務廳時為止三十四年度及三、

江蘇省財政廳收 民國三十六年7月5日 ×字第16865號

32

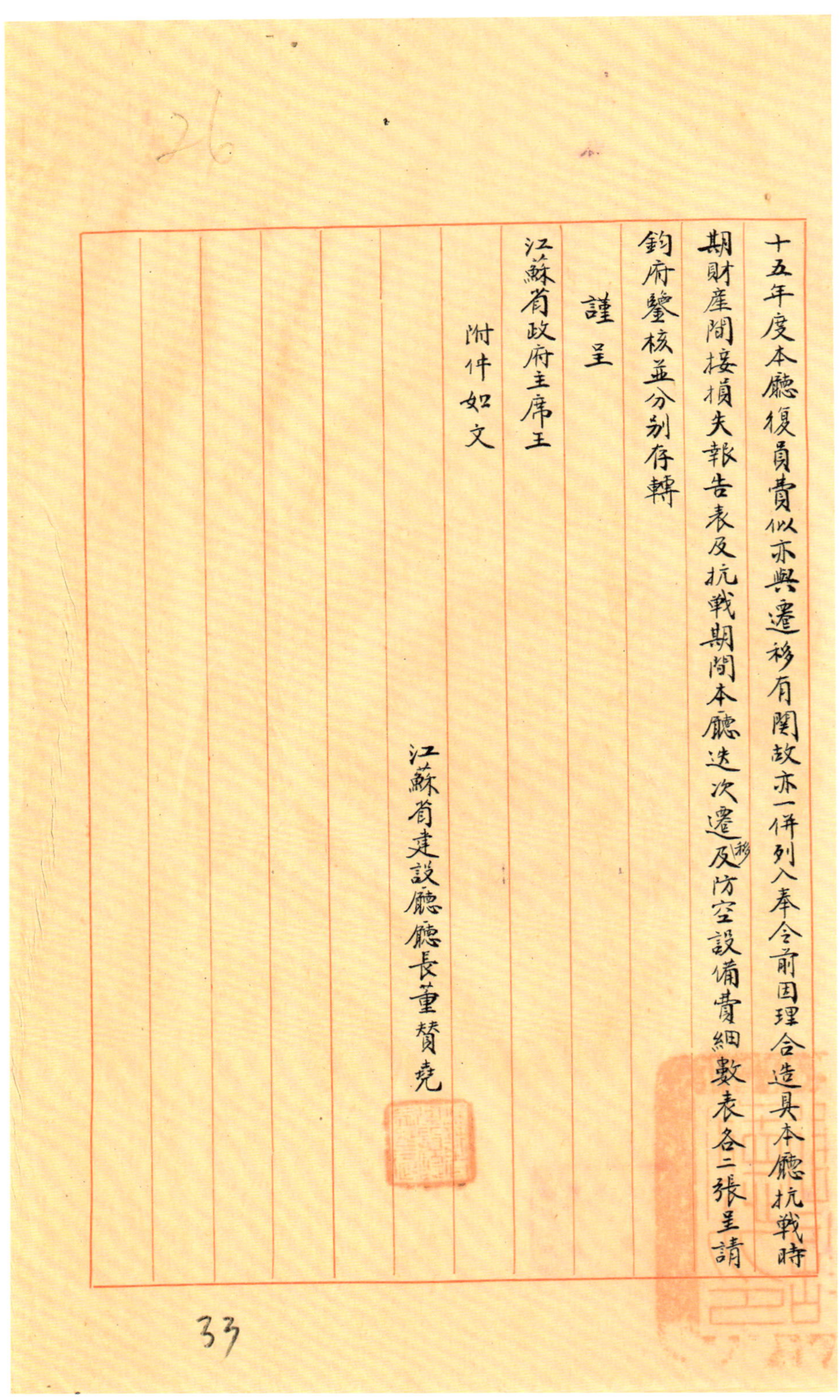
十五年度本廳復員費似亦與遷移有關故亦一併列入奉令前因理合造具本廳抗戰時期財産間接損失報告表及抗戰期間本廳迭次遷移及防空設備費細數表各二張呈請

鈞府鑒核並分別存轉

謹呈

江蘇省政府主席王

附件如文

江蘇省建設廳廳長董贊堯

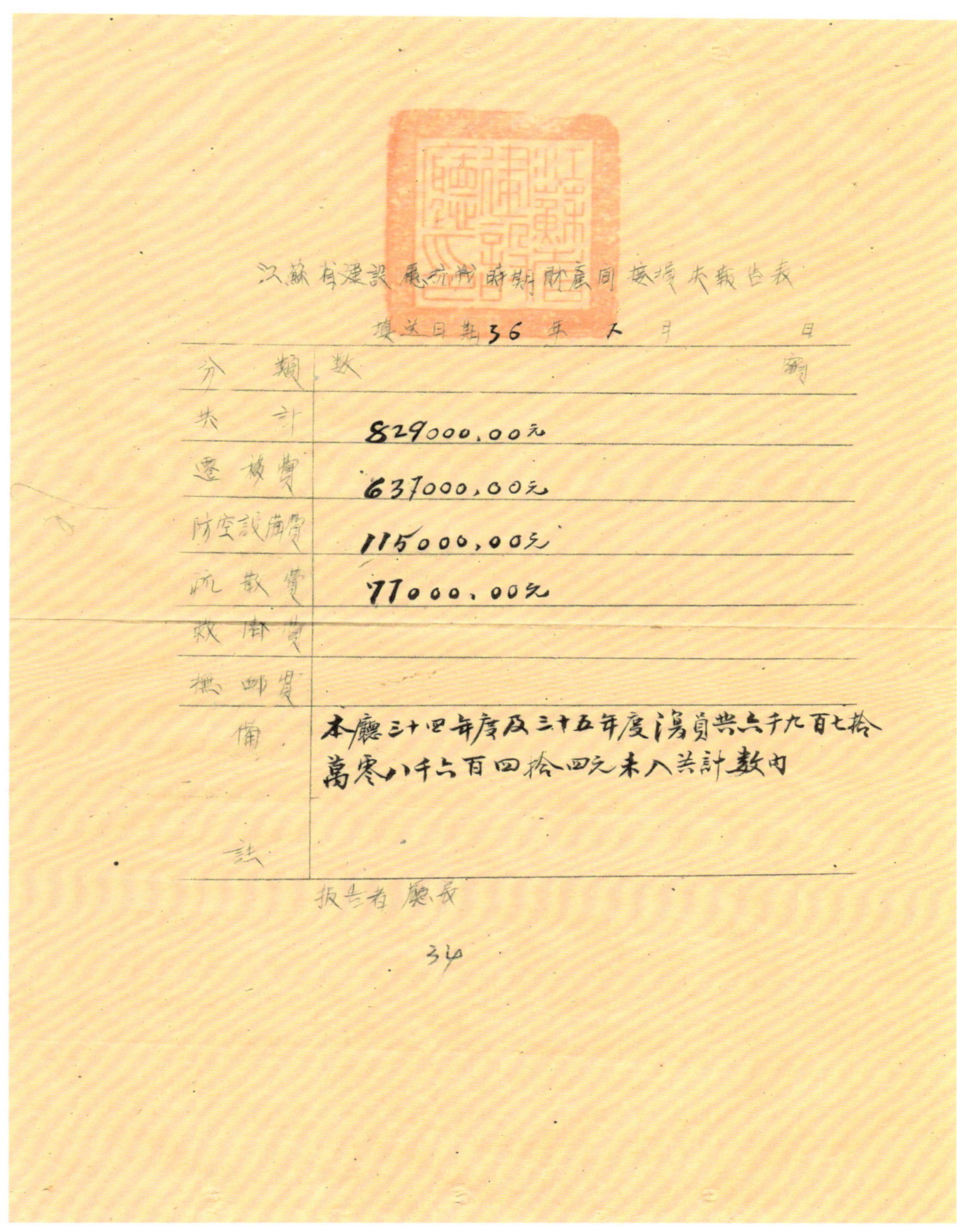

江蘇省建設廳抗戰時期財產間接損失報告表

填送日期 36 年 7 月 日

分類	數額
共計	829000.00元
遷移費	637000.00元
防空設備費	115000.00元
疏散費	77000.00元
救濟費	
撫卹費	
備註	本廳三十四年度及三十五年度潟負共六千九百七拾萬零八千六百四拾四元未入共計數內

報告者 廳長

34

附一：江苏省建设厅抗战时期财产间接损失报告表（一九四七年七月）

附二：抗战期间本厅迭次迁移及防空设备费细数表

抗戰期間本廳迭次遷移及防空設備費細數表

時地 數額 類別	遷移費	防空設備費	疏散費	附註
26年11月由镇江至扬州	10000.00元	60000.00元	25000.00元	二十七年三月重要儀器文件與公路管理處及淮陰電廠遷至重慶，三十二年八月至太和後改組服務廳，由財政廳統報。三十四年及三十五年本廳遣員費共六九七〇八六〇四元
26年12月由扬州至淮阴	24000.00元	10000.00元	12000.00元	
27年3月由淮阴至黄县	80000.00元			
27年3月由淮阴至重庆	20000.00元			
27年4月由黄县至淮阴	80000.00元			
28年2月由淮阴至兴化	25000.00元	25000.00元	10000.00元	
28年3月由兴化至东台	70000.00元			
28年11月由东台至兴化	18000.00元			
30年1月由兴化至淮安	80000.00元	20000.00元		
32年2月由淮安至睢宁	70000.00元		30000.00元	
32年8月由睢宁至太和	160000.00元			

江苏省财政厅关于报送抗战期间迁移防空等费用事致省政府的呈（一九四七年七月四日）

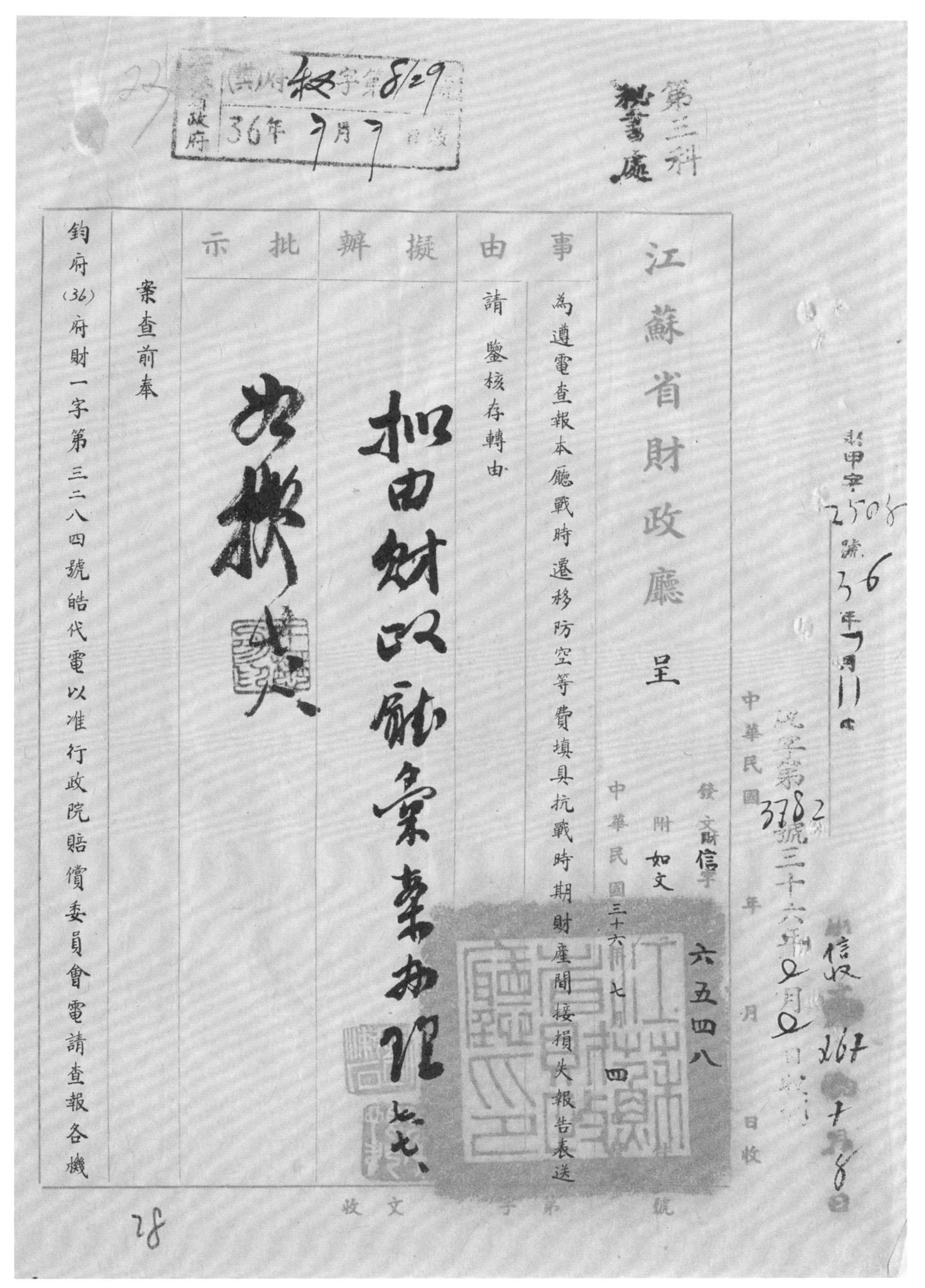

府秘字第8129號 36年7月7日收

第三科 秘書處

江蘇省財政廳 呈

事由：為遵電查報本廳戰時遷移防空等費填具抗戰時期財產間接損失報告表送請鑒核存轉由

擬辦：抄由財政廳彙案辦理 七、七、

批示：如擬

案查前奉

鈞府（36）府財一字第三二八四號皓代電以准行政院賠償委員會電請查報各機

發文財信字六五四八號

附 如文

中華民國三十六年七月四日

關遷移防空等費飭即遵辦具報一案遵將本廳戰時遷移疏散及防空設備等費依照奉頒抗戰損失調查辦法（附表十八）填具一式二份備文呈送仰祈

鑒賜核轉

謹呈

江蘇省政府主席王

計呈送本廳抗戰時期財產間接損失報告表一式二份

財政廳廳長董　轍

（印：江蘇省財政廳廳長）

監印

校對

29

附：江苏省财政厅抗战时期财产间接损失报告表

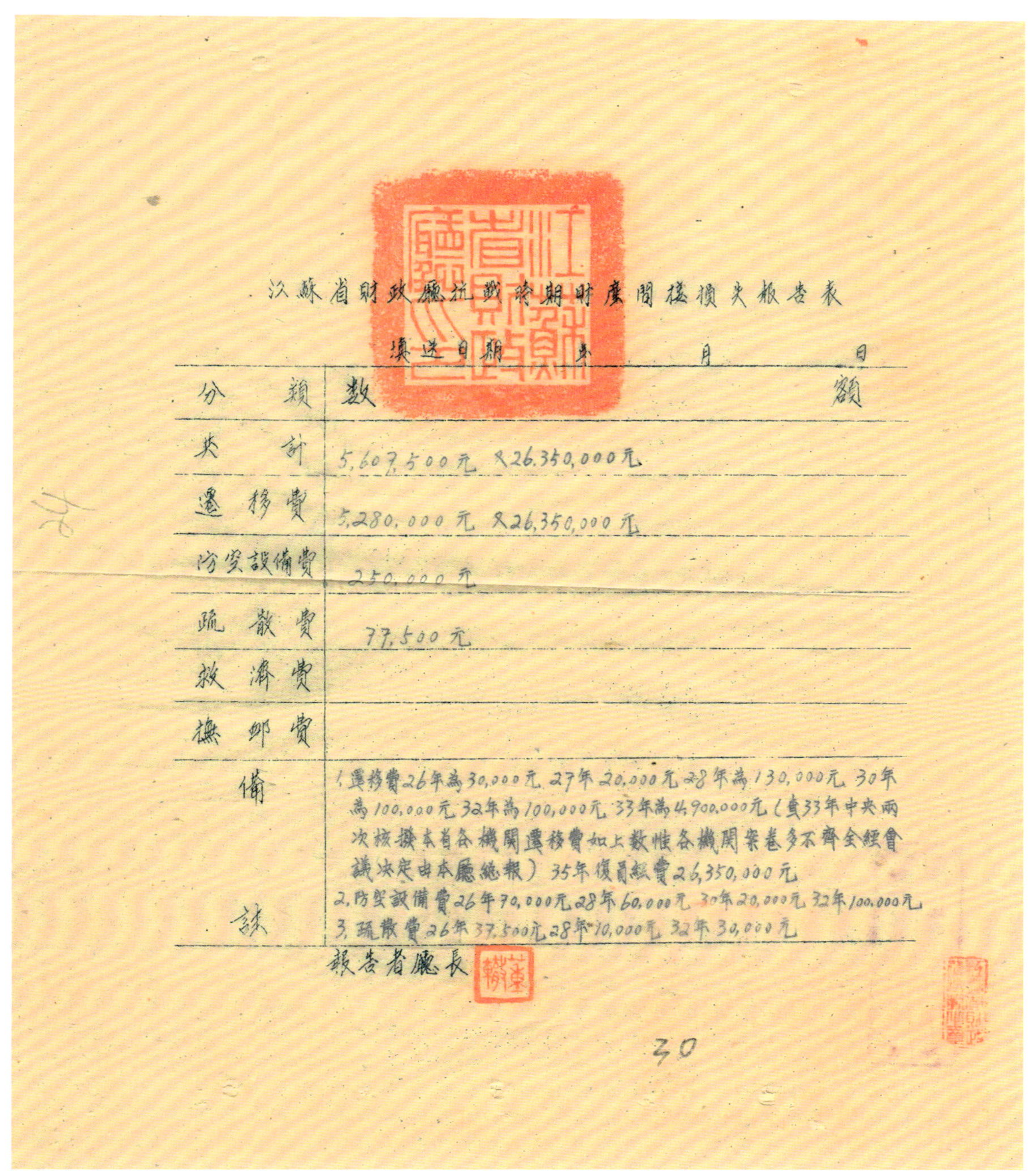

江蘇省財政廳抗戰時期財產間接損失報告表

填送日期　年　月　日

分類	數額
共計	5,607,500元 又26,350,000元
遷移費	5,280,000元 又26,350,000元
防空設備費	250,000元
疏散費	77,500元
救濟費	
撫卹費	
備註	1.遷移費26年為30,000元 27年20,000元 28年為130,000元 30年為100,000元 32年為100,000元 33年為4,900,000元（查33年中央兩次核撥本省各機關遷移費如上數惟各機關案卷多不齊全經會議決定由本廳總報）35年復員經費26,350,000元 2.防空設備費26年70,000元 28年60,000元 30年20,000元 32年100,000元 3.疏散費26年37,500元 28年10,000元 32年30,000元

報告者廳長

30

江苏省建设厅关于转报江苏省江北运河工程局、江苏省测候所抗战时期损失调查表事致江苏省政府的呈

（一九四七年七月四日）

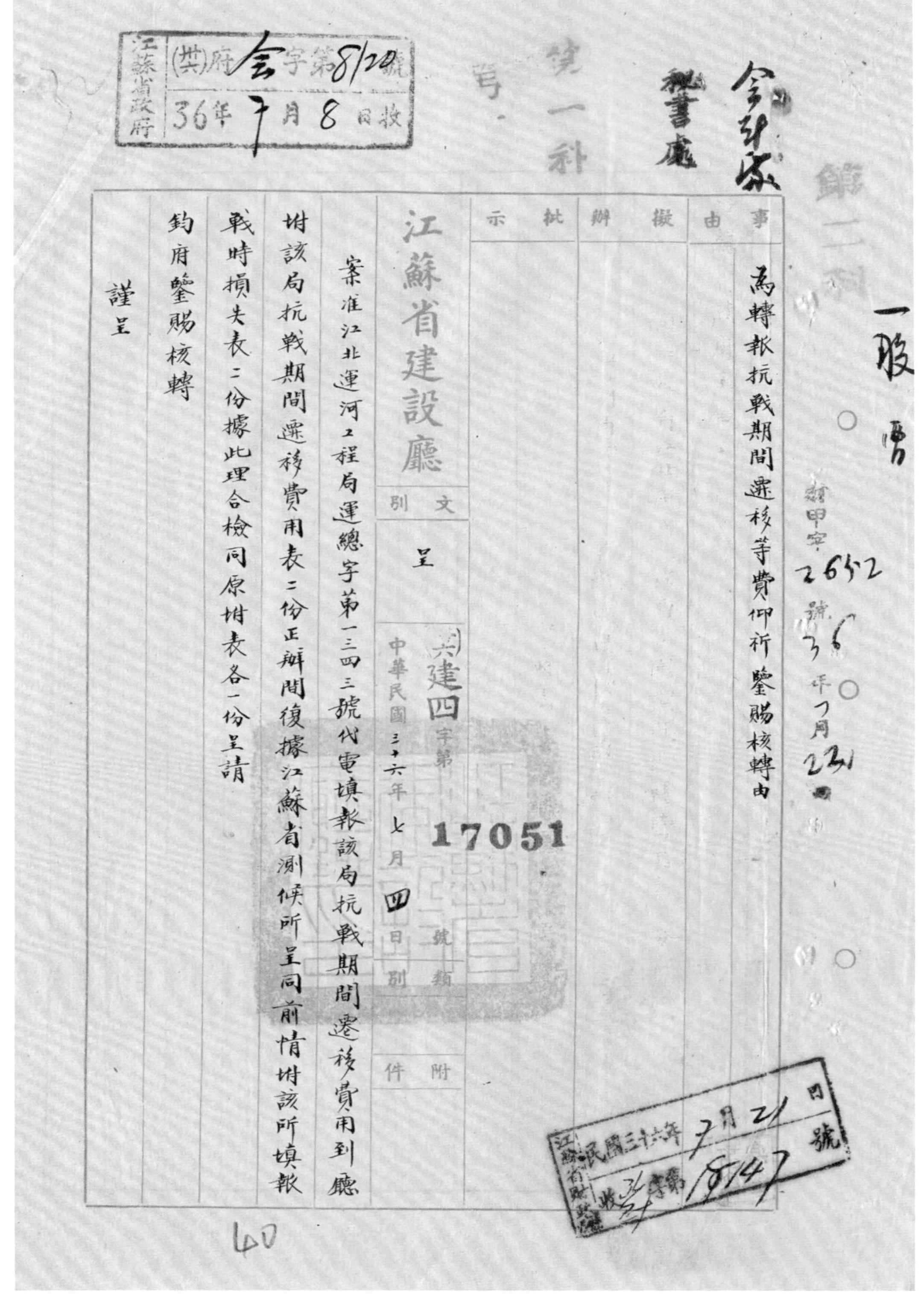

事由：为转报抗战期间迁移等费仰祈鉴赐核转由

文别：呈

江苏省建设厅

（卅六）建四字第17051号

中华民国三十六年七月四日

案准江北运河工程局运总字第一三四三号代电填报该局抗战期间迁移费用到厅，并该局抗战期间迁移费用表二份正办间，复据江苏省测候所呈同前情，并该所填报战时损失表二份。据此，理合检同原并表各一份，呈请钧府鉴赐核转。

谨呈

江蘇省政府主席王

附江蘇省江北運河工程局抗戰期間遷移費用表一份

江蘇省測候所填報戰時損失表一份

江蘇省建設廳廳長董贊堯

41

附：江苏省江北运河工程局抗战期间迁移费用表、江苏省测候所填报战时损失表（一九四七年六月）

江蘇省江北運河工程局抗戰期間遷移費用表

三十六年六月填表

遷移年月	起訖地點	遷移費用	備註
二十六年十二月	由淮陰遷高郵	五百五拾元	省府自鎮江遷移淮陰本局局址讓与省府本局遷高郵
二十七年六月	自高郵遷淮陰	七百弍拾元	
二十八年二月	自淮陰渡遷高郵	壹千三百元	
二十八年九月	自高郵遷興化	壹千九百元	
二十八年十月	自興化遷東台	弍千五百元	
二十九年六月	自東台遷富安	弍千壹百元	東台本局局址讓与省府本局則移東台縣屬之富安鎮
二十九年十月	由富安遷泰縣之徐家庄	四千弍百元	
二十九年十二月	由泰縣之徐家庄遷坂倫	三千五百元	
三十年二月	由坂倫遷至淮東	四千五百元	
總計遷移損失共法幣弍萬壹千弍百柒拾元			一、本表所列遷移費用數字係按戰前物價標準估計填入 二、至三十年二月泰縣又為敵寇控制本局無法掩蔽全人相率至淮東

江蘇省測候所填報戰時損失表

名稱	金額	說明	備攷
遷移費	五〇、〇〇〇 〇〇	民二十六年十月將全部氣象儀器遷移鎮江附近鄉村租屋二間存放一次租房屋費及所有氣象儀器書籍等搬運費	
防空費	一五〇、〇〇〇 〇〇	民二十六年七月在北固山山下開防空洞二個存放重要儀器及文件及職員躲避空襲之用約計如上數	
接運儀器費	三五〇、〇〇〇 〇〇	民三十五年六月接收蘇州偽省測候所氣象儀器傢具什物至鎮江北固山本所	
合計	五五〇、〇〇〇 〇〇		

江蘇省測候所所長畢中道

43

六合县政府关于抗战期间迁移防空等费事致江苏省政府的代电（一九四七年七月七日）

事由：為遵電查報抗戰期間本縣遷移防空等費一覽表二份仰祈鑒賜核轉由

批示

附件

擬辦

六合縣政府代電　合民字第八一八號　中華民國三十六年七月七日

江蘇省政府主席王鈞鑒：案查接管卷内前奉鈞府（卅六）府財一字第一三六八四號代電，略以「在抗戰期間各機關遷移費暨防空費及對軍隊過往與作戰時之一切供應，為數自極鉅大，均應視為抗戰損失，飭即查明具報，以憑彙轉」，正擬辦間，復奉鈞府（卅六）府財一字第一四二一三號代電嚴催，飭於文到五日内迅速查明具報各等因。奉此，遵查本縣因地近首都，地當衝要，在抗戰期間迭遭敵機空襲，所有遷移及防空暨過往軍隊一切供應各費用為數甚鉅，理合查照當時情形，估計損失數字，造具本縣抗戰期間各機關遷移防空費用等項一覽表二份，隨電呈送，仰祈鑒賜核轉。代理六合縣縣長周君黔（卅六）合民午虞叩。印。附表二份

附：六合县抗战期间各机关迁移防空费用等项一览表

六合縣抗戰期間各機關遷移防空費用等項一覽表　民國三十六年七月填報

項別	支出數目		損失情形	備考
遷移費用	一二〇、〇〇〇	〇〇	查本縣政府原有房屋百餘間，[illegible]均被敵軍焚毀，[illegible]依照當時依據遷移費用合計如上數	
防空費用	四〇、〇〇〇	〇〇	查本縣在抗戰期間因時遭敵機空襲，乃建築有防空壕暨及防空洞地下室等，依照當時估價約如上數	
過往軍隊供應費用	八〇、〇〇〇	〇〇	查本縣因地當衝要，當時與日寇作戰，往來軍隊頻繁，供應該項軍隊所有費用估計如上數	
合計	二四〇、〇〇〇	〇〇	查上列數字係按當時幣值估計，理合聲明	

（說明）查本縣毗近首都，地當衝要，自二十六年抗戰軍興，本縣縣城當年十二月間即遭淪陷，後於次年六月收復，延至是年十二月間又告淪陷，所有各機關在此期間迭經遷移，來往軍隊不絕於途，敵機又不斷前來空襲，是以關於遷移、防空及供應過境軍隊各項用費為數甚鉅，所有上項各費支出文卷均經散失無稽，上列各欄所載支出

又数係参照当时情形估计填合声明

江苏省保安司令部关于查报抗战时期财产间接损失事致省财政厅的笺函（一九四七年七月八日）

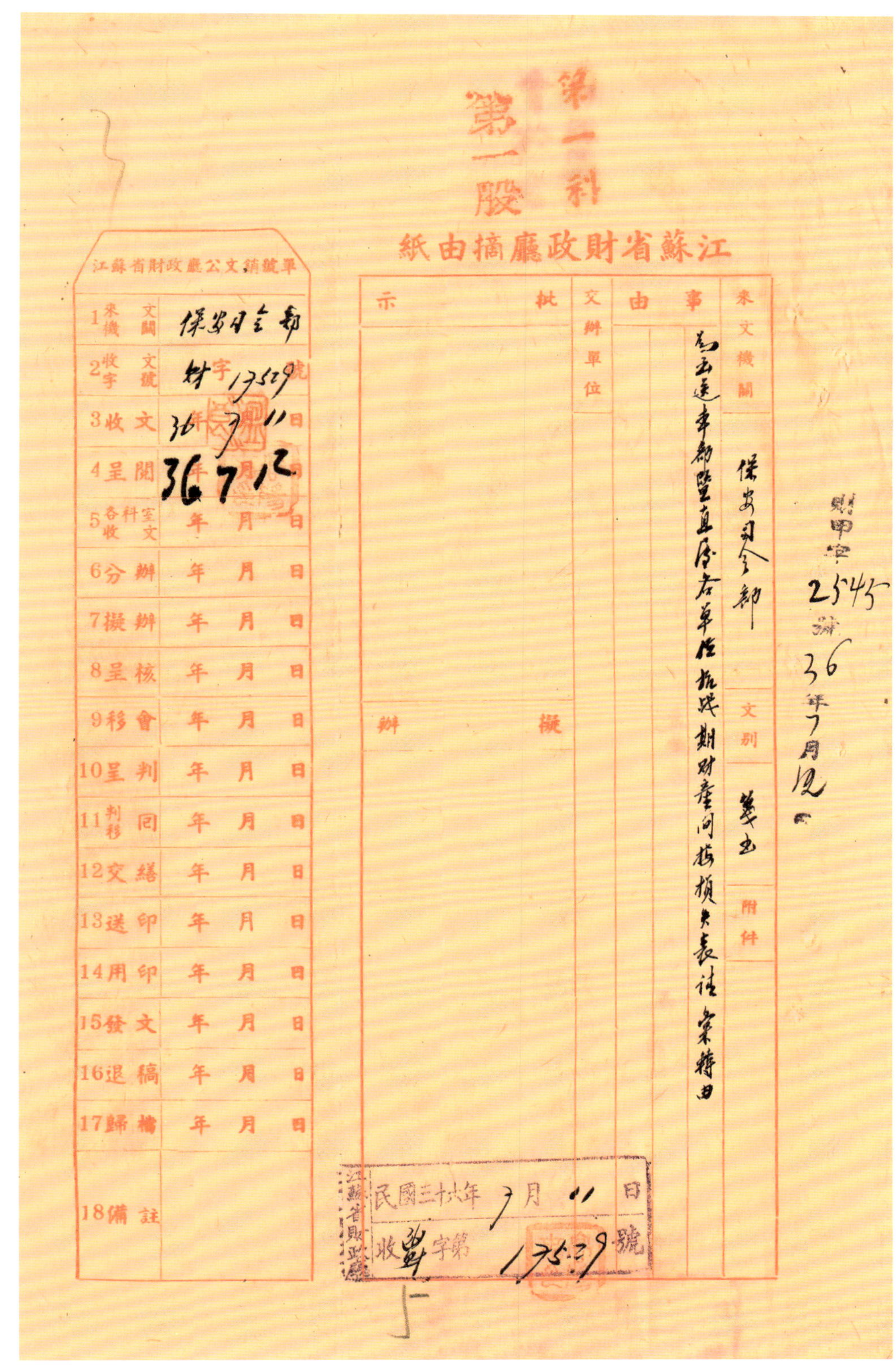
第一科
第一股

江蘇省財政廳公文銷號單

1	來文機關	保安司令部		
2	收文字號	財字17529號		
3	收文	36年	7月	11日
4	呈閱	36年	7月	12日
5	各科室收文	年	月	日
6	分辦	年	月	日
7	擬辦	年	月	日
8	呈核	年	月	日
9	移會	年	月	日
10	呈判	年	月	日
11	判移同	年	月	日
12	交繕	年	月	日
13	送印	年	月	日
14	用印	年	月	日
15	發文	年	月	日
16	退稿	年	月	日
17	歸檔	年	月	日
18	備註			

江蘇省財政廳摘由紙

來文機關	事由	文辦單位	批示
保安司令部	為函送本部暨直屬各單位抗戰期財產間接損失表請彙轉由		
文別：箋函			擬辦
附件			

江蘇省財政廳 民國三十六年7月11日 收財字第17529號

財甲字2545號 36年7月8日

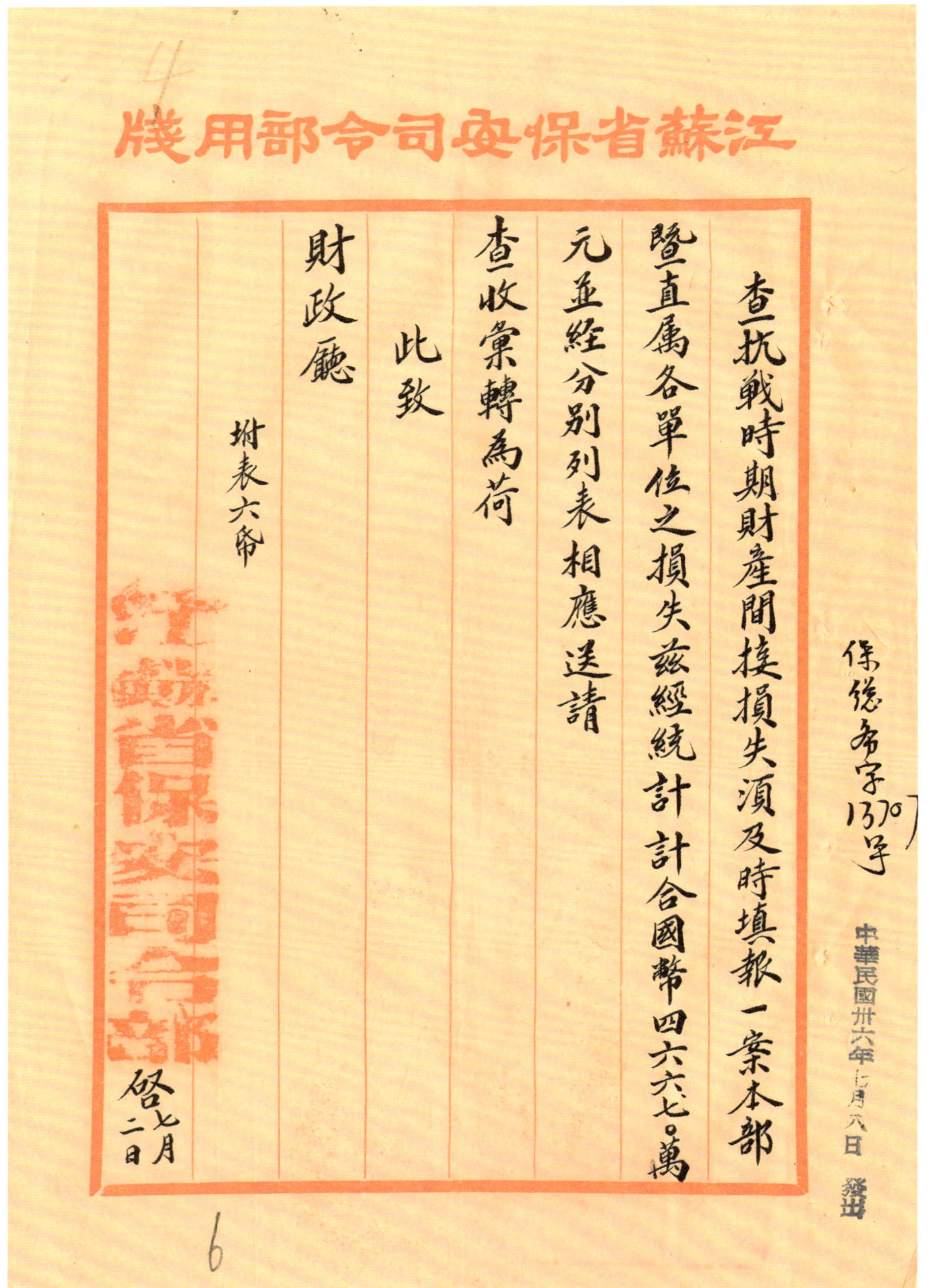

江蘇省保安司令部用牋

保總务字1370号

查抗戰時期財產間接損失須及時填報一案本部暨直屬各單位之損失茲經統計計合國幣四六六七〇萬元並經分別列表相應送請

查收彙轉爲荷

此致

財政廳

附表六份

江蘇省保安司令部

啓 七月二日

中華民國卅六年七月八日發出

江蘇省保安司令部暨直屬各單位抗戰時期財產間接損失報告表

填送日期36年7月 日

分類	數額
共計	$466,700,000
遷移費	$63,000,000
防空設備費	$118,000,000
疏散費	$10,700,000
救濟費	$140,000,000
撫卹費	$135,000,000
備註	

報告者兼司令 王懋功

附一：江苏省保安司令部暨直属各单位抗战时期财产间接损失报告表（一九四七年七月）

附二：江苏省保安司令部暨直属各单位抗战期间迁移费用表

江蘇省保安司令部暨直屬各單位抗戰期間遷移費用表

時間 年	月	地點	金額	備考
三六	一一	由鎮江至揚州	一、六〇〇、〇〇〇元	
〃	一三	由揚州至淮陰	三、〇〇〇、〇〇〇元	
二八	二	由淮陰至興化	五、四〇〇、〇〇〇元	
〃	八	由興化至東台	四、八〇〇、〇〇〇元	
〃	十	由東台至興化	四、〇〇〇、〇〇〇元	
三〇	一	由興化至淮安	一三、二〇〇、〇〇〇元	
三二	二	由淮安至雎寧	一一、六〇〇、〇〇〇元	
〃	八	由雎寧至太和	一九、四〇〇、〇〇〇元	
合計			六三、〇〇〇、〇〇〇元	

附三：江苏省保安司令部暨直属各单位抗战期间防空设备费

江蘇省保安司令部暨直屬各單位抗戰期間防空設備

時間 年	時間 月	地點	金額	備考
二六	八	鎮江	一〇、〇〇〇、〇〇〇	
二七	一	淮陰	一四、〇〇〇、〇〇〇	
二八	三	興化	二〇、〇〇〇、〇〇〇	
三〇	二	淮安	三〇、〇〇〇、〇〇〇	
三三	八	太和	四四、〇〇〇、〇〇〇	
合計			一一八、〇〇〇、〇〇〇	

附四：江苏省保安司令部暨直属各单位抗战期间疏散费

江蘇省保安司令部暨直屬各單位抗戰期間疏散費

時間（年）	時間（月）	地點	金額	備攷
二六	二	鎮江	四、八〇〇、〇〇〇	
二八	二	淮陰	九〇〇、〇〇〇	
三〇	一	興化	一、五〇〇、〇〇〇	
三二	二	淮安	三、五〇〇、〇〇〇	
合計			一〇、七〇〇、〇〇〇	

江蘇省保安司令部暨直屬各單位抗戰期間救濟費

時間 年	時間 月	地點	金額	備考
二八	一	淮陰	一二、〇〇〇、〇〇〇	
二九	一二	興化	二四、〇〇〇、〇〇〇	
三二	一一	淮安	四二、〇〇〇、〇〇〇	
三四	七	太和	五六、〇〇〇、〇〇〇	
合計			一四〇、〇〇〇、〇〇〇	

附六：江苏省保安司令部暨直属各单位抗战期间抚恤费

江蘇省保安司令部暨直屬各單位抗戰期間撫卹費

時間 年	月	地點	金額	備攷
二八	一	淮陰	九、〇〇〇、〇〇〇	
二九	三	興化	二七、〇〇〇、〇〇〇	
三二	一	淮安	四五、〇〇〇、〇〇〇	
三四	七	太和	五四、〇〇〇、〇〇〇	
		合計	一三五、〇〇〇、〇〇〇	

12

江苏省民政厅关于呈报间接损失调查表事致省政府的呈（一九四七年七月九日）

事由：呈報本廳間接損失報告表祈核轉由

江蘇省民政廳呈

（卅六）民七衍字第一〇八五〇號

中華民國三十六年七月九日

案奉

鈞府本年六月（卅六）府財一字第14213號電令查報遷移防空等費用以憑彙轉等因奉此自應遵辦理合造具本廳財産間接損失報告表二份備文呈報仰祈

鑒核彙轉

謹呈

主席王

附間接損失報告表二份

明細表二份

江蘇省民政廳廳長沈　鵬

18

附一：江苏省民政厅财产间接损失报告表（一九四七年七月）

江蘇省民政廳財產間接損失報告表

填送日期三十六年七月　日

分　　　類	數　（單位：國幣元）　額
共　　　計	1,090,500.00
遷　移　費	728,000.00
防空設備費	262,000.00
疏　散　費	100,000.00
救　濟　費	
撫　邮　費	

附本廳抗戰期間間接損失明細表一份

報告者　江蘇省民政廳廳長沈　鵬

附二：江苏省民政厅抗战期间间接损失明细表

江蘇省民政廳抗戰期間間接損失明細表

年/月	地點	費用	金額	合計	備註
26/11	自鎮江至江都	遷移費	13,000		
26/12	自江都至淮陰	〃	26,000		
27/3	自淮陰至蕭縣	〃〃〃	13,000		
27/4	自蕭縣至淮陰	〃〃〃	13,000		
28/2	自淮陰至興化	〃〃〃	39,000		
28/8	自興化至東臺	〃〃〃	104,000		
28/10	自東臺至興化	〃〃〃	26,000		
30/1	自興化至淮安	〃〃〃	130,000		
32/2	自淮安至睢寧	〃〃〃	104,000		
32/8	自睢寧至太和	〃〃〃	260,000	728,000	
26/11	鎮江	疏散費	35,500		
26/12	淮陰	〃〃〃	13,000		
28/6	興化	〃〃〃	13,000		
32/2	淮安	〃〃〃	39,000	100,500	
26/8	鎮江	防空設備費	50,000		
26/12	淮陰	〃〃〃	23,000		
28/2	興化	〃〃〃	23,000		
28/8	東臺	〃〃〃	40,000		

江宁县政府关于缮填抗战时期财产损失调查表事致江苏省政府的呈（一九四七年七月十七日）

财政厅

第一股 12

外16093
7 20

事由：為遵令繕填本縣抗戰損失調查表祈鑒核彙轉由

擬辦

決定辦法

附件：如文

江寧縣政府呈

（卅六）財往字第一二八號

中華民國三十六年七月十七日

案奉

鈞府（卅六）府財一字第一四二一三號巳篠代電飭將戰時各機關遷移防空等費用限文到五日內查明具報以憑彙轉等因奉查此案前奉

鈞府（卅五）府財一字第一三二八四號辰皓電令當經轉飭查報在案惟以此項損失時越十年調查難期精確奉令前因茲經各方查詢估計繕填調查表理合具文呈報仰祈

鑒核彙轉

謹呈

江蘇省政府主席王

財甲字2789號 36年7月26

民國三十六年7月25日 收第字第18568號

62

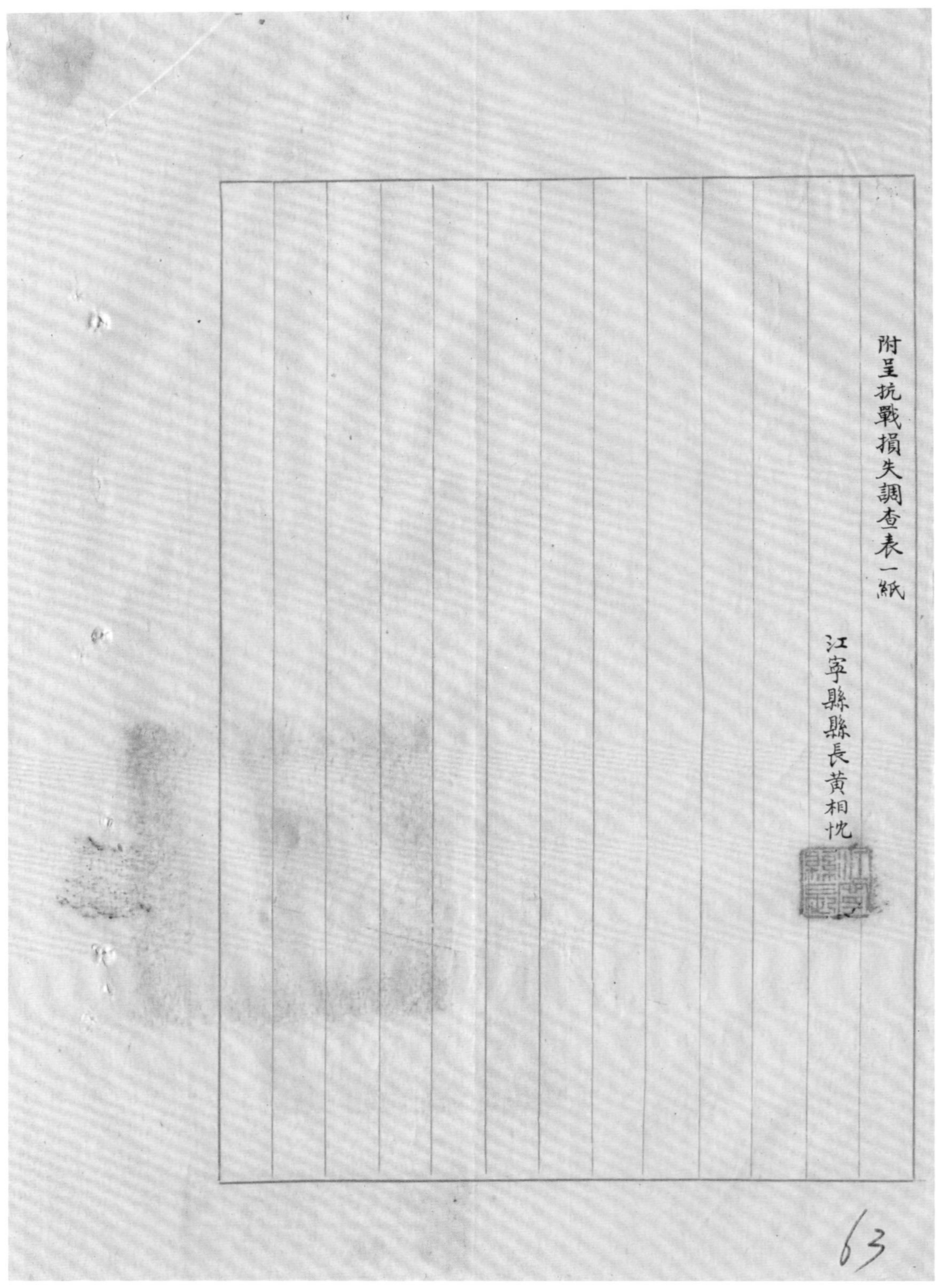

附呈抗戰損失調查表一紙

江寧縣縣長黃相忱

63

52

江寧縣縣屬各機關抗戰損失調查表

類別	金額	備考
遷移用費	五、〇〇〇.〇〇	本縣於民國二十六年十二月間淪陷縣政府暨所屬機關率領工作人員携帶文卷檔案遷移江浦縣橋陵地方辦公約計用費如上數
防空用費	八、〇〇〇.〇〇	在抗戰期中建築防空洞地下室多處約計用費如上數
供應用費	一四、〇〇〇.〇〇	各區在抗戰期中招待過往軍隊一切供應用費約如上數
其他用費	七、〇〇〇.〇〇	地方臨時緊急支出約如上數
合計	三四、〇〇〇.〇〇	
說明	一、表列損失金額係按民國二十六年時幣值計算	

66

江苏省政府秘书处关于迁移防空等费间接损失调查表事致省财政厅的签呈（一九四七年七月十八日）

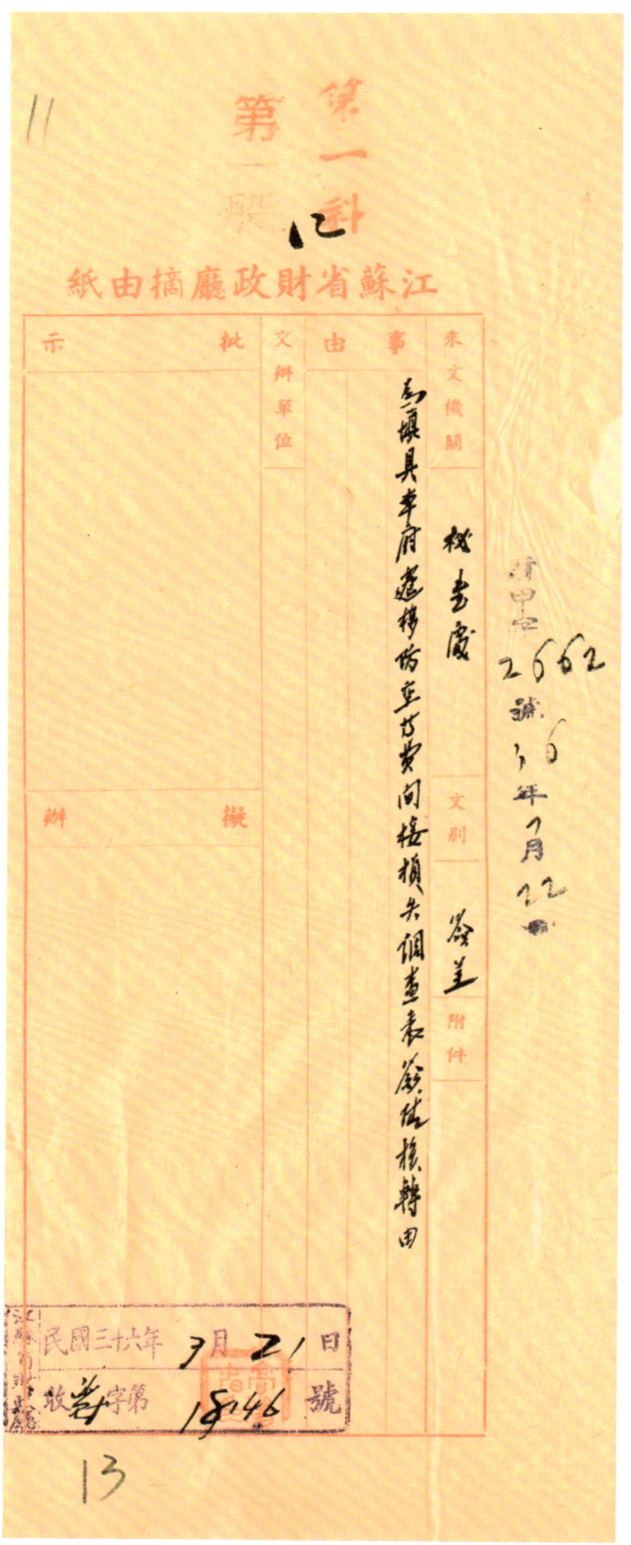

第一科

江蘇省財政廳摘由紙

來文機關	事由	文辦單位	批示
秘書處	爲填具本府遷移防空等費間接損失調查表簽請核轉由		
文別：簽呈			擬辦
附件			

民國三十六年7月21日

收　字第1846號

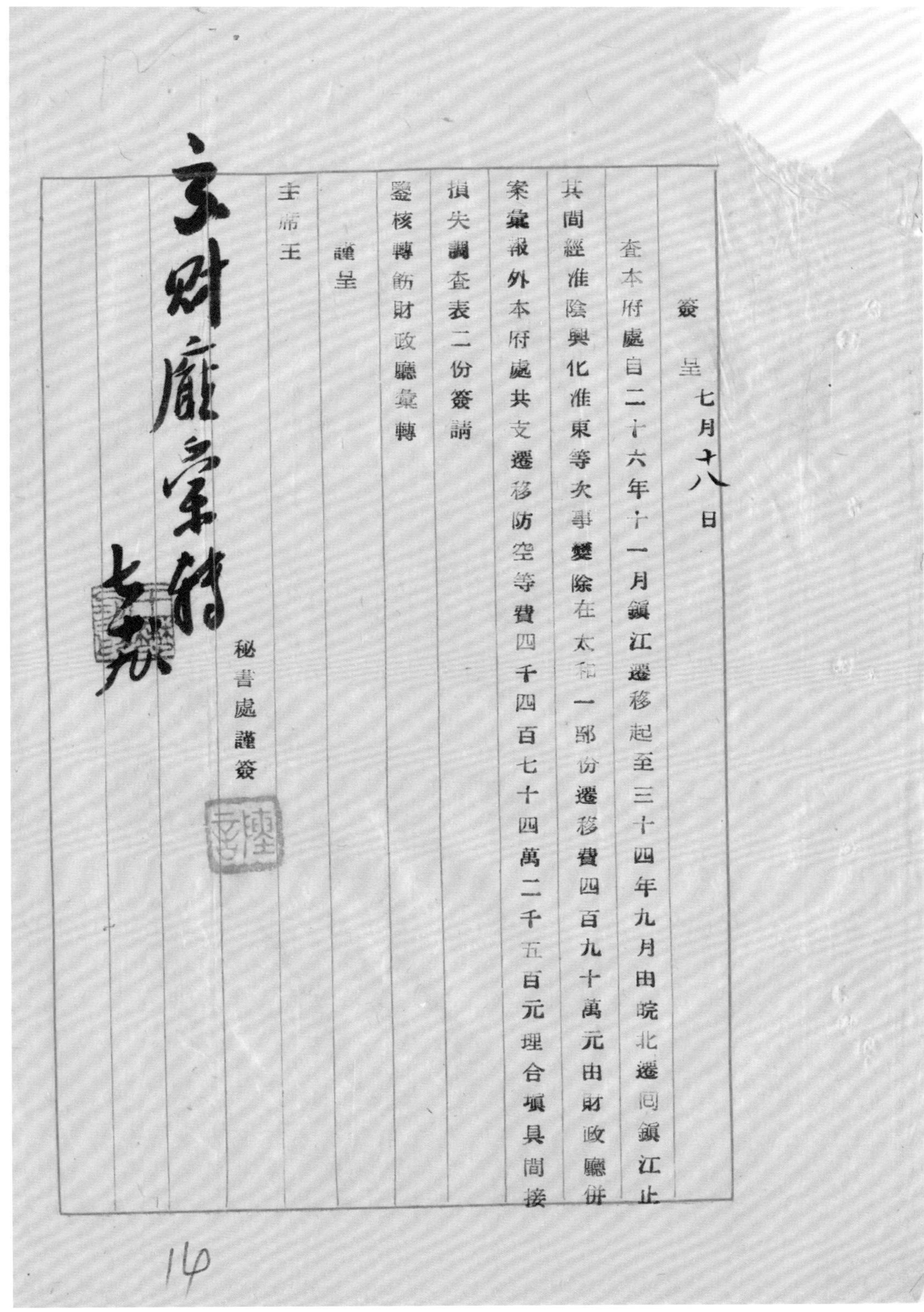

簽呈　七月十八日

查本府處自二十六年十一月鎮江遷移起至三十四年九月由皖北遷回鎮江止其間經淮陰興化淮東等次事變除在太和一部份遷移費四百九十萬元由財政廳併案彙報外本府處共支遷移防空等費四千四百七十四萬二千五百元理合填具間接損失調查表二份簽請

鑒核轉飭財政廳彙轉

謹呈

主席王

秘書處謹簽

交財廳彙轉

14

附：江苏省政府委员会秘书处财产间接损失报告表（一九四七年七月二日）

江蘇省政府委員會秘書處財產間接損失報告表　填送日期36年7月2日

分類	數額
共計	肆仟肆佰柒拾肆萬弍仟伍佰元整
遷移費	肆仟叁佰柒拾弍萬元
防空設備費	陸拾叁萬元
疏散費	弍拾壹萬弍仟伍佰元
救濟費	
撫卹費	

報告者　陳言

高淳县政府关于报送抗战时期各机关迁移防空及军队供应地方临时紧急支出各费报告表事致江苏省政府的代电（一九四七年七月十九日）

第一股
第一科

会计处
财厅
司令部

财16061
7 22

12

高淳县政府代电

批办

财 字第四六七一号

事由
电送本县战时各机关迁移防空及军队供应地方临时紧急支出各费报告表祈核案转由

批示

江苏省政府主席王钧鉴：（卅）府财一字第一四二一三号已篠代电奉悉。遵将本县战时各机关防空迁移等费用详查列表，肃电呈送，仰祈鉴核汇案转代理高淳县县长张鼎卯（36）午皓财附呈报告表二份

财甲字2740号
36年7月25日

65

民国三十六年7月23日
收字第18399号

附：高淳县各机关战时迁移防空及军队供应地方临时紧急支出各费报告表

高淳縣各機關戰時遷移防空及軍隊供應地方臨時緊急支出各費報告表

費別	數	備攷
防空費	八六、五〇〇、〇〇〇	本縣防空設備異常完善有防空壕防空洞及地下室等估計在戰前辦理約需如上數
遷移費	五三、〇〇〇、〇〇〇	本縣敵偽蠢動異常各機關幾無日不遷移故需費甚大約以最低數估列如上數
軍隊過境供應	七八四、〇〇〇、〇〇〇	本縣軍隊過境設有機關專門辦理供應事宜抗戰期內供應約如上數
臨時緊急支出	五六、〇〇〇、〇〇〇	抗戰期間八年臨時緊急支出約如上數
合計	四〇六、五〇〇、〇〇〇	

灌云县政府关于报送抗战期间迁移防空费损失报告表事致江苏省政府的呈（一九四七年七月二十四日）

財政廳 12

第一股

第一科

財 16990
8 2

事由	為呈送本縣各機關抗戰期間遷移防空費損失報告表等祈鑒核存轉由
擬辦	
批示	
附件	

灌雲縣政府呈　財字第五七八號

中華民國三十六年七月廿四日

案奉

鈞府(卅)府財一字第一四二三號代電以本縣各機關戰時遷移防空等費及抗戰期間各地方臨時緊急之支出軍隊過往與戰時一切供應均應視為抗戰損失飭即查明具報憑轉等因僅統計本縣各機關抗戰期間遷移防空費用損失及地方臨時緊急支出暨供應軍隊損失數目造具報告表各二份備文呈送仰祈

財甲字 2947 號 36年8月4日

民國三十六年8月2日 收財字第19278號

106

鉴核存转

谨呈

江苏省政府主席王

附呈本县各机关抗战期间迁移防空费用损失报告表本县地方临时紧急支出及供应军队损失报告表各二份

灌云县县长郑森荣

105

108

灌雲縣各機關抗戰期間遷移防空費用損失報告表

填報機關灌雲縣政府　　中華民國三十六年七月　日

機關名稱	遷移費用損失	防空費用損失	小計	備考
灌雲縣政府	5,500元	1,000元	6,500元	本府遷移至大小[illegible]及[illegible]河西等處曾築地下室三間
灌雲縣黨部	6,030元	300元	6,330元	共遷二十餘次建築地下室二間
公款公產管理處	284元	466元	750元	遷移七次建築地下室一間
縣初中	200元	1,000元	1,200元	該校遷移至第四區[illegible]大英莊曾築防空地下室二所
田賦徵收處	350元	280元	630元	本處遷移至大[illegible]圩小[illegible]及[illegible]河西等處曾築地下室一間
第一區公所	2,500元	300元	2,800元	該所遷至[illegible]鄉[illegible]鄉等處曾築防空地下室一間
第二區公所	1,500元	200元	1,700元	該所遷十餘次曾築地下室一間
第三區公所	2,000元	300元	2,300元	仝上
第四區公所	1,800元	200元	2,000元	仝上
第五區公所	1,900元	260元	2,160元	仝上
第六區公所	2,000元	500元	2,500元	該所遷移至[illegible]等處曾築防空地下室一所　仝上
合計	24,065元	4,795元	28,860元	

說明：本表所列費用損失係按照二十八年前法幣價值計算若以時值計算當在萬倍以上

109

附一：灌云县各机关抗战期间迁移防空费用损失报告表（一九四七年七月）

附二：灌云县抗战期间地方临时紧急支出及供应军队损失报告表（一九四七年七月）

灌雲縣抗戰期間地方臨時緊急支出及供應軍隊損失報告表

填報機關：灌雲縣政府　　中華民國三十六年七月　日

區別	臨時緊急支出損失	供應軍隊損失	小計	備考
第一區	38,500元	422,500元	461,000元	該區各鄉鎮自二十八年至收復日計供應軍隊食糧壹萬六千六百五十斗（每斗八十五斤）每斗二百元，軍草九百七十五担，每担一百元，又緊急支出計三萬八千五百元，合計如上數
第二區	28,520元	316,840元	345,360元	該區各鄉鎮計供應軍隊食糧1,187斗，每斗200元，軍草771担，每担一百元，又緊急支出計28,520元，合計如上數
第三區	28,520元	316,840元	345,360元	仝上
第四區	28,520元	316,840元	345,360元	仝上
第五區	15,200元	169,000元	184,200元	該區各鄉鎮計借供應軍隊食糧6,5[illegible]斗，每斗200元，軍草3[illegible]担，每担100元，又緊急支出15,200元，合計如上數
第六區	15,300元	148,340元	163,640元	該區各鄉鎮計供應食糧5,687斗，每斗200元，軍草341担，每担100元，又緊急支出15,300元，合計如上數
合計	154,560元	1,690,360元	1,844,920元	係按當時損失價值列報

金山县政府关于呈报本县各机关战时迁移防空等费事致江苏省政府的呈（一九四七年七月二十八日）

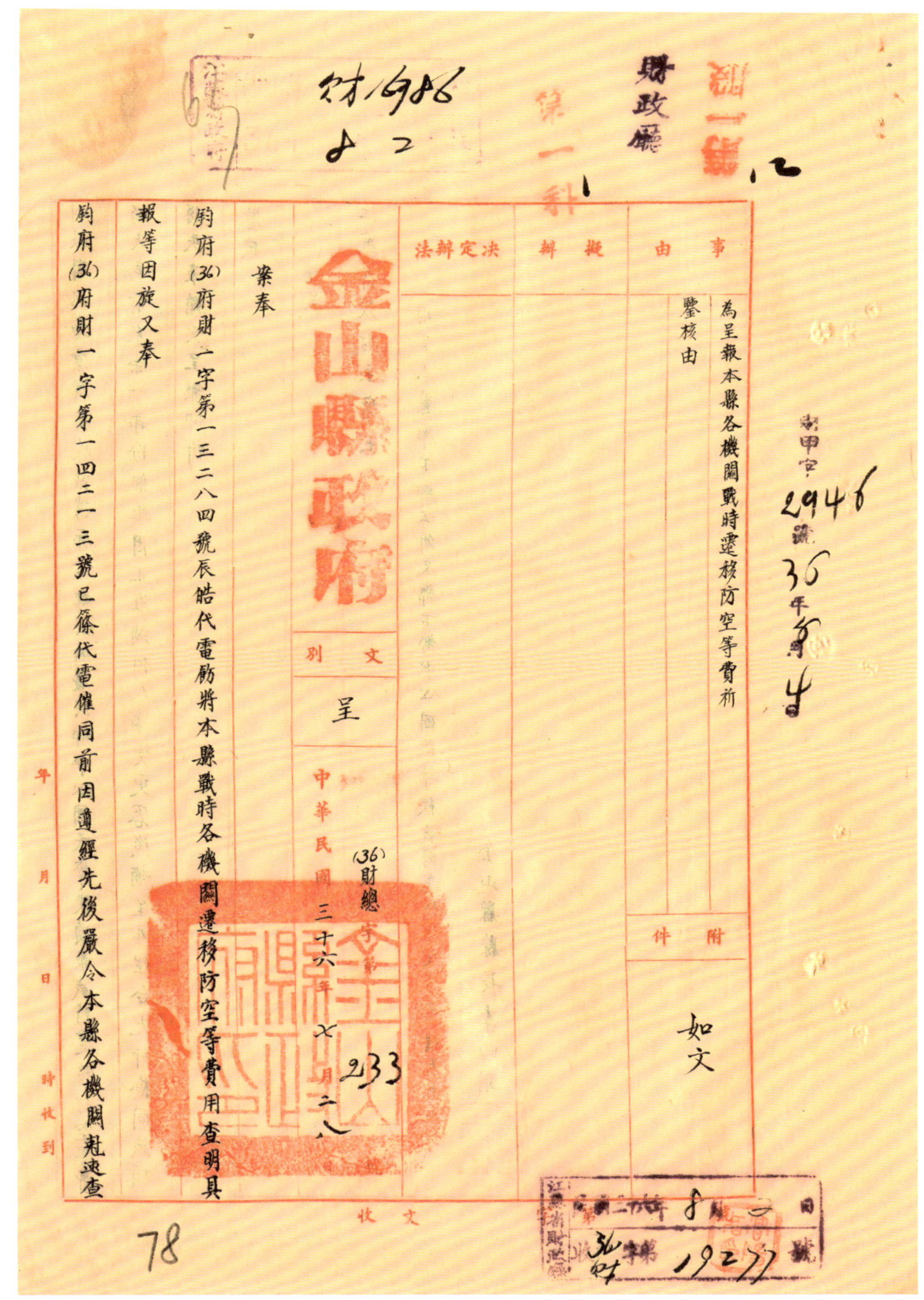

事由：為呈報本縣各機關戰時遷移防空等費祈鑒核由

附件：如文

文別：呈

中華民國三十六年七月二十八日

(36)財總字第233號

鈞府(36)府財一字第一三二八四號辰皓代電飭將本縣戰時各機關遷移防空等費用查明具報等因，旋又奉鈞府(36)府財一字第一四二一三號巳篠代電催同前因，遵經先後嚴令本縣各機關尅速查明報府以憑彙轉去後兹據廓下鄉公所暨該鄉中心國民學校填報戰時遷移防空等費損失表前來除一部份鄉鎮因正在調併人事變更容後補呈外理合先行檢同該項損失表備文呈報仰祈

鑒核。

謹呈

江蘇省政府主席王

附呈本縣廓下鄉公所及廓下鄉中心國民學校戰時遷移防空等費損失表三份

金山縣縣長李曰剛

79

64

金山縣廊下鄉中心國民學校遷移等費損失表

項目	數量	價值	備註
儀器	二〇〇件	四〇〇〇元	該項儀器包括顯微鏡望遠鏡地球儀及化學試驗用具及藥水等
運動器具	一〇件	四〇〇〇元	該項運動器具包括藍球架足球架秋千架浪木滑梯鐵槓及球類等
教學用具	一五〇件	四〇〇〇元	自然社會學科掛圖人体模型風琴等
遷移費		二〇〇元	查抗戰期間在鎮上不能上課特遷至鄉間復學致損失費用合如上數
防空費		二〇〇元	為防空而糜費防毒面具及防空設備等費用如上數
校舍		二十大間	被燬校舍二十大間難以估計
其他		二〇〇元	包括敵偽軍隊對本校之破壞物件修理費等
合計		房屋二十大間 一八〇〇元	以上價值依戰前幣值計标

80

校長夏平森

中華民國三十六年六月六日

81

65

金山縣廊下鎮信孚民營電燈廠損失表

項目	数量	價值	備註
瓦平房	三拾六间	壹萬八仟元	戰前幣額
惠斯汀啟羅瓦特	拾六個	難以估計	
直流電發電機	壹座	仝上	
石板	全付	仝上	
念匹柴油引擎	兩部	〃	該引擎機件焚燬僅存躯殼
皮帶	五条	〃	
伏而脫	弍百個	〃	
米車	四部	〃	

中華民國三十六年六月八日

82

附三：金山县廊下乡公所迁移等费损失表（一九四七年六月八日）

66

金山縣廊下鄉公所遷移等費損失表

中華民國三十六年六月八日造

分類	數量	價值	備註
積穀 白米	弍百伍十石	二、五〇〇元	該項積谷每年於春夏之交承理農貸者二十六年十月初四日敌寇登陸時全部損失每石以十元計算合如上數
房屋	平房兩間 门窗四十件	一、四〇〇元	鄉公所房屋兩間大概全部门窗損失殆盡
辦公器具	伍十件	、五〇〇元	方桌寫字枱椅子几凳等
遷移費		二、〇〇〇元	抗戰期內鎮公所遷遣地下工作人員办公損失費用
供應費		五、〇〇〇元	軍隊過往供應費
其他		二、〇〇〇元	組織情報及交通路等
合計		一三、四〇〇元	以上損失價值以戰前幣值估計

鄉長 張雲琴

83

睢宁县政府关于填送本县各机关抗战期间迁移防空及损失等费报告表事致江苏省政府的代电（一九四七年八月一日）

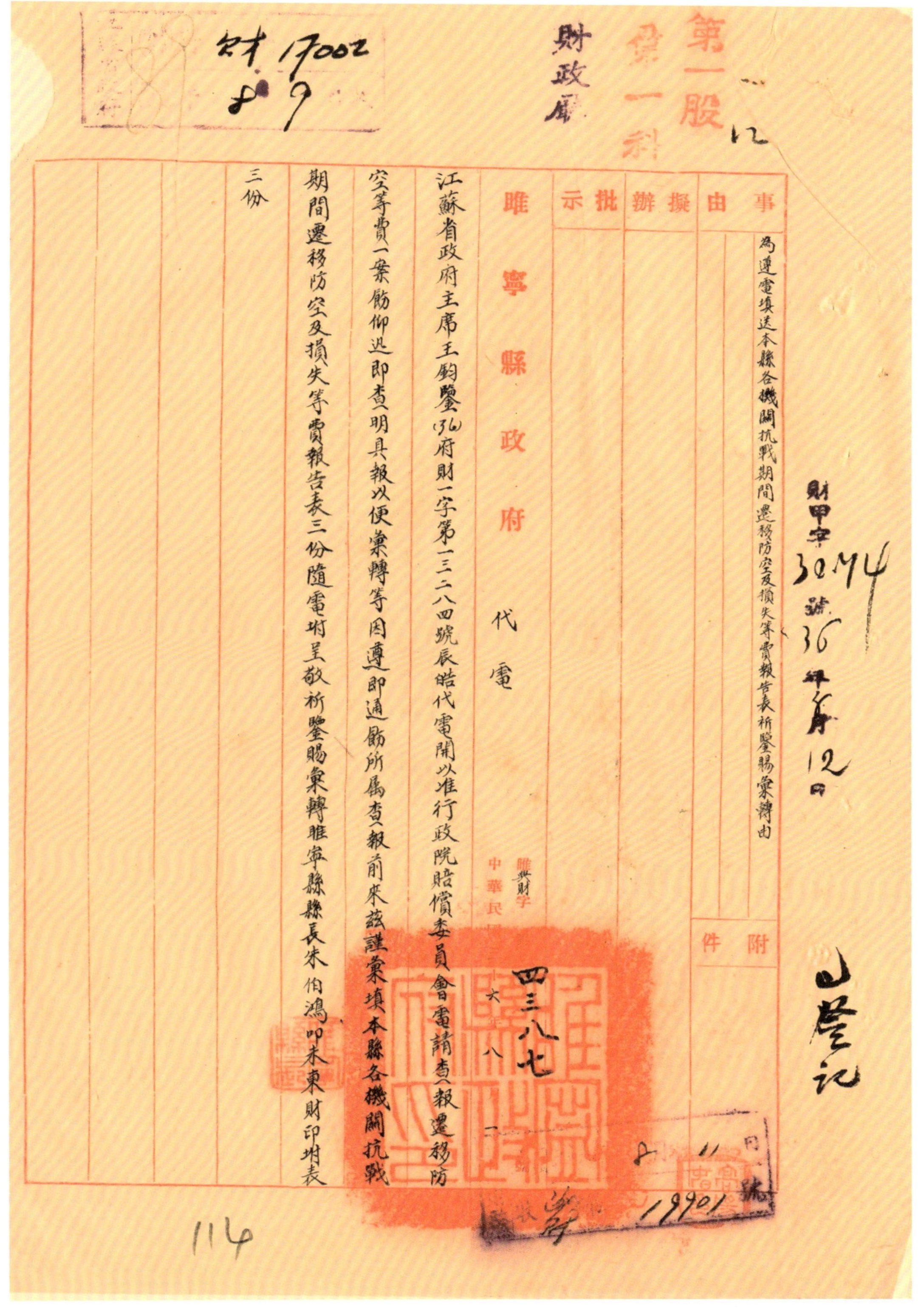

財政廳

第一股 第一科

事由：為遵電填送本縣各機關抗戰期間遷移防空及損失等費報告表祈鑒賜彙轉由

睢寧縣政府 代電

睢財字第四三八七號

中華民國三十六年八月一日

江蘇省政府主席王鈞鑒：（36）府財一字第一三二八四號辰皓代電開：以准行政院賠償委員會電請查報遷移防空等費一案，飭仰迅即查明具報，以便彙轉等因。遵即通飭所屬查報前來，茲謹彙填本縣各機關抗戰期間遷移防空及損失等費報告表三份，隨電附呈，敬祈鑒賜彙轉。睢寧縣縣長朱伯鴻叩。未東財印。附表三份。

附：江苏省睢宁县查报各机关抗战期间迁移防空及损失等费报告表

江蘇省睢寧縣查報各機關抗戰期間遷移防空及損失等費報告表

機關名稱	類別	時間	品名	地點	現值金額	備攷
睢寧縣政府	防空費	二十六年十月五日	地下室	城內	二一、〇〇〇、〇〇〇元	查本府建築地下室及遷移費辦公用具損失費因在抗戰期間案卷等件均損失無遺所列各項數字係約計數特此聲明
	遷移費	二十七年五月十七日及同年十一月廿日	搬運力	凌城	三七〇〇、〇〇〇	
	辦公用具損失費	二十七年五月十七日	桌椅几櫈床櫃卷架等	城內	三四七〇〇、〇〇〇	
小計					五九四〇〇、〇〇〇	
睢寧縣救濟院	防空費	二十七年十月九日	地下室	城內	二、五〇〇、〇〇〇	
	遷移費	二十七年五月十七日及同年十一月廿日	搬運力	凌城	一、五〇〇、〇〇〇	
	辦公用具損失費	二十七年十一月八日	桌椅几櫈床櫃等	城內	三、〇〇〇、〇〇〇	
	工業印刷器械藥品器材及全業出品損失費	仝上	鐵布機毛巾機襪機洋鐵竹木藤等料及出品電材大小鉛印機紙張墨油醫藥器材	仝	六二、〇〇〇、〇〇〇	
小計					六九、〇〇〇、〇〇〇	
睢寧縣[illegible]自衛總隊	防空費	二十七年	地下室	城內	二、〇〇〇、〇〇〇	
小計					二、〇〇〇、〇〇〇	
睢寧縣農業推廣所	農具損失費	二十七年五月十七日	犁耙車鋤鍬桑剪播種器等	西門外三里井	三、四八〇、〇〇〇	上項損失係屬前農場
	牲畜損失費	仝上	牛驢約克猪來杭雞等	仝	八、八〇〇、〇〇〇	
	辦公用具損失費	仝上	桌櫈椅櫃等	仝	四〇九九、〇〇〇	
小計					一六、三八九、〇〇〇	
睢寧縣警察局	防空費	二十六年九月	防空壕	城內及大李集	三、二〇〇、〇〇〇	
小計					三、二〇〇、〇〇〇	

121

江苏省财政厅关于报送本省各机关战时迁移防空及其他损失等费清单事致行政院赔偿委员会的代电
（一九四七年八月九日）

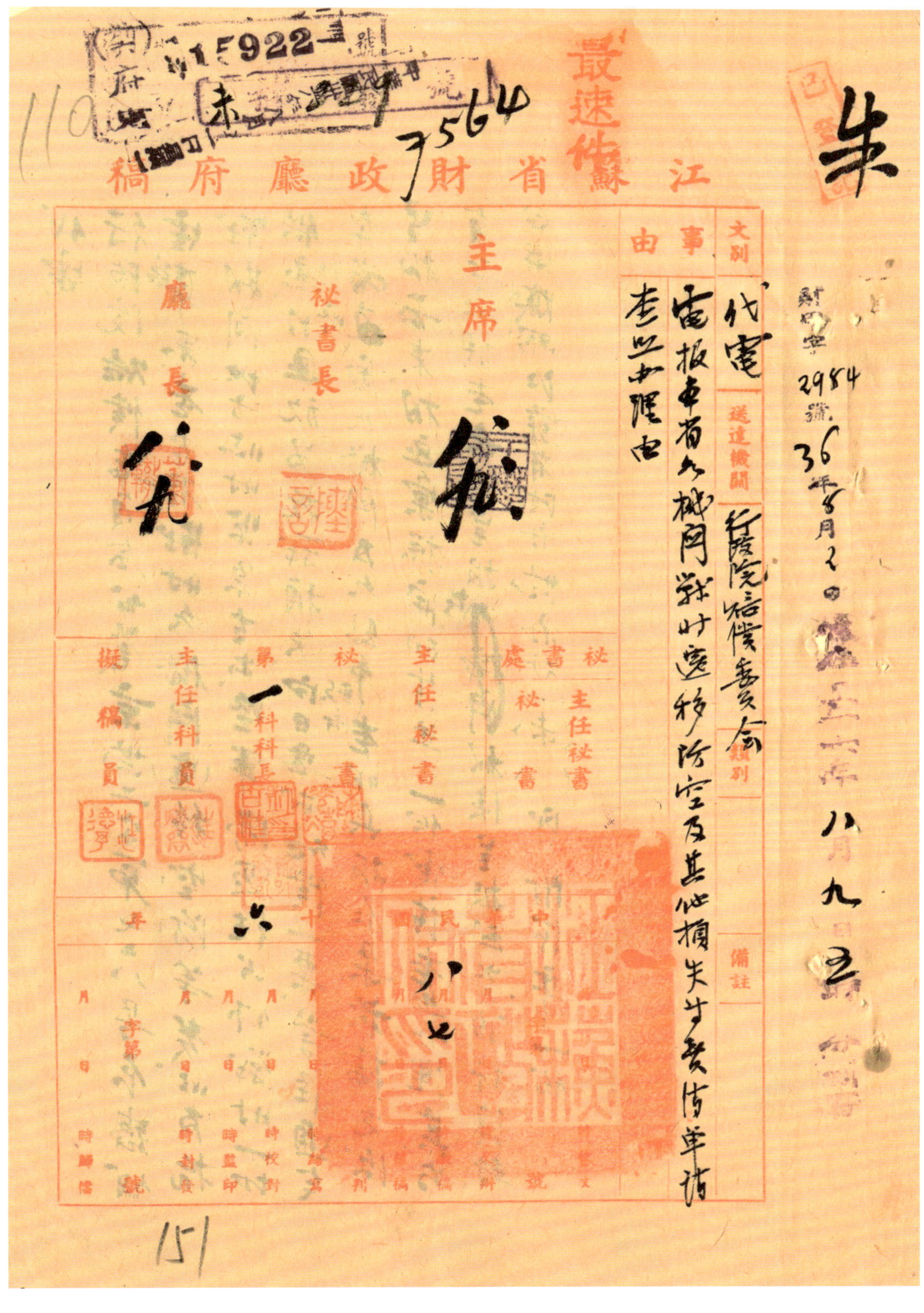

最速件

江苏省财政厅府稿

文别	代电
送达机关	行政院赔偿委员会
事由	电报本省各机关战时迁移防空及其他损失等费清单请查照办理由

主席

秘书长

厅长

中华民国三十六年八月九日

代電

行政院賠償委員会公鑒：京（卅）二字第七〇八号辰總代電敬悉。查本省戰时各機関遷移、空防等費以及抗戰期间地方临时緊急支出、除軍隊過往及作戰时一切供應，均應視為抗戰損失，向日要求賠償一案，業經通令本府所屬各機関及各縣市政府查明具報在案。兹據先後呈报前来，相應彙案開列清单一份，電請查照办理。其尚有已在調查未經呈报者，擬俟呈报到省再行續轉，合併申明。

江蘇省政府（卅六）府財一（未）（ ）印

附清单一份

江蘇省各機關戰時遷移防空及其他損失各費清單

類別	金額	備註
遷移費	一百，二七七，〇六六元	
防空費	一七，三六四，三九五元	
其他損失	三，〇七六，八五六，二三〇元	其他損失係疏散救濟撫卹臨時緊急支出匯往軍隊供應等費及其他一切因抗戰之損失
合計	三，〇九一，四八四，七六三元	上列係數係本省直屬各機關及各縣市當時價值所報案據數字其尚有正在調查未經具報之各機關一俟呈報到省再行彙轉合併註明

附二：江苏省各机关战时迁移防空及其他损失各费清册

此清册系原抄送附卷備查

江蘇省各機關戰時遷移防空及其他損失各費清册

機關別	遷移費	防空費	其他損失	合計	備註
保安司令部	六三〇,〇〇〇元	二,〇〇〇,〇〇〇元	二,六五七,〇〇〇元	四,八七〇,〇〇〇元	其他損失係疏散搬庫及搬卸等費
秘書處	三,七二〇,〇〇〇元	六九〇,〇〇〇元	二三三,五〇〇元	四,六四三,五〇〇元	其他損失係疏散費
民政廳	七六〇,〇〇〇元	三二〇,〇〇〇元	一〇,五〇〇元	一,〇九〇,五〇〇元	仝上
財政廳	三,六二〇,〇〇〇元	二六〇,〇〇〇元	七七,五〇〇元	三,九五七,五〇〇元	仝上
建設廳	六,二七〇,〇〇〇元	一五〇,〇〇〇元	七七,〇〇〇元 六九〇,八六四元	七,〇五三,七六四元	仝上 包括[illegible]六九〇,八六四元
淮運工程局	二,二七〇元	、	、	二,二七〇元	
測候所	四〇〇,〇〇〇元	一五〇,〇〇〇元	、	五五〇,〇〇〇元	
社會處	、	、	、	、	無案可查
衛生處	、	、	、	、	新近成立
新聞處	、	、	、	、	仝上

地政局		三七,三三八,九五六元	—	—	三七,三三八,九五六元	[illegible]
会计处		—	—	二九,四四四,八三三元	二九,四四四,八三三元	
统计室		—	—	—	—	新立机构
省训练团		—	—	—	—	仝上
省建设厅[illegible]		二二四,〇〇〇元	一〇〇,〇〇〇元	一八,〇〇〇元	三四二,〇〇〇元	其他损失仅疏散费
江宁县政府		五〇,〇〇〇元	八,〇〇〇元	二,〇〇〇元	二四〇,〇〇〇元	二十六年实支数
高淳	又	一,三五〇,〇〇〇元	五,三〇〇,〇〇〇元	三,四〇〇,〇〇〇元	四,五五〇,〇〇〇元	
武进	又	—	—	—	—	无案可查
吴县	又	—	—	三〇,〇〇〇,〇〇〇元	三〇,〇〇〇,〇〇〇元	估计现时价值总数
松江	又	—	—	—	—	无案可查
嘉定	又	九,六七五元	二二,八〇〇元	一,二九七,五八五元	一,三三〇,〇六〇元	照二十六年实支数其他损失系二十六年至三十四年地政局[illegible]保管费
金山	又	二,二〇〇元	一〇〇元	三〇,八〇〇元	三三,一〇〇元	二十六年实支数

155

扬中　又	—	—	—	—	無案可查
溧阳　又	—	—	—	—	仝上
金坛　又	—	—	—	—	尚在調查中
溧水　又	—	—	—	—	仝上
六合　又	一二〇,〇〇〇元	四〇,〇〇〇元	八〇,〇〇〇元	二四〇,〇〇〇元	二六年实支数
徐州市政府	—	—	—	—	無案可查
泰興縣政府	—	—	—	—	尚在調查中
連雲市政府	—	—	—	—	無案可查
漣水縣政府	四〇〇〇元	三六〇〇元	七〇,〇〇〇元	七七,六〇〇元	二六年实支数
淮安　又	二四〇,〇六六元	四七,七九四元	一,四九九,九二〇元	一,七八七,七八〇元	其他損失係臨時緊急支出及匯往阜陽供應
合計	一〇〇,七七〇,〇六六元	一二六,四四〇,三九五元	二三七,六五六,三三〇元	三〇九,一四四,七八三元	

156

金山县政府关于补报抗战期间各机关迁移防空等损失事致江苏省政府的呈（一九四七年八月十九日）

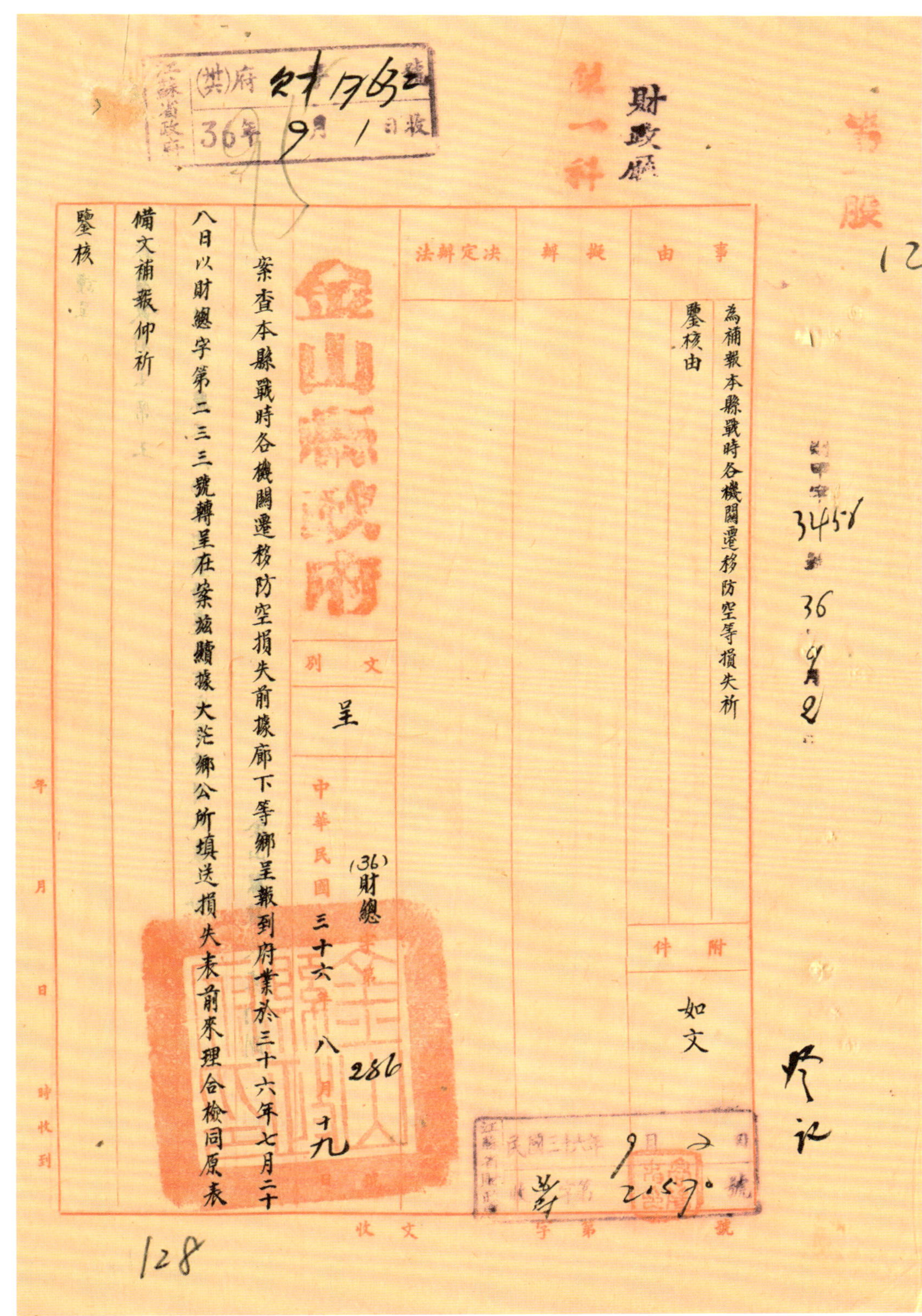

第一股

财政厅 第一科

江苏省政府 府（共）收 36年9月1日

事由	拟办	决定办法
为补报本县战时各机关迁移防空等损失祈鉴核由		

附件：如文

文别：呈

中华民国三十六年八月十九日

(36)财总字第286号

案查本县战时各机关迁移防空损失前据廊下等乡呈报到府，业于三十六年七月二十八日以财总字第二三三号转呈在案。兹续据大茫乡公所填送损失表前来，理合检同原表备文补报，仰祈

鉴核。

金山县政府

江苏省政府收文 民国三十六年9月2日 第21570号

128

12

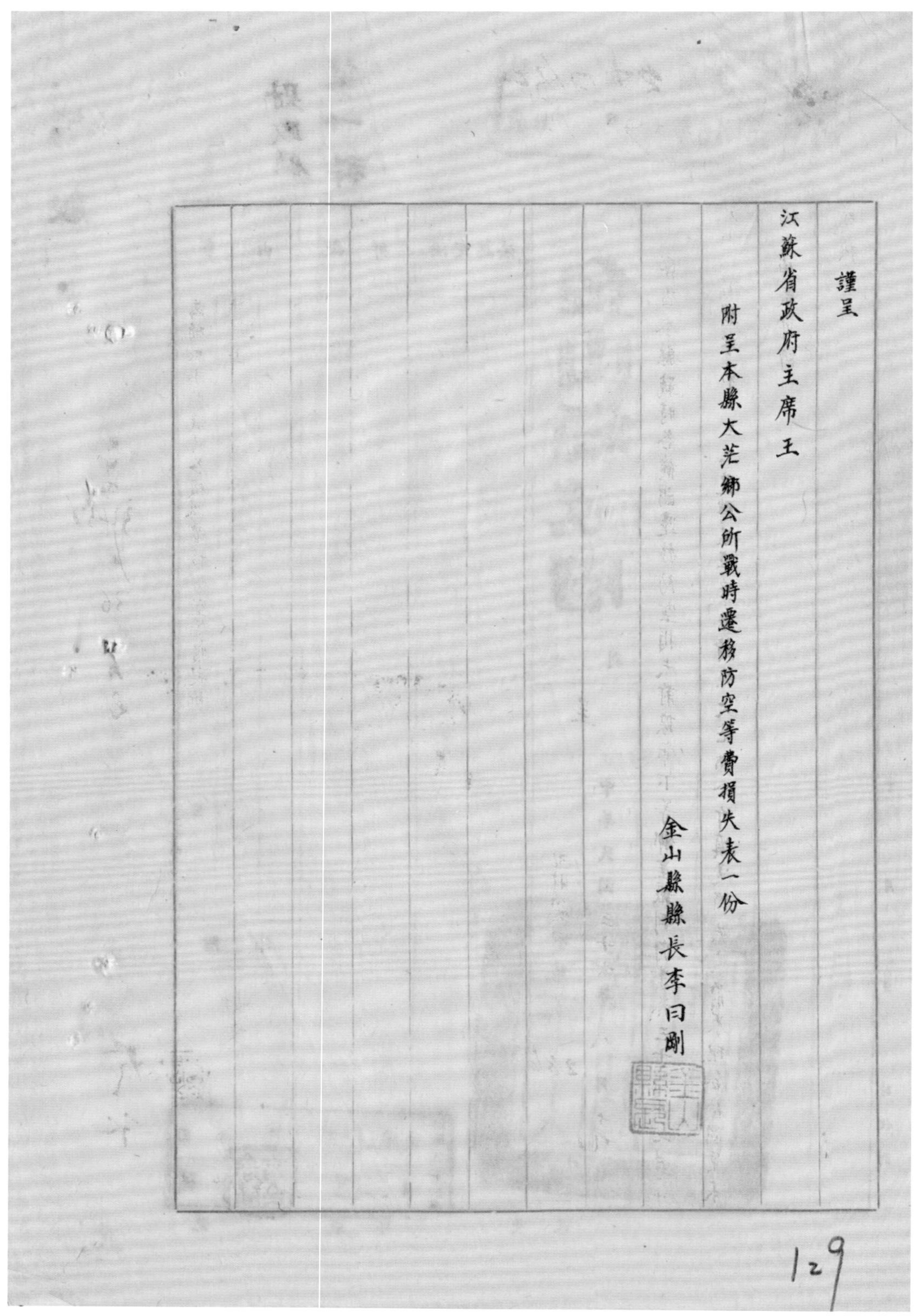

謹呈

江蘇省政府主席王

附呈本縣大茫鄉公所戰時遷移防空等費損失表一份

金山縣縣長李曰剛

129

戰時損失清單（袁功鑄住大立鄉十一保二甲八戶）

計開

三進樓房住宅一幢並連横屋一所　約值戰前價　壹萬伍仟元（國幣）

紅木器座及臥房共二間　〃〃〃　國幣叁仟元

其他全部傢具　〃〃〃　國幣伍仟元

全家四季衣服　〃〃〃　國幣伍仟元

蚊帳被褥等全部　〃〃〃　國幣壹仟餘元

瓷陶五金粗細雜件及農田用具　〃〃〃　國幣弍仟元

古今中西圖書儀器　〃〃〃　國幣伍仟元

珠宝古董玩具　〃〃〃　國幣伍仟元

歷代大小名人字畫　〃〃〃　國幣弍仟元

吴江县政府关于汇报本县抗战期间各机关迁移防空等损失数字事致江苏省政府的呈（一九四七年十月八日）

江苏省政府（卅六）府财1892
36年10.14日

財政廳

第一股 科
12

事由	擬辦	決定辦法
呈為彙報本縣抗戰期間各機關遷移防空等損失數字祈彙轉由		

附件

財甲字4315號
36年10月16日

江蘇省財政廳 民國三十六年10月15日 收3/4字第25068號

吳江縣政府
文別：呈
(卅)財字第 號
中華民國三十六年十月八日

案查前奉
鈞府（卅）府財一字第一三二八四號辰皓代電以准行政院賠償委員會代電凡各機關遷移費防空費及抗戰期間地方臨時緊急支出暨軍隊過往與戰時一切供應為數鉅大均應視為抗戰損失轉飭迅即查明具報等

131

因自應遵辦即經分别函令各機關查報去後兹據黎里區署等呈報到府理合開具損失清單一份備文呈報仰祈

鑒賜彙轉

謹呈

江蘇省政府主席王

附呈清單一份党部損失清册一本

吴江縣縣長顧鴻熙

132

附一：吴江县各机关抗战期间迁移防空供应等费损失清单

吴江縣各機關抗戰期間遷移防空供應等費損失清單

損失名稱 ╲ 現值全額 ╲ 機關名稱	黎里區署	盛澤區署	縣黨部	備考
建築防空壕	叁千萬元	四千萬元		
補助修理蘇嘉鐵路橋樑	壹千萬元			
供應前方軍隊偽兵過境	壹億陸千萬元	叁億元		
地方防護費	柒千伍百萬元			
區鄉鎮遷移費	四億元			
供應抗戰軍隊費用	四十五億元			
財產損失			六億元	詳清冊
	伍拾壹億柒仟伍百萬元	四億叁千萬元	六億元	

39

中國國民黨江蘇省吴江縣黨部抗戰損失清冊

中國國民黨江蘇省吴江縣黨部

136

100

中國國民黨江蘇省吳江縣黨部抗戰損失清冊

(甲)縣執行委員會

1.常務委員室（在樓下靠北第三間）

雙人寫字台壹隻 廿一年辦 沙發貳隻 轉椅壹隻

玻璃面茶几壹隻 掛燈壹盞 電話掛机壹架 公文櫃壹隻

洋磁痰盂壹隻 藤椅叁隻 壁灯（電灯）貳盞

鏡架六個 火炉壹隻

乙.執行委員室（在樓下靠北第一間）

單人寫字台四隻 掛灯貳盞 轉椅四隻 壁灯貳盞

無線電收音机（大灯）壹架 公文櫃壹隻 鏡架四個

135

大炉壹隻

3. 委員休息室（左樓下靠第二間）

大桌椅　壹隻　花盆木架　弍隻　雙人沙發弍隻　壁灯　弍盞

電燈花罩壹盞　地氈　壹條　千里板　壹塊　電話機　壹架

4. 監察委員室（左樓下靠西大間）

單人寫字枱　弍隻　籐椅　四隻　馬蹄式辦公桌　弍隻

公文櫃　壹隻　電燈　弍盞　地氈　壹條

窗衣　壹副　留聲機　壹隻（連片三包）　大炉　壹隻

5. 總辦公廳（左樓下末進五開間）

單人寫字枱　六隻（四幹事二助幹）　籐椅　大四　小九　隻

136

馬鞍式辦公桌 貳隻（收發事務） 單靠 貳隻 打字枱 叁隻（錄事）

茶机 壹隻 電灯 八盞 火炉 貳隻 大時辰鐘 壹隻

卷橱 壹大幢 共五只、 鐘靈印字机 壹箱 油印机 壹箱

銅板 五塊 鏡架 八隻 記事黑板 壹塊 值日牌 壹塊

鉛筆机 壹架 釘書机 貳隻 打洞机 壹架 编號机 壹隻

銅茶壺 貳把（茶杯十二只） 寒暑表 一隻 連風雨針

窗衣（青布） 六個 電風扇（摇頭） 貳架

6、會客室（在樓下靠南貳大間）

大菜枱 貳隻 單人沙發 貳隻 黑單靠 二十四隻

双人沙發 壹隻 鏡箱 八個 電灯 貳盞

大時辰鐘　壹隻　總理遺像鏡架　一副　連對無線電（十灯）壹架

衣押机　壹隻　地氈　壹條　窗衣（青布）貳個

大柏氈　壹長條　花瓶　壹對　茶机　壹隻　茶壺　貳把

茶杯（玻璃）貳打　痰盂　貳隻

7. 樓上宿舍（計十五間）

每間　床架壹副　方櫈　貳只，有骨牌櫈者無方櫈
　　　　三櫈桌壹隻　電灯　十六盞連樓梯（每間均有床頭兩用）

8. 樓下工友室一間（在樓下第南第一間）

方桌　壹隻　骨牌櫈　四隻　電灯　壹盞　馬鞍桌　壹隻

清潔工具　電鈴　壹隻（4号）

9. 貯藏室一間（在樓下第南第三間）

138

102

卷梅 八顶　電灯 壹盏　半桌 壹隻　长櫈 貳條

10，浴室間（現已拆為小便處）

電灯 壹盞　木盆 貳隻　衣架 壹個

11，大禮堂五間（第三進）

礼拜櫈 六十條　講枱 壹隻　總理遺像遺囑

講桌 四十隻　地板 五大間　大小紙布党國旗

電灯 四大盞（有花白外罩三盏用綢緣）礼堂口一盏　席次分木牌

四過短木欄桿全　大黑板 壹塊

12 飯堂 三間（第二進）

方桌 六隻　長櫈 二十條　單靠背膝櫈 六隻

139

西架 壹隻 電灯 三盞 房門 壹堂 庫門 兩扇

玻璃長窗大扇 竹窗簾 九條 長枱 弍隻 膠墙 弍[illegible]、

13、圖書室（在飯堂左次間）

玻璃書櫥 六頂（連各種党義會計法律文學書籍） 鏡架 四隻

電灯 弍盞 長枱 弍條 長櫈 四隻 圖畫古四軸（連古今歷畧表）

14、工作人員休息室（即乒乓室）（在飯堂左次間

電灯 弍盞 乒乓枱 壹隻（連拍及球） 藍球 壹隻

健身圖书軸八條 小時辰掛鐘 壹隻 窗衣 一個 青布

竹簾 三條

15 閱書報室（在第一進天井嘉南廂房內）

160

103

書机 壹頂 閣書目録板 壹塊 夾報架 壹個

16 2友室（在頭門左次間）

電灯 壹盞 床舖 壹副 有抽屜半桌壹只、方櫈 四隻

礼拜櫈 弍隻

17 工友外室（在頭門右两间）

電灯 弍盞 床鋪 四副 半桌 弍隻 長櫈 四條

18 廚房（在工友外房側面）

三眼灶一座連鍋 煤炉 壹隻 水缸 叁隻 碗櫥 壹頂

大小盆碗 二十餘隻 飯碗 十餘隻 一切廚房應用器具全

19 頭門

141

會牌 貳大塊 門灯壹盞 火表壹隻 旗杆連旗一根

礼拜桄 貳長條

石 文具約計如下

方硯池連蓋 十六方 大硯池六方 筆洗十八個

水盂 十隻連匙 銅筆架四五枚 十二八只 水晶墨水缸 十二只

玻璃格板 十三塊 紅木算盤 五個 用器畫具 壹副

剪刀 五把 裁紙刀大貳小七把 壹夾 十六只 公文盤 十三只

騰字紙小匣 九隻 切紙刀連板壹件

總上損失在過去添置時每一屆結束均有詳冊公布並報有備案及刊

印於前報告實際上遺漏尚多事隔時延十載一時記憶爲難蘇、就約

162

104

計如上總核抗戰損失連玻璃承門窗地板一切用具若照目前物價恢復原狀連修房屋須在五六億元之數在當時分年購置約計祗共四五千金本部損失之重因黨部為日寇最恨以致摧殘更甚復遭偽軍駐紮拆屋變價入私本屬無所歸咎現經一部份由參議會修理佈置一部份由本部設法借用修建亦經轉知有關之查報姑以約計漏而不詳造具損失清冊即希　核轉要求列入賠償為盼

163